카지노와
소셜 스낵

소셜미디어,

연결되지 않으면
불안한 중독자들

최영 지음

카지노와
소셜 스낵

Casino & Social Snack

이담북스

머리글

▼
▼

    미래의 삶이 불투명해지고 있다. 네트워크 사회를 설계하고 구축하는 극히 소수의 중심부 권력을 제외한 네트워크 주변부는 한 치 앞을 내다볼 수 없는 상황에 이르렀다. 취업, 결혼, 교육, 주거 혹은 은퇴 후의 삶 등 그 무엇이었든 간에, 미래를 가늠할 수 없는 환경은 우리에게 불안과 외로움 그리고 고립의 감정을 불어넣는다. 이러한 상황에서 사람들은 종교에 몰입하기도 하고, 소확행을 추구하기도 한다. 소셜미디어에 기대는 것도 한 방편이다. 자신의 삶을 스스로 통제할 수 없다는 불안감이 우리를 더욱 의사 _{擬似, pseudo} 공동체로 몰아넣는 것이다. 고립되었지만 연결은 원하는 것이 인간의 심리이다. 삶의 통제력이 낮아지면 무엇인가 기댈 것을 찾게 되고, 소셜미디어는 그러한 기대를 저버리지 않는다.

    소셜미디어에서 자기표현을 하고 자기 확인을 하는 것은 의사 공동체의 유대감과 개인의 정체성을 지키는 방법의 하나이다. 현재에 머무르지 않고 쉴 새 없이 새로운 유행을 찾아서 나 자신을 설득하고 내세우려 노력한다. 끊임없이 소비하고, 업데이트하면서 유동적 소비 사회의 일원이 되어가는 것이다. 문제는 우리가 고객으로서 소셜미디어를 사용하는 것이 아니라, 소셜미디어를 통해 우리가 '주목'을 생산하는 상품으로 이용되는 것이다. 기술 사제들이 만든 정교한 알고리즘에 따라 우리는 접속하고, 주목하고, 중독된다. 소셜미디어의 자극은 카지노의 자극과 매우 유사하다. 카지노의 과학은 소셜미디어에서도 그대로 실현된다. 카지노에서 고객을 끌어들여, 게임을 지속시키고, 돈을 잃어도 자리를 떠나지 못하게 만드는 행동 디자인에 기반한 설득 기술이 스마트폰 인터페이스에 그대로 녹아있다. 손 안의 슬롯머신인 스마트폰을 통해 우리는 끊임없는 자극과 쾌락을 느끼고, 경쟁과 보상을 탐닉하며, 소비하고 집착한다.

원초적 본능에 주목한 행동 디자인의 초점은 이용자 동기가 아니라 제공되는 서비스의 구조이다. 기존의 접근이 동기 변화를 통해 행동 변화를 이끌었다면, 행동 디자인은 동기 강화가 아니라 서비스 내의 작업 범위와 복잡성을 줄여서 아무 생각 없이 서비스를 이용할 수 있게 해준다. 트리거, 액션, 보상으로 이어지는 훅 모델hook model의 작동 원리에 따라 스마트폰 알람이 울리면 뇌는 무의식적으로 습관 형성 루프habit-forming loop를 구축한다. 루프 형성은 시작 단계일 뿐, 이용자들이 이러한 과정에 본격적으로 뛰어들게 행동 디자이너들은 단계마다 다양한 장치를 설치한다. '좋아요' 같은 사회적 승인 기제가 대표적이다. 이를 통해 끊임없는 피드백의 사슬에 이용자는 얽매이게 된다.

행동디자인의 본격적인 활용이 의미하는 것은 서비스 이용자와 제공자의 관계가 뒤바뀐다는 점이다. 기존의 상품과 서비스 제공자는 소비자의 관심을 얻기 위해 뇌와 감정의 문을 두드렸다. 물론 인간의 심리는 쉽게 열리지 않았고, 서비스 제공자들의 노력은 수포로 돌아가기 일쑤였다. 인간의 심리는 영원한 심연으로서, 이성과 본능이 뒤섞여 이해하기가 쉽지 않은 블랙박스이기 때문이다. 그러나 행동디자인은 난공불락의 블랙박스를 우회하여 인간의 가장 심약한 부분인 본능만을 집중적으로 공략한다. 이성이 작동할 여지 없이 본능적으로 자극에 반응하는 원초적 감정과 신경을 건드리는 것이다. 하찮은 자극과 보상에도 쉽게 무너지는 인간의 편향성과 본능의 대문이 열린 것이다. 이제 통제의 칼자루는 이용자의 손에서 서비스 제공자로 넘어갔다. 자유의지가 전혀 작동치 않는 기울어진 운동장에서 이용자는 인터페이스, 소셜미디어, 기술기업, 그리고 시장에 패배한다. 패배의 결과가 중독이다.

중독이란 사람과 체험 사이의 관계에 대한 문제이다. 행위 자체가 문제가 아니라, 심리적 문제를 해소하는 데 그 체험이 효과가 있다는 사실을 학습하면서 중독이 된다. 소셜미디어 체험을 통해 무언가 풀리지 않는 숙제를 해결할 수 있다고 느끼면서 중독은 시작된다. 중독의 문제는 이런 체험을 통해 불안, 고립, 수치심 혹은 자존감 저하 등의 고통을 덜 수 있다고 착각하는 것에 있다. 현실을 직접 마주치지 않고 회피하면서, 이러한 체험을 통해 일시적으로 자신의 문제점을 극복할 수 있다고 착각하는 것이 반복되면서 중독 현상이 일어나는 것이다. 소셜미디어 중독은 행위 자체만이 아니라, 그러한 체험을 학습하는 문화가 만연한 사회의 분위기에서 배태된다.

물론 이러한 체험과 착각 현상은 심리적인 것만이 아니라 뇌 화학 작용의 결과이기도 하다. 중독은 기본적으로 뇌 질환이다. 중독 의학에서는 우리 뇌에 쾌락-보상 체계를 켜는 스위치 같은 것이 존재한다고 이야기한다. 술이나 약물 혹은 인터넷을 과다 사용하면 스위치가 켜질 수 있으며, 스위치가 일단 켜지면 그것을 다시 끄는 건 매우 어렵다. 소셜미디어도 같은 방식으로 작동한다. 한 번 시작된 소셜미디어는 중단하기가 어려워진다. 중독의 시작이다.

특히 주목해야 할 것은 아무런 목적 없이 소셜미디어를 사용하는 현상이다. 습관적인 메일 체크에서부터 수시로 카톡이나 페이스북 타임라인을 살펴보는 등 특별한 목적 없이 소셜미디어에 접근하여 시간을 보내고, 결국 이러한 행위를 통제하지 못하게 되면서 행위 중독에 이르게 된다. 목적 없는 소셜미디어 사용에 대한 직접적 원인인 사회적 고립과 지지의 정도는 호기심, 회피 그리고 습관의 단계로 설명할 수 있다. 외로움을 극복하기 위해 발동하는 소셜미디어 서비스에 대한 호기심은 새로운 콘텐츠에 대한 기대감으로 이어지고, 회피의 감정은 불안과 수치심 등 부정적 감정의 해소를 기대하며 생겨난다. 또한 호기심과 회피의 과정이 반복되면 될수록, 이러한 과정은 하나의 습관으로 굳어진다. 결국 고립, 외로움, 불안, 수치심 등을 자주 경험하는 사람들은 이것을 회피하고자 소셜미디어에 더욱 접근하고 중독에 이르게 된다. 습관적으로 소셜미디어에 다가가는 소셜미디어 중독은 목적 없는 병리적 인터넷 사용의 연장선상에서 다루어지지만, 중독의 부작용은 더욱 심각하다. 전 세계에 걸쳐 성별이나 나이 혹은 경제 수준이나 계급의 구분 없이 모든 사람에게 해당되는 사안이기 때문이다. 중독 사회의 대표적 병리 현상이다

외로움과 고립으로 개인은 파편화되고 공동체가 사라지면서 전체주의가 시작된다. 아렌트는『전체주의의 기원The Origins of Totalitarianism』을 저술하면서 미래에 나타날지 모를 전체주의를 걱정했다. 전체주의의 토대라고 할 수 있는 사생활의 공간이 남아 있지 않은 상태는 언제든, 또다시 조성될 수 있기 때문이다. 소셜미디어의 다양한 자극은 '소프트 테러'로서 개인의 사유를 정지시키고, 특정 행위를 유도하고, 특정 콘텐츠를 주목하게 함으로써 개인을 고립시킨다. 이러한 환경에서는 경험의 능력도, 사유의 즐거움도 사라지면서 고립과 외로움만이 남게 된다. 모든 것이 연결된다고 하지만 결코 외로움에서 벗어날 수 없는 것이 네트워크 사회의 현실이다. 많은 자료와 연구 결과가 현대인의 외로움과 고립을 잘 보여주고 있다. 이러한 '소프트 테러'의 결과로 우리는 보아야 할 것을 보지 못하고, 들어야 할 것을 듣지 못하고, 필요 없는 것에 늘 주목하는 상태가 된다.

또한 온갖 의사소통 장치로 연결된 네트워크 환경에서 보이지 않는 권력은 효율적인 감시 체제를 통해 모든 구성원을 제압하고 통제한다. 기술 권력은 저항을 일으키지 않을 정도로 서서히 개인들에게 다가간다. 사용자 자신도 모르게 새 기술에 흠뻑 취해 더 저항할 수 없게 된다. 공개 처형과 같은 방식으로 구성원을 길들이는 것이 아니라, 은밀한 감시와 통제를 통해 우리를 투명 유리방 속으로 서서히 몰아가 일거수일투족을 들여다본다. 개인의 행위와 자유의 가능성이 사라지면서 새로운 모습의 전체주의가 시작되는 것이다. 주목 경제와 '소프트 테러'로 구동되는 테크노폴리의 시작이다.

소셜미디어는 테크노폴리 구축의 선봉장으로서, 인공지능이 가미된 다양한 기술적 장치를 통해 우리의 행위와 사고를 지배해간다. 이러한 상황 속에서 기술과 문명의 균형추 구실을 해야 할 인문 사회과학의 게으름은 기술 이상주의가 기억과 반추, 숙고와 성찰, 후회와 반성 없이 끝 모를 미래를 향해 무한 질주하게 만든다. 인문 사회과학자의 적절한 제어와 비판을 통해 기술 만능의 오류를 수정해야 하지만, 이들은 그럴 능력도 의지도 없다. 오히려 엘리트주의와 능력주의 그리고 집단 이기주의 속에 파묻혀 허우적거리고 있다. 이들의 집단 이기심은 타 영역을 이해하고 인정하려는 노력 부족으로 나타나고, 기술에 대한 몰지각, 몰이해로 이어진다. 당연히 급변하는 네트워크 사회에 대한 사색과 비판은 찾아보기 힘들어진다.

이 책에서 다루는 기술 사제技術 司祭들에 의해 구축되는 테크노폴리의 구체적 장치와 환경에 대한 논의는 미래 네트워크 사회의 모습을 보다 투명하게 보여줄 수 있는 실마리를 제공한다. 행동 디자인과 설득 기제들에 대한 논의는 닐 포스트만Neil Postman이 이론적으로만 제시한 테크노폴리의 구동 메커니즘을 구체적으로 보여줄 것이다. 또한 테크노폴리를 떠받치는 네트워크 사회의 지배적 담론들, 즉 효율과 생산성, 경쟁, 기술 만능, 능력주의 그리고 신자유주의 등의 논의를 통해 우리 사회를 둘러싼 기술의 의미를 되새길 수 있다. 이러한 사회 분위기와 기술적 장치들의 영향과 결과로 나타나는 주목 경제, 그리고 이어지는 기술 중독과 소셜미디어 중독에 대한 비판적 접근이야말로 기술의 무한 질주를 한 박자 늦출 수 있는 계기를 마련할 것이다.

이 책은 Intro, 본문 3장, Outro로 구성되었다.

Intro는 거대 기술기업에 의해 구축되는 네트워크 사회의 모습을 포스트만의 테크노폴리 개념을 소환하여 비판적으로 살펴보았다. 테크노폴리를 설계하고, 통제하고, 유지하는 기술 전문가 집단은 신흥 종교의 사제와 같은 힘과 권력을 지닌다. 이들 기술 사제에 의해 구축되는 네트워크 사회의 모습과 의미를 논의하였다.

1장 '기술과 디자인'은 테크노폴리 구축의 근간이 되는 다양한 설득 기술과 디자인에 관해 설명했다. 포스트만이 이론적으로만 설명한 테크노폴리가 실제로 어떻게 구축될 수 있는지를 자세히 설명했다. 구체적으로 주목 경제와 행동 디자인을 중심으로 진행하였다.

'주목 경제'에서는 이용자가 주인이 되지 못하는 주목 경제의 의미를 짚어보았다. 또한 주목 경제를 견인하는 기술적 장치인 주목 공학의 부작용에 대해 논의했다. 주목은 개인의 심리적 현상이라는 좁은 개념이 아니라 우리의 삶을 규정하고, 조성하고, 인도하는 환경이다. 이러한 논의를 통해 우리가 누려야 할 삶을 살지 못하고, 그러한 사실조차 인지하지 못하는 상황을 설명하였다 이런 상황에서 개인의 행위와 사고의 자유는 사라지고, 자아 실현은 멀어지며, 결국 정체성이 흔들리면서 공동체의 구축은 점점 어려워진다.

'행동 디자인'에서는 행동 디자인과 설득 기제에 대한 논의를 진행하였다. 카지노에서 사용되는 행동 디자인과 설득 기제는 테크노폴리 구축의 핵심 요소로써, 모든 소셜미디어에 내재되어 있어 24시간 이용자를 자극과 보상의 순환고리 속으로 몰아넣는다. 트리거, 액션, 보상 등 일련의 과정으로 이어지는 훅 모델을 통해 중독의 사슬이 어떻게 형성되는지를 설명하였다. 또한 이러한 환경에서 다양한 설득 기제가 제공하는 가변적 보상과 간헐적 보상이 이용자를 어떻게 소셜미디어의 영구 포로로 만드는지를 논의했다.

2장 '중독 사회'에서는 중독사회의 실체를 이야기하였다. 소셜미디어 중독 현상과 그 이면에 자리한 다양한 사회적 병리에 대해 논의했다. 우선 다양한 설득기술에 굴복한 결과로 나타나는 기술 중독을 설명하였다. 기술 중독은 행위 중독의 하나로 인터넷과 게임이 등장하면서 나타난 현상으로, 소셜미디어 중독도 여기에 포함된다. 기술 중독은 특정 계층에 한정된 마약이나 알코올 중독과 달리 보통의 이용자 모두가 대상이 된다는 점 그리고 중독과 일반적 사용의 경계가 모호하다는 점에서 문제의 심각성이 더욱 크다.

'인터넷 중독'에서는 소셜미디어 중독을 중심으로 의미와 영향에 대해 논의했다. 소셜미디어 중독에 이르게 하는 다양한 요인들을 총체적으로 살펴보았다. 중독은 개인적 특성이나 유전적 요인만이 아니라 사회문화적 요인에 의해 많은 영향을 받는다. 능력주의, 경쟁, 수치화 등 우리를 둘러싼 다양한 삶의 조건이 개인을 중독으로 몰아간다. 또한 아무런 목표 없이 인터넷과 소셜미디어를 습관적으로 사용하는 것에서 비롯되는 목적 없는 병리적 인터넷 사용 논의를 통해, 인터넷, 스마트폰, 소셜미디어의 일상적, 습관적 사용이 어떻게 중독 현상으로 나아갈 수 있는지를 설명했다.

'중독의 늪'에서는 다양한 소셜미디어 중독 현상과 그러한 현상의 이면에 자리한 인간의 심리를 조망하였다. 시도 때도 없이 소셜미디어에 접속하는 소셜 스낵킹social snacking, 상대방 앞에서 무례하게 스마트폰만 들여다 보는 퍼빙phubbing, 업무 중 딴 일을 하는 사이버로핑cyberloafing, 스마트폰 부재에 따른 공포를 의미하는 노모포비아nomophobia 등 소셜미디어 중독으로 인한 다양한 부작용을 소개하였다. 이어서 이러한 현상의 이면에 자리한 심리적 요인들, 예를 들면 배제됨의 공포를 의미하는 포모FOMO, 수치심, 공의존, 자존감 저하, 흔들리는 정체성 등의 논의를 통해 소셜미디어 중독 현상의 전 과정에 대한 이해를 모색하였다.

3장 '중독 사회 처방전'은 중독 사회를 극복하는 길을 모색하였다. 우선 중독을 치유할 수 있는 처방전에 대해 논의했다. 아직 제대로 정립되어 있지 않은 소셜미디어 혹은 스마트폰 중독의 개념 정의를 살펴보고, 기존의 처방전을 살펴보았다. 디지털 미니멀리즘, 슬로우 미디어slow media, 저정보 다이어트, 미디어 리터러시 등 소셜미디어 중독 해결을 위한 다양한 접근과 관점을 짚어보고, 한계와 문제점을 논의했다.

'마음챙김 가이드라인'에서는, 증상만이 아니라 기저 원인을 포함하는 병인론적 치유에 대한 논의를 통해 소셜미디어 중독의 해결을 위해서는 총체적holistic 접근이 필요하다는 것을 보여주었다. 마지막으로 삶의 기본적 양식인 산책과 독서를 이야기했다.

Outro에서는 '쓸모없음의 유용함usefulness of useless'에 대해 이야기하였다. 효율과 생산성 그리고 경쟁 만을 우선으로 하는 사회에서 내버려진 가치를 되새겨 보았다. 우선 기술의 양면성을 고발한 이중 효과 논의를 통해, 기술이 결코 우리의 모든 문제를 해결할 수 없음을 역사적 사실로 보여주었다. 이어서 능력주의, 신자유주의, 수치 경쟁 등 사회적 병리가 우리의 사유와 행위를 어떻게 옭아매는지, 그래서 신뢰와 사회자본 그리고 공동체의 형성을 어떻게 저해하는지를 보여주었다. 마지막으로 무용지용無用之用, 즉 쓸모없음의 유용함을 시간, 장소, 삶의 의미를 되새기며 살펴봤다.

탈고하고 보니 책의 내용과 방향이 너무 비판적인 것은 아닌가 하는 생각도 든다. 그럼에도 불구하고 상황이 나아질 가능성은 보이지 않는다. 카톡도 페이스북도 안 하는 나 자신도 요즈음 스마트폰에 손이 자주 간다. 가두리에 갇힌 것이 아닌가 하는 느낌도 든다. 초고를 접하고 바로 출간 제안을 해준 한국학술정보, 그리고 세심하게 원고에 활력을 불어넣어 주신 유나 선생님께 감사함을 표하고 싶다. 막내가 스마트폰을 내던질 세상을 상상하며….

2021년 5월

최영

목차

▼
▼

머리글 4

Intro.

신을 영접하다

시작된 축제 20

기술 사제 25

테크노폴리 30

1장.

기술과 디자인

주목 경제: 관심이 먹여 살리는 세상 42

사람을 홀리는 신 44

교묘한 목줄 – 주목 공학 52

정보 비만 주의보 57

행동 디자인: 당신의 중독은 설계되었다 61

욕망을 미끼로 – 훅 모델 63

통제하기 쉬운 두뇌 67

설득 메커니즘 71

예측 불가능한 보상 77

2장.

중독 사회

기술 중독: 편리함에 길들여지다　　88

왜 빠져드는가?　　90

왜 멈출 수 없는가?　　92

내부 협조자, 도파민　　103

인터넷 중독: 거미줄 위에서 균형 잡기　　108

인터넷에 감염되다　　112

습관에 좀먹히다　　119

개인의 문제인가 사회적 한계인가　　125

능력주의 안에 사람은 있는가?　　134

중독의 늪: 일상에 스며든 함정들　　144

자꾸만 손이 가는 유혹, 소셜 스낵킹과 퍼빙　　144

신체의 일부가 된 기계, 노모포비아　　153

개성 없는 전력 질주, 포모　　164

견고한 정신의 감옥, 수치심　　174

거리 두기의 재발견, 공의존과 자아정체성　　179

3장.

중독 사회 처방전

처방을 위한 준비   190

개념 세우기   192

치료를 위한 한 걸음   195

마음챙김 가이드라인   202

디지털 미니멀리즘   203

미디어 리터러시   208

병인론적 치유   221

산책과 독서, 기본으로 돌아가는 삶의 양식   226

Outro.

쓸모없음의 유용함

기술의 이중 효과   238

치료가 필요한 사회   257

무용함의 재발견   265

참고문헌   274

색인   286

일러두기

▼ 이 책은 한국외국어대학교 원로교수 연구비 지원을 받아 저술·출판되었습니다.

▼ 용어에 대한 부가 설명은 해당 페이지에 바로 달았고, 참고문헌 등 출처 표기는 숫자를 달아 274~285쪽에 모아 실었습니다.

▼ 인명과 지명, 서명은 〈국립국어원〉의 '외래어 표기법'을 원칙으로 따르되, 관용적으로 굳어진 것이 있다면 이에 따랐습니다. 필요한 경우 처음에 한하여 영어식 표현도 병기했습니다.

▼ 국내에 출간되지 않은 외서의 국문 표기가 필요한 경우 뜻에 맞게 우리말로 옮겼습니다.

Intro.   신을 영접하다

시작된 축제

▼
▼

인간은 다양한 축제를 통해 불안을 해소해 왔다. 축제의 주된 목적은 신과의 교신이다. 신의 가호를 통해 불안한 감정을 없애고자 한 것이다. 접신을 위해서는 평소와는 다른 마음가짐이 필요하다. 사람을 취하게 하는 술이나 마약은 그런 목적에 잘 부합한다. 약물의 사용은 과거 원시 부족의 축제에서 빈번히 나타났다. 같은 이치로 환각을 일으키는 버섯이나 선인장도 어떤 문화에서는 종교의식의 신성한 도구로 이용되었다. 마약 물질을 먹고 제단에서 신을 맞이하는 모습은 고대 역사에도 뚜렷하게 나타나 있다. 신을 영접하기 위해서는 어느 정도 정신적 마비가 필요하기 때문이다. 이러한 환각 상태는 의례의 한 부분으로, 사람들은 몽롱한 영적 체험을 하면서 불안으로부터 해방감과 환희를 느끼며 신에 가까이 다가가고자 했다.

이 같은 인간의 노력은 현대 네트워크 사회에서 새로운 모습으로 우리에게 다가온다. 공동 축제는 없어지고, 술과 마약의 유사품을 통해 자기만의 축제를 여는 것이다. 우리는 매일 신을 영접한다. 유일신이 아닌 자기만의 신을 떠받들며 필요하면 언제든지 다가간다. 지식의 신 구글google, 교류의 신 페이스북facebook, 거래의 신 아마존amazon을 영접하기 위해 소셜미디어social media에 접속한다. 많은 사람들이 삶의 의미를 종교에서 찾듯이, 우리는 소셜미디어를 통해 인생을 가꾼다. 고양이 마약으로 불리는 캣닢catnip 냄새를 맡은 고양이는 환각상태에 빠지게 된다. 소셜미디어는 대표적인 축제의 유사품으로 인간 캣닢이다.

삶이 고단하면 많은 사람들이 종교에 의지한다. 인간은 재앙과 고난 속에서 신령을 창조하고, 그것의 초인적인 역량을 빌어 자신을 구원받고자 했다. 소외됨의 불안FOMO; fear of missing out, 외로움, 수치심, 자존감의 결여, 흔들리는 정체성은 우리를 신에 다가가게 만든다. 현재의 고난을 이겨낼 수 있는 진통제를 신흥 종교가 처방하기 때문이다. 고도로 발달된 알고리즘과 행동 디자인으로 꾸며진 기술의 신전에서 우리 모두는 광신도로 변한다. 과학 만능의 기치 아래 경제 논리는 신의 이름으로 교묘하게 감춰진다. 이곳에서는 퍼빙phubbing▼처럼 시도 때도 없이 접신하는 소셜미디어 의례가 우선하고, 이 같은 의례는 우리의 일상을 모두 바꿔 놓는다.

물론 이러한 소셜미디어 의례는 기술 전문가가 구축한 코드code에 기반한 행동 방식을 요구한다. 마야인들

▼ 전화기(Phone)와 무시(snub-bing)의 합성어로, 스마트폰에 빠져 주변을 무시하거나 인식하지 못하는 행위를 말한다.

이 코카 나무 잎을 씹으며 신에 다가갔듯이, '좋아요'를 음미하며 알고리즘 속 샤먼과 함께 춤을 추며 페이스북에 다가간다. 기술의 신과의 교신을 위해 알고리즘이 만들어 내는 의례에는 우리를 마비시키는 여러 장치가 포함된다. 다양한 설득 기제에서부터 개발자도 의도치 않은 오류와 이데올로기 등 모든 것이 포함된다. 기술이나 기계에는 편견, 직관, 감정이 들어가지 않을 것 같지만, 실제로는 인간의 모든 편견과 오류가 그대로 전이된다. 알고리즘은 그것을 만들어내고 훈련시킨 사람들의 사고와 가치를 여과 없이 반영한다. 만든 이의 이데올로기도 의도적이었건 비의도적 이었건 간에 그대로 전이된다. 알고리즘은 만든 사람의 무의식도 반영한다. 구글 검색 결과에서 나타나는 성차별이나 인종차별이 이를 극명히 보여준다.

축제의 자극을 찾는 것은 인간의 본능이다. 그러나 진통제의 과다 투여는 중독이라는 부작용을 가져온다. 축제상황과 일상생활의 균형을 맞추지 못하는 것이다. 물론 균형 감각은 누구나 갖추는 것은 아니다. 특히 팽팽한 긴장감으로 모든 것이 연결되어 있는 네트워크 사회에서는 균형 감각을 지니는 것이 이상할 정도이다. 균형 감각이 무너지면 축제의 해방감은 고통으로 변한다. 축제를 찾아 환의에 젖고 신을 영접하기 위해 마약에 취하지만, 거기서 깨어 나오지 못하면 중독이 우리 곁으로 다가온다.

신을 맞이하기 위한 의례 도구인 소셜미디어는 우리를 중독의 환경으로 내몬다. 온갖 인공지능으로 장착된 소셜미디어에 대한 탐닉은 마치 광신도가 특정 종교에 몰입하는 것과 같다. 구글의 기술이사인 레이 커즈와일Ray Kurzweil은 기술이 인간의 능력을 뛰어넘는 '기술적 특이점' 현상을 통해 미래의 세계를 내다본다. 커즈와일은 거대한 기술 교회의 사제이자 예언자이다. 매일 수십 종의 비타민과 보조 약품을 복용하는 커즈와일은 '특이점' 이후의 삶을 거의 황홀경에 가까운 것으로 예측한다.[1] 이러한 삶은 종교의 사후 세계와 유사하다. 종교인류학자 로베르 제라치는 커즈와일 등의 특이점 신봉자들의 믿음은 기독교인들이 믿는 종말론적 텍스트와 유사하다고 단언한다. '종말론적 인공지능은 종교적인 예언을 이어받은 적자이지, 서자가 아니다. 종말론적 텍스트와 인공지능의 예언은 정교하게 일치한다.'[2] 『홀로 다같이 Alone Together』의 저자로 모두가 연결되지만 외로워지는 네트워크 사회의 역설을 이야기한 셰리 터클 Sherry Turkle도 인공지능은 엔지니어링의 거창한 목표가 아니라 하나의 이데올로기라고 단언한다.[3] 인공지능을 포함한 새로운 기술 자체가 세상의 모든 것을 이해할 수 있는 하나의 주의 ism이자 종교와 비견할만하다는 것이다.

과거에는 선지자나 예언자가 신의 입을 빌려서 전문가 행세를 했다면, 네트워크 사회에서는 프로그래머, 엔지니어, 설득기술자, 네트워크 사업자 등 기술 전문가가 선지자의 역할을 떠맡아 새로운 시스템을 구축하고, 집행하고, 통제한다. 예를 들면, 구글 라이브러리를 구축하는 표면적인 목적은 온 세상의 지식을 집대성하여 모든 이들에게 지식을 제공하는 것이지만, 숨겨진 목적은 구글의 인공지능이 온 세상의 모든 책과 자료를 읽고 지식을 축적하여 인류는 결코 도달할 수 없는 경지에 다다르게 하는 것이다. 물론 이들 기술 전문가들은 대략의 알고리즘을 알고 있을 뿐, '검색 엔진이 어떻게 움직이는지, 왜 그런지를 자세히 알지 못한다. 그들 역시 결과를 볼 뿐이다.'[4] 자신들이 하는 일의 결과를 예측할 수 없음에도, 이들은 현재를

추동하고 미래를 설계한다. 구글이 '사악해지지 말자^{Don't be evil}'를 최우선의
기업 가치로 삼는 이유도 여기에 있다.

새로운 신이 탄생하고 있다. 신흥 종교는 무조건적 복종과 과도한 헌신
과 집착을 요구한다. 소셜미디어도 다르지 않다. 소셜미디어에 대한 과도한
숭배와 집착 현상은 애플 신제품이 나올 때 매장 밖에서 밤을 새우는 것에
서부터 아이폰의 유무에 따른 문화적 계급 구별 짓기 등 다양한 모습으로
나타난다. 배제됨의 공포를 의미하는 포모, 상대방 앞에서 무례하게 스마트
폰만 들여다보는 퍼빙, 시도 때도 없이 소셜미디어에 접속하는 소셜 스낵
킹, 업무 중 다른 일을 하는 사이버로핑^{cyberloafing} 등 다양한 인간 행위와 관
계의 변화가 소셜미디어 확산과 함께 일어난다. 소셜미디어는 개인과 사회
의 의례를 바꾼다. 물론 이러한 의례는 기술 전문가가 개발한 알고리즘에
기반하며, 그러한 알고리즘은 기술 산업 전체에 내재된 지식과 언어 그리
고 정보 시스템의 명제와 담론을 그대로 반영하고 고착화한다.

기술 사제

▼
▼

오래전 인간은 자신들이 살아가는 세상의 질서를 쉽게 파악하지 못했다. 물론 세상의 질서는 존재한다고 생각했고, 그것을 이해하기 위해 성직자나 주술사에게 다가갔다. 이들은 진실 여부를 떠나 나름대로 일관성 있는 논리로 세상의 질서를 설명했고, 우리는 그들의 이야기에 귀를 기울였다. 이후 중세 르네상스를 거치고 계몽주의가 등장하면서 미신이나 도그마 대신 이성과 합리적 사유를 통해 세상에 대한 진실은 조금씩 밝혀졌다. 18세기 초반, 천재로 알려진 괴테는 세상의 모든 것을 알았던 마지막 사람이라고 흔히 이야기한다. 괴테가 사망했던 1832년에 이르면 누구도 당대의 모든 지식을 집대성하고 이해할 수 없게 되었기 때문이다.[5] 각 분야 마다 전문가가 탄생하는 순간이다.

근대 들어서는 새롭게 부상한 과학자 집단이 세상을 설명했다. 물리학, 화학 등 다양한 분야에서 수많은 발견과 발명을 통해 과학자들은 세상의 질서를 설명할 수 있는 전문가 집단으로 부상하였다. 또한 체제를 유지하고 통제하는 법률가들도 이들 전문가 집단에 합류했다. 과학자, 의사, 법률가 등은 과학과 이성에 근거하여 세상을 이해하고, 질서를 유지하고, 세상을 통치하려고 했다. 물론 제 각각의 분야에서 성을 쌓아 올리면서 자신들의 이익도 도모했다. 이들 전문가의 성공은 다양한 과학 기술의 발견과 각종 면허에 기반한 독점적 지위를 통해서 얻은 부의 축적으로 설명할 수 있다.

과학의 진보와 더불어 배타적인 정보와 지식의 독점을 통해 사회 속의 지배 계급으로 부상한 이들은 이른바 프로페셔널스professionals라는 전문가 집단으로 성장한다. 프로페셔널스는 중국이나 로마 등 고대 국가에서 석공이나 유리세공업자처럼 독점적이고 배타적인 지식과 노하우를 지닌 특정 계급을 일컬었던 집단으로, 중세의 길드를 거치면서 자신들의 독점적 지위를 더욱 공고히 하였다. 장인master, 숙련공journeyman, 견습공apprentice 등 명확한 서열을 바탕으로 특정 지식과 정보를 폐쇄적이고 독점적으로 유지했던 길드가 중세를 대표하는 하나의 지식 집단이었다면, 프로페셔널스는 봉건제에서 자본주의로의 이행과 함께 탄생한 새로운 계급이었다. 독자적인 교육 시스템과 라이선스 제도를 바탕으로 누구도 함부로 접근할 수 없는 차별화된 세계를 구축하여, 과거 사제와 귀족 그리고 길드에 의해 유지되었던 권위와 힘의 상당 부분을 넘겨받게 된 것이다.

의사나 법률가에 국한되었던 전문가 집단은 이제 기술 전문가의 가세로 자신들의 성채를 더욱 공고히 한다. 네트워크 사회에서는 구글과 같은 기술 기업의 알고리즘 엔지니어들이 현재를 이끌고 미래를 설계한다. 과학과 교육 그리고 법률 시스템은 기술 자본의 뒷받침에 힘입어 새로운 체제로 거듭난다. 기술 전문가들이 과거의 성직자나 주술사 혹은 근대의 과학자들과 다른 점은 전문가 집단으로서 세상의 질서를 설명하는 것에 그치지 않고 세상의 질서를 설계하고 수정한다는 점이다. 이들은 신의 대리인이자 창조자로서, 종교적 카리스마를 갖는다. 성직자와 같은 카리스마를 지닌 이들은 수치로 포장된 효율성, 정확성, 객관성 그리고 경제성을 교리로 삼아 포교한다. 나를 따르면 복음이 있을 것이요, 그렇지 않으면 파멸과 추방만이 남을 것이다.

기술 사제들은 경쟁과 독점, 사유화와 물신주의, 능력주의와 수치 숭배 등 신자유주의의 다양한 가치들을 자신들이 고안한 시스템에 적극 적용하고 관리한다. 이들은 새로운 코드code와 제도를 도입하고, 새로운 상징과 기호를 구축하고, 새로운 지식 체계를 형성하면서 네트워크 사회의 골격을 다지고 있다. 기술 사제에 의해 제공되는 새로운 기술과 서비스는 우리가 갖는 관심과 사고의 구조, 즉 생각하는 바를 바꾼다. 또한 이러한 기술과 서비스는 우리가 생각하는데 사용하는 상징의 특징 역시 변화시킨다. 뿐만 아니라 우리 사고의 뿌리가 되는 공동체라는 장의 특성마저 바꾼다.[6] 이처럼 새로운 매체와 기술은 공동체, 종교, 심지어 신의 의미까지 바꾼다. 정보를 통제, 관리하는 매체 기술이 세상의 질서 유지를 위한 핵심 장치로 작용하기 때문이다. 과거에는 종교와 국가가 정보를 통제하기 위한 가장 강력한 장치였다면, 현재는 기술 전문가들에 의해 만들어진 특정 코드가 이를 대체한다. 성경은 우리가 피해야 할 언어(신성모독), 피해야 할 생각(이단), 그리고 피해야 할 상징(우상숭배)에 대한 지침을 제공하고, 해야 할 일과

하지 말아야 할 일을 구분해주었다.[7] 이제는 기술 사제가 이 역할을 떠맡는다. 이들은 자신들이 구축한 알고리즘을 통해 우리가 무엇을 바라보고, 무슨 생각을 하고, 어떻게 행동해야 할지를 알려준다. 우리는 왜 이곳에 있으며, 어디로 가야 할지를 일관되게 설명하는 것이다.

기술 사제에 의한, 기술 사제를 위한, 기술 사제 사회의 암울한 미래를 이야기한 사람들은 많다. 마셜 맥루언Marshall McLuhan은 기술(매체)을 인간이 통제할 수 있다고 하는 주장은 "정신의 감시견을 따돌리기 위해 도둑이 미끼로 던지는 고깃덩어리"[8]와 같다는 이야기로 경계심을 드러냈다. 조지 오웰George Orwell은 우리의 정신을 옭아매기 위해 기술 전문가들이 고안해낸 새로운 언어 '뉴스피크newspeak'의 악영향을 걱정했다. 닐 포스트먼Neil Postman도 기술 만능 사회인 테크노폴리technopoly 비판을 통해 미래 정보기술 사회의 위험을 경고한다. 맥루언, 오웰, 포스트만이 공통적으로 제기하는 비판의 대상은 사회를 구동하는 다양한 기술적 장치로서, 특히 커뮤니케이션 기제의 전체적 활용에 주목하고 있다. 커뮤니케이션 기제들이 어떻게 개발되어 보급되고, 우리들의 생활 습관에 내재되어, 결국 우리의 삶이 어떻게 변해 갈지를 경고한다.

닐 포스트만이 이야기한 테크노폴리는 기술 사제들에 의해 설계되어 구축되는 사회이다. 테크노폴리는 과학만능주의라는 신화 속에서 탄생한다. 과학의 방법론은 인간의 모든 사고와 행동에 적용 가능하며, 과학에 대한 신뢰는 영생을 포함한 포괄적 신념체계를 제공할 것이라고 기술 사제들은 주장한다. 기술 사제들에 의해 발명, 유지되는 기술과 과학 만능의 세계는 인류의 미래이자 종교와도 같다는 것이다. 결국 기술의 발견 동기는 기술적 효율성 그 자체라기보다 신성이나 무한한 권력의 독점이라 할 수 있다. 기술 이데올로기는 독특한 환경 속에서 인간의 특별한 선택과 주목 그리고 욕망이 빚어낸 산물이기 때문이다. 모든 기술은 이런 목표를 완성해 가는 과정 속에서 탄생하는 수단에 불과하다. 지난 두 세기 동안 지배 계급은 기계와 기술을 숭배했고, 기계와 기술의 효율성을 확신했다. 기술의 이용은 신념의 주된 표명이자 행동의 주요 동기였고, 모든 서비스의 원천이었다.[9] 이러한 경향은 네트워크 사회에서 자극과 설득 기술의 발전으로 더욱 강화되고 있다.

테크노폴리

"포드님이시여, 우리는 열두 사람, 오, 하나로 만드소서
사회의 강을 이루는 물방울들처럼 하나로 만드소서
오, 우리들이 함께 흐르도록 하소서
그대의 번쩍거리는 플리버 자동차처럼"▼

『멋진 신세계 Brave New World 』10

▼ Ford, we are twelve; oh, make us one,
Like drops within the Social River;
Oh, make us now together run
As swiftly as thy shining Flivver.

▼▼ 소설 속 소마는 환각과 도취감 그리고 진정제의 역할을 통해 의식을 포기하게 한다.

포드의 날 기념행사를 위해 수많은 사람들이 십자가의 위 부분을 잘라낸 T자 모형의 대형 상징물이 옥상 네 모서리에 위치한 거대한 빌딩 속에 모여 있다. 모두가 소마soma▼▼를 먹고 합창을 하며 '오 하나님Oh God' 대신에 '오 포드님Oh Ford'을 외치고 있다. 모두가 '눈이 빛나고, 뺨이 발갛게 상기되고, 넘치는 자비의 빛이 행복하고 다정한 미소와 더불어 모든 얼굴에 발산되었다.'11

올더스 헉슬리Aldous Huxley가 1932년에 출간한 『멋진 신세계』에서 모든 주민은 신 대신 포드님을 찾는다. 헉슬리는 기술에 의해 지배되는 미래의 암울한 현실을 묘사했다. 컨베이어벨트 시스템에서 조립·생산되는 자동차처럼 계급 질서에 따라 실험실에서 자동 생산되는 인간의 미래를 그렸다. 포드님은 물론 포드 자동차의 그 헨리 포드Henry Ford이다. 포드님의 상징인 T는 1908년에 등장한 포드 T형 자동차에서 유래한다. 저렴한 가격의 포드 모델 T는 1914년 당시 미국 전체 자동차의 절반에 해당하는 약 50만 대가 팔린 포드사 최초의 성공 모델이었다. 잘 알려져 있듯이 헨리 포드는 자사의 노동자가 자신의 월급으로 자신이 생산한 자동차를 살 수 있는 환경을 원했고, 그에 따라 825달러라는 비교적 저렴한 가격의 차를 생산하려고 했다.[12] 물론 이 과정에서 이동 조립 라인, 즉 컨베이어벨트를 도입하여 노동자가 시스템의 부품으로 전락하는 환경이 조성되었다. 테크노폴리의 기초가 되는 모든 개인의 몰개성화, 비인격화, 부품화가 시작된 것이다.▼

『멋진 신세계』에 많은 영향을 받은 것으로 알려진 조지 오웰은 『1984』를 통해 테크노크라시와 미디어 중독에 대해 고발하였다. 오웰이 책을 출판한 1948년▼▼의 시대 상황으로 스탈린의 전체주의와 미디어의 힘을 걱정했

▼ 헨리 포드는 조립 라인 앞에서 무기력하게 단조로운 작업을 하는 숙련된 노동자의 전직을 우려하여 월급을 두 배인 5달러로 올리고 노동시간을 8시간으로 조절하는 등의 정책을 발표하기도 했다.

▼▼ 1984는 1948을 뒤집은 것으로 알려져 있다.

다면, 이제는 기술 기업의 권력과 전체주의의 가능성을 염려하게 된다. 기술 기업의 전체주의는 미디어 중독에서 시작하기 때문이다. 헉슬리의 『멋진 신세계』이외에 예브게니 자먀찐Yevgeny Zamyatin의 『우리들MY』도 오웰의 『1984』에 많은 영향을 준 것으로 알려져 있다. 자먀찐의 『우리들』은 단일 국가에 사는 그야말로 우리들의 이야기이다. 『우리들』에서도 국가는 인간의 정신과 신체 활동을 통제한다. 사람들은 고유명사로 불리며 유리 집에서 산다. 투명한 유리 집에서 배급표를 받고서야 섹스를 즐길 수 있다. 사유와 행위에 자유가 없는 전체주의 환경이다.

자먀찐이 1940년에 『우리들』을 발표한 지 80여 년이 지난 지금, 다양한 인터넷 서비스가 우리 모두를 유리 집으로 안내한다. 소셜미디어는 이러한 발걸음을 재촉하는 연결고리이다. 모든 것이 벌거 벗겨진 채로 우리는 유리 집에서 기뻐하고, 화내고, 사랑하는 것이다. 자신이 벌거 벗겨진 것도 모르는 임금님처럼 살고 있는 우리의 삶은 기술 사제와 신만이 관장한다. 이러한 환경이 조성 가능한 이유는 물론 빅데이터 분석을 통해 이용자의 모든 행위를 기획, 조정, 통제할 수 있기 때문이다. 조금이라도 기업이 설정한 궤도와 목표에서 벗어날라치면 어김없이 설득기술과 적응 기술adaptive technology을 가동하여 이용자를 원 위치로 돌려놓는다. 아무 생각 없이 소셜미디어를 습관적으로 이용하는 중독의 상태로 우리 모두를 되돌려 놓는 것이다.

닐 포스트만은 『테크노폴리』에서 우리가 만든 기술에 의해 인간이 도리어 통제 당하게 되는 상황을 자세히 설명한다.[13] 노동 시간을 줄이기 위해 다양한 기계와 기술을 발명하고 전면적 도입을 하지만, 결국 그러한 기제들이 자체의 기술적 범위를 넘어 예술과 문화 등 삶의 모든 영역에서 중심적인 역할을 수행한다는 것이다. 그에 따르면 테크노폴리의 본격적인 출발점은 1911년 프레드릭 테일러Frederick Taylor의 저서 『과학적 관리법The Principles of Scientific Management』에서 시작한다. 거대한 시스템에서 충실한 나사 역할을 할 수 있도록 노동자의 교육과 활용에 초점을 맞춘 테일러의 접근은 테크노폴리의 사상적 전제들을 최초로 본격적으로 그려내기 때문이다.

주지하다시피 테일러리즘taylorism은 소와 돼지를 효율적으로 도살할 수 있는 도축장의 컨베이어 벨트 공정에서 아이디어가 탄생하였다. 각각의 위치에서 저 마다가 자기 할 일을 묵묵히 수행하는 환경의 구축을 통해 효율성을 극대화하는 것이다. 이러한 테일러리즘은 앞에서 소개한 포드 자동차는 물론 현대 산업국가의 지배적인 기업의 경영 원칙으로 작동한다. 시스템을 효율적으로 관리할 수 있는 최고의 방안을 제시하였기 때문이다. 문제는 그러한 효율성 제고를 위해 개별 고용인들은 해당 시스템에 맞춰 평균적이고 표준적인 인간으로 육성되어야 한다는 점이다. 시스템이 잘 돌아가도록 기계에 잘 들어맞는 나사가 되어야지, 들쭉날쭉 날이 서 있거나 모가 나는 부품은 당연히 폐기 대상이다. 각자의 개성과 독창적인 사고 그리고 공감이 작동될 수 없는 사회가 조성되는 것이다.

이 같은 사회에서 인간의 창의성은 무시된다. 효율성과 획일성의 가치 아래 문화의 다양성은 말살된다. 테크노폴리 상태가 되면 도구가 문화를 뒷받침하는 것이 아니라 문화를 오히려 지배한다. 기술은 한번 도입되면 우리의 통제권을 벗어나기 마련이다. 특히 인공지능이 가미된 기술의 속성은 만든 이의 의지와 관계없이 예정된 역할과 임무를 기대 이상으로 완수한다. 이에 맞춰 우리 인간도 예정된 자신의 임무를 아무런 불평 없이 끊임없이 수행한다. 우리가 매일 사용하는 소셜미디어 사용이 이를 잘 보여준다. 우리는 고객으로서 소셜미디어를 사용하는 것이 아니라, 소셜미디어를 통해 우리가 '주목'을 생산하는 상품으로 이용되는 것이다. 기술 전문가들이 만든 정교한 알고리즘에 따라 우리는 접속하고, 주목하고, 중독된다.

온갖 커뮤니케이션 장치로 연결된 네트워크 사회에서는 보이지 않는 권력이 효율적인 감시 체제를 통해 모든 구성원을 제압하고 통제한다. 기술 권력은 저항을 일으키지 않을 정도로 서서히 개인에게 다가간다. 가랑비에 젖듯이 어느 새 기술에 흠뻑 취해 더 이상 저항할 수 없게 된다. 공개 처형과 같은 방식으로 주민들을 길들이는 것이 아니라, 은밀한 감시와 통제를 통해 우리를 투명한 유리 방 속으로 서서히 몰아가 일거수일투족을 들여다보는 것이다. 개개인의 행위와 자유의 가능성이 사라지면서 새로운 모습의 전체주의가 시작되는 것이다.

아렌트는 자신의 수많은 저서의 사상적 기반이 되었던 『전체주의의 기원The Origins of Totalitarianism』을 저술하면서 미래에 나타날지 모를 또 다른 전체주의의 가능성을 염려했다. 전체주의의 토대라고 할 수 있는 사생활의 공간이 남아 있지 않는 상태는 언제든, 또 다시 조성될 수 있기 때문이다. 이러한 환경에서는 경험의 능력도, 사유의 능력도 사라지면서 고립과 외로움만이 남게 된다. '고립은 전체주의 구동 메커니즘의 상징인 테러의 비옥한 토양이자, 테러의 결과이기도 하다'.[14] 외로움과 고립으로 개인은 파편화되고 공동체는 사라지면서 전체주의가 시작된다. 소셜미디어의 다양한 자극은 '소프트 테러'로서 개인의 사유를 정지시키고, 특정 행위를 유도하고, 특정 콘텐츠를 주목하게 함으로써 개인을 고립시킨다. 모든 것이 연결된다고 하지만 결코 외로움에서 벗어날 수 없는 것이 네트워크 사회의 현실이다. 많은 자료와 연구 결과가 현대인의 외로움을 잘 보여주고 있다.[15] 이러한 '소프트 테러'의 결과는 보아야 할 것을 보지 못하고, 들어야 할 것을 듣지 못하고, 필요 없는 것에 늘 주목하는 상태가 되는 것이다. 주목 경제와 '소프트 전체주의'로 구동되는 테크노폴리의 시작이다.

테크노폴리에서는 '뉴스피크'를 통해 시스템 구동을 위한 지배적 담론들이 형성되어 개인의 사고와 행위를 지배한다. 조지 오웰의 『1984』에 나오는 새로운 언어 '뉴스피크'는 빅브라더가 대중을 통제하기 위해 고안한 일종의 기만 장치이다. 이러한 장치를 통해 정부가 의도한 지배적 담론을 구성하여 국민을 통치하는 것은 사실 어제, 오늘의 일이 아니다. 또한 독재 국가이건 민주국가이건 대상과 규모의 정도 차이가 있을 뿐, 언어의 통제를 통해 여론을 조성하려는 시도는 늘 있어 왔다. 트럼프가 뱉어내는 다양한 구호는 작은 사례이고, 경쟁과 능력, 자유와 전통, 시장 경제 등의 신자유주의 담론은 현재의 우리를 지배하는 대표적 언어 장치들이다. 이러한 지배적 담론은 소셜미디어에서도 어김없이 작동한다. 개별 이용자들이 올리는 사진에서, 주고받는 문자 속에서 지배적 담론의 가치는 투영되고 재생산된다. 소셜미디어 서비스를 구동하는 알고리즘의 언어 속에도 그러한 담론의 가치는 건재하다.

이처럼 새로운 담론을 이끌어 내는 언어와 지식은 미디어를 통해 생산되고 확산되어 고착화 된다. 새로운 미디어와 기술이 탄생할 때마다 새로운 시대정신과 지배적 담론이 등장하기도 한다. 사실 기술에 의한 변화는 단순히 더하거나 빼는 문제가 아니라 생태학적 문제이다. 기술로 인한 하나의 변화가 총체적인 변화를 가져올 수 있다. 모든 것을 바꿔놓는 것이다. 수도승이 만든 시계는 시간을 관리하는 수단일 뿐만 아니라 인간의 행동을 일치시키는 수단이었다. 닐 포스트만은 시계가 자본주의의 시작점이라고 이야기한다. 시계는 규칙적 생산, 규칙적인 근로 시간 그리고 표준화된 제품의 이상을 실현하였고, 결국 수도원에서 만든 기술이 자본주의의 선봉 역할을 한 셈이다.[16] 물론 이러한 기술에 내재한 자본주의 담론은 다양한 미디어를 통해 확대 재생산된다.

수많은 커뮤니케이션 기제를 통해 전달되는 정보와 지식의 힘과 권력의 의미를 본격적으로 제기한 학자 중에 미셸 푸코Michel Foucault가 있다. 모든 지식과 정보는 권력과 연계된다. 지식은 당연히 지배계층에 의해 형성되고 향유 되면서 통제의 수단으로 사용된다고 푸코는 주장한다. 법률 역시 이러한 지배구조를 공고히 하고 통치 구조를 유지하는 수단의 하나이다.[17] 과거에는 지식인과 전문가들에 의해 개발되고 독점되었던 지식은 모든 사람들에게 퍼져 나가서는 안 되는 금기의 대상이었다. 오스만 제국이 지식인을 육성하지 않은 이유도 통제 권력의 누수를 방지하기 위함이었다. 이처럼 지식이나 정보의 통제는 과거는 물론이고 네트워크 사회에서도 통치의 핵심 요인으로 작동한다.

푸코는 세밀한 자료 분석을 바탕으로 다양한 사료의 시대별 검증을 통해 각 시대의 지배적인 인식의 틀인 에피스테메episteme를 세우려고 노력했다. 이러한 과정을 통해 힘과 권력의 변천과 이동을 설명했다. 유명 작품의 해설이 시대마다 달라지기도 하는 이유이다. 가령 스탈린을 염두에 두고 쓴 조지 오웰의 반공 소설이었던 『1984』가 현재는 정보기술의 디스토피아를 이야기하는 대표 작품으로 정체성이 바뀌는 것이다. 각 시대의 담론 속 명제들은 각 시대가 처한 다양한 상황과 자극에 의해 만들어진 것이다. 따라서 이러한 명제들은 패러다임이 혁명적 변화를 겪듯이 교체되고, 푸코는 마치 고고학자인 것처럼 역사상의 새로운 명제들을 찾아 나선 것이다.

지식과 언어는 권력의 매개체 역할을 하는 중요한 요인으로 작동하며, 지배적 담론을 구성하여 사회 질서를 구축하고 통제한다. 푸코는 한 부분의 개념이나 언어가 다른 영역에서 어떻게 사용되는지를 분석해 원천 분야의 힘과 권력을 설명한다. 예를 들면 '교육에 투자한다'라는 문구는 경제 개념이 교육에 투사된 경우이다. '자기 브랜드를 만들라'도 정체성 형성 과정에 경제와 경영의 원리가 삽입된 경우이다. 당연히 산업, 효율성, 경쟁 등의 가치는 정체성 형성에 결정적인 영향을 미친다. 다양한 경제 경영 관련 개념들이 사회 속 다양한 담론에 속속들이 침투하여 주요 명제로 자리하며 권력의 주체가 되어가는 것이다. 결국 이러한 개념들이 모여 후속 장에서 논의할 능력주의와 같은 지배적 담론이 만들어지는 것이다.

인공지능처럼 끝을 모를 기술적 발전에 힘입은 기계 기술의 혁명적 변화와 그러한 기술적 장치에 내재된 명제와 담론을 통해 테크노폴리는 구축된다. 소셜미디어는 테크노폴리 구축의 선봉장으로서, 인공지능이 가미된 다양한 기술적 장치를 통해 우리의 행위와 사고를 지배해간다. 이러한 상황 속에서 기술과 문명의 균형 추 역할을 해야 할 인문, 사회과학의 태만으로 인해, 기술 이상주의는 기억과 반추, 숙고와 성찰, 후회와 반성 없이 무한 속도로 끝을 모르는 미래를 향해 질주하고 있다. 인문, 사회과학자의 적절한 제어와 비판을 통해 기술 만능의 오류를 수정해야 하지만, 그들은 그럴 능력도 의지도 없다. 오히려 과학과 숫자 숭배, 경제성, 엘리티즘과 능력주의, 집단 이기주의 속에 파묻혀 허우적거리고 있다. 전문가 집단으로서의 이기심은 타 영역을 이해하고 인정하려는 노력 부족으로 나타나고, 기술에 대한 몰지각, 몰이해로 이어진다. 결국 급변하는 네트워크 사회 환경에 대한 사색과 비판은 찾아보기 힘들어 진다.

인터넷 기술 사제들에 의해 구축되는 테크노폴리의 구체적 장치와 환경에 대한 논의는 미래 네트워크 사회의 모습을 보다 투명하게 보여줄 수 있는 계기를 마련한다. 행동 디자인과 설득 기제들에 대한 논의는 닐 포스트만이 이론적으로만 제시한 테크노폴리의 구동 메커니즘을 구체적으로 보여줄 것이다. 또한 테크노폴리를 떠받치는 네트워크 사회의 지배적 담론들, 즉 수치화, 경쟁, 기술만능주의, 능력주의 그리고 신자유주의 등의 논의를 통해 사회를 둘러싼 기술의 의미를 되새길 수 있다. 이러한 사회 분위기와 기술적 장치들의 영향과 결과로 나타나는 주목 경제, 그리고 이어지는 기술 중독과 소셜미디어 중독에 비판적 접근이야말로 기술의 무한 질주를 한 박자 늦출 수 있는 계기를 마련할 것이다.

1장. 기술과 디자인

주목 경제: 관심이 먹여 살리는 세상

"테크노폴리는 다른 대안들을 불법으로 규정하지 않는다. 부도덕한 것으로 만들지도 않는다. 심지어 인기를 떨어뜨리는 것도 아니다. 테크노폴리는 자신을 대체할 대안들을 보이지 않게 함으로써 무의미한 것으로 만들어버린다."

『테크노폴리Technopoly』

테크노폴리를 전체주의적 기술주의 문화로 규정한 닐 포스트만은 주목attention의 중요성에 대해 이야기한다. 특정 이슈를 금지 사항으로 만드는 것이 아니라 주목하지 않게 함으로써, 또한 특정한 것에는 관심을 갖게 함으로써 테크노폴리를 구축하는 기술적 장치의 숨겨진 힘을 묘사한다. 모든 이의 시선이 한 곳을 향할 때 새로운 사회와 문화가 탄생한다. 주목 기술로 가동되는 기술주의 사회인 테크노폴리가 구축되는 것이다. 이러한 주목의 힘과 가능성은 주목 경제에서 충실히 실현된다.

주목 경제attention economy는 허버트 사이먼Herbert Simon이 처음 언급한 개념으로, '소비될 가능성이 있는 넘쳐흐르는 수많은 정보들을 효과적으로 주의를 끌 수 있게 통제 조절하는 노력'에서 시작하였다.[18] 이러한 주목 경제의 개념은 포그에 의해 설득 기술이 본격적으로 도입되면서 네트워크 비즈니스의 중요한 모델로 체계화되고 발전되었다.[19] 주목 경제는 한 마디로 관심을 끄는 콘텐츠를 제공하여 이용자의 눈동자를 얼마나 붙잡아 두는지에 달려있다. 물론 인간의 주목에는 한계가 있다. 먹고 자는 시간을 빼면 주목의 시간은 매우 제한적이기에 인간은 가장 효율적으로 주목하려고 한다. 대개의 경우 즐거움을 줄 때 우리는 주목한다. 그러나 잠깐의 행복이나 즐거움이 영원한 쾌락의 연장으로 이어지면 중독이라는 부작용이 발생한다. 주목 경제 환경에서 개인은 주목의 능동적 주체가 되지 못한다. 외형적으로는 주의를 기울이는 주체가 이용자들 자신인 것처럼 보이지만, 실제로는 주목 경제 환경에서 다양하게 작동하는 설득 기제에 놀아나는 인형에 불과하다. 이러한 환경에서 잠깐의 행복과 즐거움은 일시적 통증 치료제일 뿐, 오히려 끊을 수 없는 약물로 변질될 수 있다.

주목 경제에서 주목은 곡식이나 석유와 같은 재화가 아닌 인간의 감정과 연결된 그 무엇이다. 사람들의 의식에 영향을 미치는 것이 비즈니스의 본질인 주목 경제는 삶의 방식을 근본적으로 바꿀 수 있고, 또 바꿀 것이다. 팀 우Tim Wu는 자신의 저서 『주목하지 않을 권리the attention merchant』에서 무의식적인 주의력에 기반한 비즈니스 모델의 악영향을 이야기한다.[20] 소셜미디어에 정신없이 빠져드는 우리를 호모 디스트랙투스homo distractus: 산만한 인간라고 지칭한 팀 우는 강박적 집착을 위한 다양한 기제들이 교묘하게 내재되어 있는 소셜미디어가 우리에게 자연스럽게 다가오는 것을 경계했다. 물론 우리는 이 같은 테크노폴리 구축에 대한 낌새를 눈치 채지 못하며 어떠한 저항도 없이 스스로 다가간다. 마치 거대한 종교 사원에 자신도 모르게 이끌려 들어가는 것과 같다.

사람을 홀리는 신

신에 주목하면 경제가 따라온다. 구글 신神, 아마존 신神 그리고 페이스북 신神은 신新경제를 일구었다. 주목 경제가 탄생한 것이다. 실제로 종교는 인간의 주목에 기반해서 탄생하였다. 팀 우는 '주의력에 자극을 주는 작업에 의존하여 임무를 수행한 유일한 기관'으로 교회를 꼽는다.[21] 교회는 인간의 주목에 바탕을 둔 유일한 대규모 집단이자 현직 활동 조직이다. '지옥에 대한 두려움이 경제를 발전시킨다'라는 보고서가 있는 것처럼 종교와 경제와의 상관관계는 매우 높다. 부의 축적을 죄악시하는 시각에서 정당한 부의 축적은 신의 축복이라고 생각했던 베버는『프로테스탄트 윤리와 자본주의 정신Die Protestantische Ethik und der Geist des Kapitalismus』를 통해 종교 · 윤리와 자본주의의 긍정적 관계를 설명한다.[22] 하버드대 로버트 바로 교수는 신앙심이 강한 국민일수록 경제 성장률이 높다는 주장을 펴기도 한다.[23]

구글이나 애플 혹은 에르메스와 같은 고급 브랜드의 충성도에는 상품의 질을 뛰어 넘는 그 무엇이 존재한다. 이러한 브랜드의 광고는 단순한 설득이 아니라 개종의 수준을 목표로 한다. 이와 같은 상품의 추종 집단은 때로는 광신적이며, 보통의 상식으로는 이해되거나 설득되지 않는다. 구글은 상품이 아니라 하나의 이데올로기이자, 세상의 모든 것을 이해할 수 있는 하나의 주의ism이며 종교인 셈이다.

주목 경제는 기본적으로 광고와 콘텐츠 그리고 이들을 실어 나르는 미디어로 유지된다. 20세기 초반 종이신문이 널리 퍼지면서 광고 산업 또한 급성장한다. 당시 광고계의 재능 있는 커피라이터는 독실한 종교 집안에서 성장한 경우가 많았다고 한다. 실제로 이들 중 일부는 종교와 광고의 메시지는 기본적으로 설득이라는 측면에서 차이가 없었다고 생각하고, 광고 메시지 기획과 개발에 적극적으로 참여했다. 1925년 당시 베스트셀러였던 『아무도 모르는 사람The Man Nobody Knows』의 저자인 브루스 바튼Bruce Barton 은 감리교 목사의 아들로서 종교의 설득을 활용한 초기 광고인이자 소기업 사장이었다.[24]

이러한 이야기가 논리적 비약이라고 해도, 종교적 측면에서의 설득 가능성은 역사 속에서 늘 존재해왔다. 히틀러는 1차 세계 대전 당시 영국 정부의 자국민을 향한 다양한 선전에 대해 칭찬을 늘어놓았다. 열등한 민족인 독일이란 적과의 싸움에서 진다면 영국의 미래는 어떠할 것인지에 대해 영국 정부는 국민들에게 매우 적절하게 선전하였지만, 독일은 객관성에 열중한 나머지는 대중의 주목을 얻지 못했다고 히틀러는 한탄했다. 결국 나치는 당과 국민을 잇는 정신적 교량으로 라디오에 주목하여 선전에 적극 활용하고, 다른 정보를 취하지 못하도록 라디오 감시대까지 만들어 선전에 열을 올렸다. 나치의 라디오 분과는 교회의 예배처럼 정기적 시간에 사람들이 정보에 접하도록 하면서 '교회 예배의 총체적 경험'을 느끼도록 하였다.[25] 물론 이러한 선전이 '정치적 종교'에 해당하는지는 지금도 논란의 대상을 남아있지만, 종교 의례의 정치적 활용 사례로서 지나침이 없다.

　설득의 힘과 논리는 산업 시대에서는 매스미디어를 통해 구체화된다. 실제로 주목 경제는 매스미디어의 성장과 궤도를 같이 한다. 종교인의 예언이 연설이라는 제한적인 방법으로 대중의 주목을 받아온 것에 비해, 매스미디어 시대에서는 본격적인 매스, 즉 다수의 관심을 이끄는 다양한 서비스와 기법이 생성되어 주목 경제를 견인하였다. 본격적인 매스미디어 시대를 열었던 초기 페니 페이퍼^{penny paper}에서부터 시작하여 라디오, 텔레비전, 위성 채널 등 새롭게 탄생하는 미디어들은 새로운 주목 경제 생태계를 조성한 장본인들이었다. 1센트라는 저가 공세를 바탕으로 본격적인 매스미디어의 시대를 열었던 『뉴욕 선^{The New York Sun}』과 같은 일간지나 모든 사람을 귀 기울이게 만들었던 1930년대 라디오 방송은 본격적인 주목 경제의 출발점이었다. 이와 같은 초기 주목 경제 비즈니스 모델은 광고를 바탕으로 구축되었고, 현재의 모델 또한 공짜 혹은 거의 무료로 콘텐츠를 제공하여 주목을 끌어서, 광고를 통해 수익을 창출하는 것에서 벗어나지 않는다. 이러한 모습은 기술 기업이 다양한 무료 콘텐츠와 서비스를 제공하여 이용자의 주목을 끄는 상황에서도 그대로 재현된다. 이처럼 주목 경제의 발자취는 미디어의 역사이자 콘텐츠와 광고의 역사라고 할 수 있다.

　광고가 처음 시작됨과 동시에 설득 기법과 관련된 논의도 탄생하였다. 무의식을 설명한 프로이트가 1910년대와 1920년대에 걸쳐 광고의 새로운 기법을 이끌어냈다는 주장이 종종 제기된다. 프로이트의 저작『꿈의 해석^{Die Traumdeutung}』이나 『일상생활의 정신병리학^{Psychopathologie des Alltagslebens}』이 인간의 정신 세계, 특히 내면의 심리 상태를 연구한 것이라면, 이러한 연구 결과를 어떤 식으로도 광고에 활용할 가능성이 높기 때문이다. 실제로 프로이트의 조카인 에드워드 버네이스Edward Bernays는 이러한 추정을 뒷받침할 다양한 활약을 한다.▼

버네이스는 PRpublic relations의 선구자로 알려진 인물로, 윌슨 대통령의 크릴 위원회에서 활동하였다. 크릴 위원회는 제1차 세계 대전 당시 미국의 참전과 관련하여 민주주의 보존이라는 전쟁 참여의 당위성을 선전하며 국민의 여론을 참전하는 방향으로 돌려놓은 것으로 유명하다. 이 활동으로 여론의 조정 가능성을 확인한 버네이스는 단순히 수요를 창출하는 데서 그치는 것이 아니라 습관을 만들어 주의력을 상업적 목적으로 본격적으로 활용하였다. 가령 여성의 실외 흡연을 '여성의 자유 확대'라는 프레임과 연결하여 숨겨진 거대한 시장을 개척했다. 버네이스는 여성들이 실외에서 시간을 보내며 담배를 피우도록 한다면 '우리 집 앞마당에서 금광을 캐는 것'과 같은 것이라 생각하였고, 럭키 스트라이크 담배 광고를 위해 길거리에서 여성들이 담배를 피우며 여성의 권리증진 시위를 하는 장면을 연출하기도 했다.[26] 여성 권리신장 역사의 한 페이지가 광고의 기법에서 유래된 것이다.

한편 2차 세계 대전에 끝나고 본격적인 대중 산업 사

회가 시작될 무렵인 1957년에 출간된 『숨은 설득자the hidden persuaders』에서 저자 밴스 패커드Vance Packard는 광고업계가 관행적으로 인간의 무의식 세계에 잠재적 메시지를 투여하여 소비자를 농락한다는 당시로서는 다소 과격한 주장을 제기하며, 특히 프로이트의 후예라 할 수 있는 다수의 심리학자들이 이러한 광고 기법의 이론적 토대를 제공하였다고 비판하였다. 예를 들면 대표적 심리학자인 호르스트 리히터Horst Richter는 자택에 동기조사연구소를 만들어 주변 마을의 어린이를 포함한 주민들을 대상으로 인간의 심리를 조사한 것으로 유명하다. 그의 연구 결과는 당연히 다양한 광고 기법을 개발하는 데 활용되었다. 이러한 상황 속에서 패커드는 심리학의 설득 개념을 광고에 접목시키는 광고업계의 잘못된 관행과 폐해를 막기 위해 '정신의 프라이버시'를 지켜야 한다고 주장했다.[27]

이처럼 패커드가 반세기도 훨씬 넘긴 오래 전에 광고의 폐해에 대해 신랄한 비판을 가했지만, 광고는 새로운 미디어가 탄생할 때마다 새로운 콘텐츠와 기법으로 늘 우리에게 다가온다. 텔레비전을 포함한 다양한 방송 서비스는 물론이고, 곧이어 등장하는 인터넷의 세계에서도 광고는 여전히 살아 존재한다. 초기 인터넷의 대안적 서비스에서는 광고로부터의 독립가능성을 엿보기도 하였지만, 곧 인터넷의 상업화에 굴복하고 말았다. 구글도 예외는 아니었다. 서비스가 광고에 의해 훼손되어서는 안 된다는 창업자 래리 페이지Larry Page와 세르게이 브린Sergey Brin의 초기 신념도 결국 비즈니스 모델 구축을 위해 사라진다. 서비스 초기에는 광고를 가능하면 배제하여 서비스 속도를 높이고 품위도 지키고자 하였지만, 결국 구글을 살린 것은 애드센스라는 광고 기법이었다. 또한 구글이 인수한 유튜브 환경 역시 초기에는 『타임TIME』의 올해 주인공인 'YOU'처럼 모두가 콘텐츠 제작의 주인공이 되는, 그래서 광고가 없는 세상이었지만, 결국 이러한 콘텐츠 공유라는 새로운 접근도 광고와 연결되고 말았다.

현재 광고에서 자유로운 인터넷의 주요 서비스는 위키피디아wikipedia 정도이다. 이를 제외한 거의 모든 소셜미디어 서비스는 주요 수입원인 광고로 유지되고 있다. 지미 웨일스Jimmy Wales는 위키피디아를 학교나 도서관으로 인식하여 광고와의 연결을 거부하였다. 그는 공공재의 하나인 지식 공동체 형성을 위해 상업성의 개입을 원천 차단한다는 초기의 신념을 고수하고 있다.

콘텐츠는 주목의 대상으로 주목 경제의 핵심이라 할 수 있다. 주목 경제를 지탱하는 광고도 물론 콘텐츠 제공을 통해서 이루어진다. 콘텐츠와 광고는 동전의 양면과 같은 관계로써 광고를 위해서는 다양한 콘텐츠가 반드시 전제되어야 한다. 사람의 입에서 나오든 인쇄된 책자에서 나오든 콘텐츠는 인류 역사와 같이 발전했다. 인류 역사상 가장 대표적인 콘텐츠로 성경을 들 수 있다. 구텐베르크가 이끈 인쇄 혁명을 근대 사회의 출발점이라고 보는 이유도 교회가 갖고 있던 독점적 콘텐츠인 성경을 분산한 것에 기인한다. 구텐베르크 이전에는 신에 다가가기 위해서는 교회와 사제를 거쳐야 했지만, 대량 인쇄된 성경으로 모두가 신의 말씀, 신의 콘텐츠에 직접 접할 수 있게 된 것이다. 이처럼 주목 경제는 미디어와 광고로 가동되지만, 이 둘을 지탱하는 뿌리는 콘텐츠이다. 컴퓨터 개발자인 빌 게이츠도 '콘텐츠는 왕이다'라고 결론 내렸다. 결국 주목 경제의 역사는 콘텐츠 개발의 역사이기도 한 셈이다.

새로운 미디어가 탄생할 때마다 새로운 콘텐츠가 제공되지만, 주목 경제의 시각에서 보면 또 하나의 변형된 콘텐츠에 불과하다. 전달하는 매체의 모습은 달라지지만, 제공되는 서비스는 모두 소비자의 주목을 끌기 위해 제공되는 콘텐츠라는 점에서는 차이가 없기 때문이다. 매체는 계속 변화하고 발전하고 공진화共進化하지만, 콘텐츠는 주목의 대상으로 불멸의 위치를 점하며 급변하는 매체 환경에서 소비자의 주목을 끌기 위해 다양한 콘텐츠의 변용만이 있을 뿐이다.

사실 콘텐츠의 활용은 일종의 트리거 서비스trigger service로서 짧은 기간 안에 다수의 주목을 끌어들이는 가장 효율적인 방법이다. 트리거 서비스란 말 그대로 소비의 방아쇠를 당길 수 있는, 곧바로 관심을 끌 수 있는 서비스로서, 새로운 매체가 탄생하면 해당 서비스를 소비자가 빨리 이용할 수 있게 하는 일종의 통제 장치이다. 무료 서비스나 콘텐츠 제공이 대표적 트리거 서비스이다. 음란물의 제공도 새로운 매체가 탄생할 때마다 콘텐츠 장르를 달리하여 소비자의 관심을 끄는 트리거 서비스의 사례라고 할 수 있다. 물론 기존 장르의 콘텐츠 질을 다양한 방법으로 조절하기도 한다. 이른바 황색 저널리즘이라고 불리었던 초기 페니 페이퍼들은 기사를 의도적으로 자극적이고 원색적으로 만들어 접근한 초기 사례이고, 현재는 텔레비전 막장 드라마 등이 사람들의 주목을 끌기 위한 콘텐츠 질의 통제의 대표적 사례라고 할 수 있다.

네트워크 사회의 소셜미디어 환경에서는 콘텐츠나 서비스에 대한 다양한 통제는 물론이고, 그러한 통제의 범위와 가능성을 소비자 개개인에게까지 확장한다. 기존에는 서비스 제공자들이 서비스와 콘텐츠에 대해서만 다양한 통제 기법을 구사한 반면에, 현재의 기술 기업은 그 통제 범위를 소비자 개인의 심리까지 넓혀 본격적으로 소비자의 뇌를 공략한다. 주의력 산업의 최고봉은 역시 스마트폰과 연계된 소셜미디어이다. 기존 매체라 할 수 있는 신문, 라디오, 텔레비전은 물론이고, 개인 컴퓨터가 공략하지 못한 부분인 모바일 영역까지 흡수하여 통일한 스마트폰과 소셜미디어는 주의력 끌기 산업의 끝을 보여주고 있다. 대표적인 사례로 페이스북의 '좋아요' 버튼은 주목 경제를 염두에 두고 시작한 것은 아니었지만 결과적으로 주목 경제의 트리거 서비스 역할을 하게 된다. 다양한 태깅^{tagging} 장치로 연결된 이용자들을 끊임없는 '좋아요'의 동굴로 밀어 넣어 나오지 못하도록 만들었기 때문이다. 당연히 다른 기업들도 이용자들을 붙들어 놓을 유사한 장치를 개발할 수밖에 없게 되었다.

이러한 환경에서 모든 서비스들은 유기적으로 연계가 되어 보통의 이용자들이 '좋아요'의 동굴에서 빠져 나올 가능성은 더욱 희박해졌다. 개인이 작심하고 이러한 피드백과 연결의 악순환 고리를 깨트리지 않는 한 동굴에서의 탈출은 불가능하다. 페이스북을 자제하고 카카오톡을 이용하지 않는 것은 일종의 사슬을 끊는 작업으로 네트워크 사회에서 고립되고 소외된 개인으로 남게 되는 것을 의미하기 때문이다. 평범한 현대 네트워크 사회의 구성원으로서는 쉽게 내디딜 수 없는 행보이다.

교묘한 목줄 – 주목 공학

주목 경제 하에서는 '누가 이용자의 시간을 가져가는가'가 핵심 비즈니스이다. 넷플릭스의 CEO 리드 헤이스팅스Reed Hastings는 넷플릭스의 제일 막강한 경쟁자는 잠이라고 농담 삼아 말한 적이 있다. 실제로 '당신의 시간은 그들의 돈이다.'[28] 이를 위해 모든 기술 기업들은 이용자의 눈동자를 붙들어 놓을 다양한 장치의 개발에 전력을 다한다. 페이스북의 '좋아요' 같은 주목 경제의 기술적 장치는 이용자들을 끊임없는 피드백 시스템으로 밀어 넣으며 그 밖으로 나오지 못하도록 만든다. 주목 공학attention engineering의 탄생이다.

주목 경제의 비즈니스 모델은 주목 공학을 기반으로 구동된다. 인간의 심리적 한계에 초점을 맞추어 사용자들이 의도한 것보다 더 오래 소셜미디어 서비스를 이용하도록 만드는 것이다. 이런 상황을 유지하려면 사람들이 스마트폰과 같은 커뮤니케이션 장치를 네트워크 사회의 필수 기제로 우선 인식하게 만들어야 한다. 즉 모두가 사용하지 않으면 안 되는 기술로 이용자에게 접근하여 자신이 제공하는 서비스 환경의 포로로 생포하는 것이다. 이어서 포로가 된 이용자를 특정 환경에 머물게 하면서 특정한 목적이 없어도 서비스에 접속하여 계속 이용하도록 만든다. 2장 '인터넷 중독'에서 자세히 논의될 '목적 없는 인터넷 이용' 현상이 일어나는 것이다. 이것은 기술 기업의 서비스와 가치가 자연스럽게 삶에 스며들면서, 개인의 의사와는 상관없이 기술이 유도한 방향으로 사회가 이끌려 가는 테크노폴리의 전형이다.

전술한 것처럼 인간의 관심이나 주의력에 대한 연구는 인간의 심리 상태를 본격적으로 들여다 본 프로이트에서 시작했다고 할 수 있다. 다양한 문헌에서 적시하고 있듯이 프로이트의 조카인 버네이스가 PR의 창시자인 것인 결코 우연은 아니다. 여론을 형성하는 것이었든, 여성들의 흡연을 권장하는 것이든 간에 광고와 PR은 사람들의 관심을 끌어, 그들의 태도를 변화시키고자 하는 목적을 갖는다. 당연히 심리학자의 다양한 동기 연구는 이 산업의 토대를 제공해 왔다. 전술한 리히터의 연구가 대표적이다. 물론 주목 공학은 개인의 뇌 속만을 들여다보는 것으로 끝나지 않았다. 더 나아가 일반 대중의 주목을 촉진하기 위한 다양한 기술적 장치의 개발도 병행되었다.

인간의 주목 정도를 과학적으로 처음 측정한 장치는 1936년에 소개된 오디미터audimeter였다. 특정 라디오 방송을 얼마나 오래 청취하였는지를 측정하는 원시적 시청률 조사 기구로 MIT의 로버트 엘더Robert Elder 교수가 처음 발명하였고, 여론조사의 선구자라 할 수 있는 아서 닐슨Arthur Nielsen은 엘더의 아이디어를 사들여 다양한 측정 도구를 본격적으로 개발하였다.[29] 1947년부터는 공식적으로 닐슨 라디오 청취율 결과가 나오기 시작했고, 이후로 닐슨의 측정 도구는 다양한 변모를 거쳐 여론 조사의 기초를 세우며 현대 여론 조사의 기틀을 다져갔다.

이러한 시청률 조사 도구가 도입되며 수용자와 매체 간의 피드백 메커니즘은 정교하게 돌아가게 되었다. 물론 완벽하지는 않다. 과학적 기법을 도입한 조사를 통해 여론의 동향을 파악하는 일 자체는 많은 부작용을 수반하기 때문이다. 무분별한 측정, 측정 자체의 오류, 결과에 대한 집착, 그리고 숫자에 대한 무한한 믿음과 맹신 등 우리의 의사결정이 얼마든지 왜곡될 수 있다는 사실을 수많은 과거의 사례를 통해 알 수 있다. 실제로 오디미터를 발명한 엘더는 자신이 만든 기계로 인해 수많은 부작용이 나타났으며 이를 결코 기쁘게 생각할 수 없다고 이야기한다.[30]

어쨌거나 초기 주목 공학 장치의 개발과 함께 사회학 등 여러 분야에서는 주목과 관련한 다양한 연구가 진행되었다. 대표적인 연구의 하나로 '공동 주의력joint attention'을 들 수 있다. 공동 주의력이란 사물이나 사건에 대해 다른 사람의 주의를 탐지하고 따라가려는 능력이다. 상대방이 바라보거나 손가락으로 가리키는 곳을 함께 바라보는 행동과 같은 시선 주사, 가리키기, 보여주기 등을 통해 상호 간에 정서적인 교류가 일어난다.[31] 스탠리 밀그램Stanley Milgram이 도심에서 실시한 창문 바라보기도 일상적으로 벌어지는 공동 주의력의 한 사례라고 할 수 있다. 뉴욕시의 한 복판에서 지나가는 행인들을 대상으로 한 실험인 'the street corner experiment'에서 일부 사람이 특정한 것을 바라보는 행동을 할 때 사람들이 이유 없이 따라보기 하는 현상을 발견했다. 무엇을 보는지, 왜 쳐다보는지도 분명하지 않지만, 같이 시선 주사를 하는 것이다. 또한 따라하는 사람이 많으면 많을수록, 시선 주사의 강도도 높아졌다.[32]

뇌는 동일한 것에 주의를 기울이는 집단에 속해 있을 때 평소와는 다르게 작동한다. 다른 사람들과 함께 '심적 회전 테스트mental rotation test'를 진행할 때는 개인이 홀로 할 때보다 더욱 빠르게 심적 회전이 일어난다고 한다.[33] 심적 회전은 좁은 의미에서 2차원이나 3차원의 이미지를 전환시키는 능력이지만, 넓은 의미에서 특정 대상이나 자극에 대한 강한 공동 주의력의 일환이기도 하다.

행인들의 따라 보기[34]

로저 셰퍼드[Roger Shepard]와 재클린 메츨러[Jacqueline Metzler]의 심적 회전 과제 유형 예시

Same or Different?

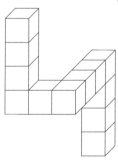 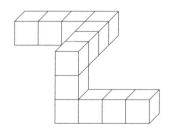

이러한 연구 결과는 한마디로 인간은 분위기에 휩쓸려 특정 자극에 반응하게 된다는 것을 의미한다. 특정 정치인의 메시지나 특정 광고에 몰입하는 것도 동일한 원리로 설명된다. 히틀러의 연설에 수천 명의 나치 당원이 히스테리를 일으킨 것이나 1984년 애플이 기획한 매킨토시 론칭 슈퍼볼 광고는 집단이 심적 회전을 일으킨 대표적 사례라 할 수 있다. 히틀러가 정치인으로서 전체주의적 열변을 토했다면, 애플은 조지 오웰의 『1984』에 나오는 빅브라더를 연상시키며 기존 컴퓨터 업계를 뒤엎어 버리자는 광고 메시지를 소비자에게 강력하게, 그렇지만 교묘하게 전달하였다.

카지노 환경에서나 있을 법한 '무의식적 주의력'의 활용도 모든 매체 환경, 특히 소셜미디어 서비스에서 전방위적으로 이루어지고 있다. 우리가 의도를 갖고 신경을 쓰는 통제된 주의력이 아니라, 의식하지 못한 상태에서 자극에 반응하는 무의식적 주의력을 적극 활용하기 위해 기술 기업의 행동 디자이너와 엔지니어들은 도박 중독을 부추기는 카지노의 기법을 어떻게 소셜미디어 서비스에 접목시킬지 탐구한다. 그렇게 이성이 아니라 감정이 앞서고, 현실과 이상이 뒤바뀌고, 진실과 거짓의 구별이 의미가 없어지는 초현실과 포스트모던의 세계가 만들어지는 것이다.

결국 기술 기업은 불가능한 초현실의 세계를 정상적 규범이 작동하는 세상처럼 보이게 만드는 소셜미디어 플랫폼을 통해 이용자들에게 잘못된 신념과 신앙심의 강도를 높인다. 현재 상황에 대한 정확한 이해와 인식이 없이 우리는 점차 과잉 정보와 가짜 정보에 둘러싸여 소셜미디어에 중독되고, 그러한 상황에 대한 어떠한 경각심도 없이 원치 않는 삶에 말려 들어간다. 개개인에 대한 사회적, 심리적 하이재킹 hijacking이 곳곳에서 일어나는 것이다. 우리의 몸과 마음을 빼앗아가는 소셜 하이재킹 기업들은 인간이면 누구나가 지니고 있는 무언가에 대한 공백을 채우고, 일종의 하이high▼를 만드는 서비스를 제공한다. 유튜브는 이용자의 사용 기록을 이용해 추천 리스트를 제공하면서 이용자가 자신의 유튜브 사용을 통제하고 있다는 느낌을 주게 하고, 인스타그램은 즉각적인 충족을 통해 이용자의 자신감을 불러일으키는 자아존중감에 초점을 맞춘 서비스를 제공하지만, 결국 이용자들에게 고통스러운 고립과 외로움을 불러일으킨다.[35]

▼ 마약의 환각. 여기서는 술이나 마약에 취한 상태를 뜻한다.

정보 비만 주의보

기술 기업이 공동 주의력이나 무의식적 주의력 등 고도의 주의력 통제 기술만을 활용하는 것은 아니다. 기술 기업에 의한 무차별적인 정보의 공습도 인간의 자연스러운 진화를 방해한다. 특히 컴퓨터 환경에 멀티태스킹 기능이 도입되면서 인간의 두뇌에는 비상이 걸렸다. 동시에 정보를 처리할 수 있는 인간의 능력을 넘어서는 상황이 벌어진 것이다.

통상적으로 인간은 조지 밀러George Miller의 '7±2의 법칙'처럼 10개 이내의 정보만 동시에 처리할 수 있다. 그러나 우리는 일상적으로 메시지, 톡, 이메일, 게임, 보고서, 웹툰, 전화, 주식 시세, 뉴스, 쇼핑 목록 등 끊임없이 새로운 자극과 정보에 노출되는 환경에서 멀티태스킹 임무를 수행한다. 당연히 뇌에 과부하가 걸린다. 그러나 더 큰 문제는 단편적인 수많은 정보에 접촉했을 뿐 우리 뇌에 남는 것이 하나도 없다는 점이다. 왜 그럴까? 멀티태스킹 환경에서 접촉하는 수많은 정보는 단기기억으로만 저장되어 장기기억으로 넘어가지 못하기 때문이다. 장기기억은 사고의 범위와 깊이를 결정하는 개인 사고의 틀(일종의 스키마schema)의 크기를 결정하는데, 이러한 장기기억에 문제가 생기면 당연히 사고의 폭과 깊이는 줄어들게 된다. 즉 수많은 정보에 노출되지만 오래 기억하지 못하기 때문에 정작 필요한 정보를 필요한 때에 쓸 수 없다. 또한 이러한 환경에 노출되면 될수록 동시에 정보를 처리할 수 있는 멀티태스킹 능력이 조금은 늘 수 있지만, 장기기억 능력은 더 많이 저하되어 전반적인 사고 능력에 문제가 생긴다.

이제는 이른바 모바일 N스크린 기능을 탑재한 스마트폰들이 출시된다. 컴퓨터의 멀티태스킹 기능을 모바일 환경에서도 구현하겠다는 선언이다. 스마트폰을 넘어서 모든 사물에 정보처리 능력이 결합되는 그야말로 사물 인터넷IOT; internet of things의 끝단을 향해 달려간다. 스마트폰은 신체의 일부가 되고, 두뇌 활동은 알고리즘에, 자신의 비밀은 외부의 서버에 저장하면서 우리는 기계와 한몸이 되어 간다. 기계와 분리될 수 없는 지경에 이르게 된다. 구글의 괴짜 엔지니어가 이야기한 기술적 특이점의 시대가 한층 더 가까이 다가오고 있는 것이다.

문제는 이러한 방향, 즉 주목 공학 엔지니어들이 추구하는 목표의 의미에 대해 개인적, 사회적 고민이 전혀 없다는 점이다. 우리의 정신과 혼을 교묘히 흔들어서 원하는 방향으로 유도하는 환경에 대한 사회적 판단 자체가 없다. 1973년 '허스커 두?^{Hüsker Dü?}'라는 보드 게임을 팔던 회사가 TV 광고를 만들면서 'Get it(사세요)'이라는 잠재 메시지^{subliminal message}를 삽입했을 때 소비자는 물론 미국 정부는 기만행위로 규정하여, 이러한 메시지 사용을 금지하였다. 연방통신위원회가 잠재의식을 건드리는 이러한 메시지 전달을 '국민의 이익에 반하는' 행위라고 인식한 것이다.[36] 광고나 마케팅 혹은 서비스 자체에서 벌어지는 은밀한 접근은 이미 오랜 적부터 있어왔던 일이지만, 현재는 그 규모나 성격이 상상을 초월할 정도이다.[37] 그럼에도 불구하고 이에 대한 비판 정서는 현재에는 전혀 찾아 볼 수 없다.

주목 공학의 진짜 함정은 주목하지 않으려면 이용자가 모든 힘을 기울여야 한다는 점이다. 모든 매체 환경이 자연스럽게 주목하게끔 설정되어서 주목을 안 하려면 개인이 모든 노력을 기울여야 한다. 텔레비전 채널이 마음에 안 들 때 채널을 바꾸거나 그냥 꺼서 관심을 다른 데로 돌릴 수 있는 것과는 차원이 다른 노력이 필요하다. 주목하게 되기까지는 시간이 조금 걸리지만 주목의 울타리에 한 번 들어오면 쉽게 빠져 나갈 수 없기 때문이다. 우리 대부분은 울타리 안에 이미 갇힌 상태로서, 이러한 상황을 타개하기 위해서는 개개인의 의지와 노력이 투입되어야 할 뿐 아니라 주변의 압력으로부터도 자유로워져야 한다. 개인의 문제를 넘어서는 사회적 병리인 셈이다.

과거에 말할 권리를 달라며 언론의 자유를 외쳤듯이, 이제는 주목의 자유가 필요한 세상이다. 주목은 더 이상 개인의 심리적 현상이라는 좁은 개념에 한정되지 않는다. 우리의 삶을 규정하고, 조성하고, 인도하는 환경이며 주목 경제의 해악은 단순히 귀찮고, 성가시고, 우리의 주의를 분산시키는 정도를 넘어선다. 우리가 살아야 할 삶을 살지 못하고, 그러한 사실조차 인지하지 못하는 상황으로 나아가게 됨을 의미한다. 이러한 상황에서 행위와 사고의 자유는 사라지고, 결국 정체성은 흔들리고, 자아 실현은 멀어지며, 공동체 구축과 변화는 점점 어려워진다.

행동 디자인: 당신의 중독은 설계되었다

▼
▼

"도박장에서 최고의 고객은 오락 자체에 관심이 있는 사람이 아니다. 그들은 상황에 완전히 빠져드는 사람과 상황을 원한다. 그야말로 리듬을 타고 몰입하길 원한다. 슬롯머신 앞에 앉아 하루 종일 시간을 보내는 사람들에게 슬롯머신은 자신들의 영혼을 빨아들이는 진공청소기이다. 나로부터 내 인생을 빨아들이고, 내 인생으로부터 나를 빨아들이는 기계가 슬롯머신이다."

『Addiction by Design』[38]

인류학자 나타샤 슐Natasha Schull은 15년에 걸친 라스베가스 현장 조사를 통해 슬롯머신 같은 전자 도박기계의 리듬이 어떻게 이용자들을 이른바 '머신 존machine zone'에 가둬서 일상의 근심, 사회적 요구, 심지어는 신체의 변화까지도 사라지게 하며 게임에 집중하게 하는지를 관찰하고 기록했다.[39] 이런 상태에 이르면 이용자는 이기기 위해서 게임을 하는 것이 아니라, 설사 육체적 혹은 경제적으로 탈진 상태에 이르더라도 가능한 한 게임을 지속하게 되는 중독 상황을 맞이하게 된다.

번쩍이는 사인, 잭팟의 요란한 굉음과 박수 소리, 외진 공간, 미로 같은 통로, 출구 사인이 잘 보이지 않는 환경을 갖춘 카지노는 사람들이 다른 자극 없이 계속해서 머물며 돈을 쓰는 환경을 만들어 놓는다. 보통의 인간은 사소한 환경적 요소를 통해 행동 변화를 일으킬 수 있다는 매우 간단한 원리에 기초해 설계된 것이다. 가령 푸른 계열의 차분한 색조를 사용한 교실에서 공부한 학생은 차분해지고, 교도소나 경찰서의 감방을 분홍색으로 칠하면 난폭한 수감자나 주취자가 조용해지는 원리와 유사하다.[40] 이처럼 주변 분위기에 쉽게 휘둘리는 인간의 나약한 심성을 직접 공략하는 머신 게임 환경에서 이용자는 자신을 서서히 잃어가고 도박 업체는 이윤을 챙긴다.

슐은 이러한 게임 알고리즘과 머신 인체 공학 뒤에 숨겨진 전략적 계산, 카지노의 공간 설계와 분위기 관리, 이용자 관리와 현금 상환 시스템 등의 상세한 설명을 통해, 도박 기계에 대한 주목의 시간을 최대한 이끌어 내기 위한 시장의 욕망을 가감 없이 보여준다.[41] 슬롯머신의 화면에는 번쩍이는 여러 아이콘을 동시에 배치하여, 마치 다양한 형태의 베팅을 한 번에 거는 것과 같은 느낌을 준다. 대개의 경우 이용자들은 소소한 베팅에서는 몇 차례 이기지만 전체적으로는 돈을 잃게 되는 환경에 놓이게 된다. 문제는 이러한 소소한 승리가 전체의 패배를 감춘다는 점이다. 인간 두뇌가 느끼는 쾌락은 실제로 이기는 것과 승리로 위장한 손실LDW; losses disguised as win을 명확히 구분하지 못하기 때문이다. 아깝게 진 것 역시 이긴 결과와 비슷한 신경 자극을 가져다준다. 이긴 것처럼 패배가 포장되어 카지노의 현란

한 불빛과 소리에 감춰지는 것이다. 카지노의 비즈니스 모델 뒤에는 이처럼 설득의 과학이 숨어있다.[42]

이제는 카지노 밖에서도 이들의 치밀한 설계를 손쉽게 만날 수 있다. 슬롯머신이 유비쿼터스 컴퓨터처럼 사방으로 널리 퍼져 나가고 있기 때문이다. 우리는 손 안의 슬롯머신인 스마트폰을 통해 끊임없는 자극과 쾌락을 느끼고, 경쟁과 보상을 탐닉하며, 소비하고 집착한다. 도박하는 사람들이 돈을 잃어도 몇 시간씩 계속 머무르게 하는 슬롯머신의 설득 기술은 이미 스마트폰의 조작 방식, 즉 인터페이스에도 자연스럽게 녹아 들어있다.[43]

욕망을 미끼로 – 훅 모델

카지노에서 드러나는 시장의 욕망은 소셜미디어의 세계에서도 어김없이 나타난다. 게임이나 소셜미디어 행동디자이너들은 이른바 훅 모델Hook Model을 활용하여 사용자들이 끊임없이 상호작용을 하게끔 서비스 구조와 내용을 디자인한다. 훅 모델은 방아쇠trigger, 액션action, 가변적 보상variable reward의 3단계 혹은 투자investment 요소를 포함한 4단계로 구성된다.[44]

모델의 첫 단계인 방아쇠는 다양한 내적 혹은 외적 자극을 거쳐서 형성된다. 이메일이나 웹사이트 링크 혹은 스마트폰 앱 아이콘 등을 통해 자극과 신호를 보냄으로써 방아쇠가 당겨진다.

두 번째 단계인 액션은 보상을 기대한 행위의 시작이다. 액션에서는 행동의 수월성과 심리적 동기라는 두 가지 요소를 활용하여 액션의 가능성을 높인다. 액션 단계에서는 서비스 내에서 이용자들이 쉽게 활동할 수 있도록 해주고, 그러한 행위에 대한 동기를 이용자에게 충분히 부여한다. 각종 소셜미디어 콘텐츠에 댓글을 달고, '좋아요'를 누르고, 친구의 댓글에 답장을 하는 등의 다양한 행위가 액션에 속한다.

세 번째 단계인 가변적 보상은 흥미를 일깨우고, 가속화시키는 기능을 한다. 다양한 액션의 가능성을 극대화하고, 현 상태에 집중하게 하면서, 기대와 욕망이 일어나는 동안에는 판단과 이성을 담당하는 뇌의 활동을 저지한다. 액션 단계에서 일정 동기에 의해 행위가 일어났다면, 가변적 보상 단계에서는 그러한 행위를 계속 유지하도록 자극을 준다. 예기치 못한 동료의 칭찬을 맞이하고, 각종 수치가 올라가고, 온라인에서의 레벨과 지위가 상승하면서 자신이 상대방과의 경쟁에서 승리하고 있다는 느낌을 주는 것이다. 행동 디자인의 가장 강력한 설득 장치라고 할 수 있다.

마지막 단계인 투자는 보다 나은 미래의 서비스를 기대하게끔 구축된다. 사용자가 방아쇠, 액션 그리고 보상이라는 사이클을 다시 경험할 기회를 높여주는 것이다. 이러한 투자 활동에는 금전적인 투자만이 아니라 시간이나 노력 등을 통해 다음에 경험할 서비스의 수준을 더욱 높여줄 행위를 포함한다. 댓글을 통해 친구를 초대하고, 가상의 자산을 구축하고, 새로운 기능을 학습하는 일련의 행위가 투자에 포함된다.[45] 투자의 일정 부분은 액션 단계에 포함되기도 하며, 모델을 3단계로 한정할 때는 투자 요인이 삭제된다.

트리거, 액션, 보상(그리고 투자)으로 이어지는 훅 모델의 작동 원리에 따라 스마트폰의 알람이 울리면 뇌는 무의식적으로 습관 형성 루프habit-forming loop를 구축하기 시작한다. 그러나 루프의 형성은 시작 단계일 뿐, 이용자들이 이러한 과정에 본격적으로 뛰어들게끔 행동 디자이너들은 각 단계마다 다양한 장치를 제공한다. '좋아요'와 같은 사회적 승인 기제가 대표적이며 이를 통해 끊임없는 피드백의 사슬에 억매이게 한다. '좋아요'가 아니어도 수치가 올라가는 모습을 통해 무언가 진척이 되고 있는 듯한 느낌을 줄 수 있는 장치를 내놓는다. 특히 전혀 예상할 수 없는 보상을 주면 루프는 더욱 공고해진다. 흥분의 호르몬 도파민은 언제 보상받을지 알 수 없는 자극, 즉 가변적 보상이 있을 때 더 생산된다. 신체의 고통을 덜어주기 위해 마라톤 선수들의 뇌에서 분출되는 도파민이 소셜미디어 환경에서 예측할 수 없는 자극에 대한 대응 기제로 분출되는 것이다. 이러한 도파민의 과다 분출은 중독이라는 치명적인 결과를 낳는 주요 원인의 하나이다. 당연히 기술 기업들은 이러한 예측할 수 없는 가변적 보상 심리에 초점을 맞추어 이용자들이 탈출하지 못하도록 서비스를 설계하고 구축한다.

스냅챗snapchat은 훅 모델의 트리거, 액션, 보상 고리를 가장 잘 활용하는 어플리케이션으로 알려져 있으며, 이용자들의 강한 집중과 중독성을 야기해 단시간에 성공을 이끌어냈다. 인스타그램은 시차를 두며 끊임없이 이어지는 직소 퍼즐처럼 다양하고 현란한 사진을 제공하는데, 이용자는 이와 같은 무한한 콘텐츠에 아무런 생각 없이 빠져들기 마련이다. 마치 고양이가 캣닢에 몰두하는 것과 같다. 다만 캣닢이 유발하는 중독성은 아무리 강해도 15분을 넘지 못하는 데 비해, 소셜미디어의 콘텐츠는 이용자의 반응 장벽을 쉽게 무너뜨린다. 소셜미디어 이용자는 다음에 나올 사진의 부분적 이미지에 노출되면서 호기심이 늘어나고, 결국 이용을 중지하지 못한 채 끊임없이 그리고 자연스럽게 콘텐츠를 소비하게 된다. 이러한 장치는 사실

거의 모든 소셜미디어 서비스에 내재되어 있다. 아무리 화면을 내려도 페이스북, 인스타그램, 핀터레스트 등과 같은 소셜미디어의 콘텐츠는 없어지지 않고 나타난다. 그야말로 '바닥이 없는 그릇'이다. 코넬 대학 연구진에 따르면 술잔을 몰래 채우면 평상시보다 73% 정도 더 마시게 된다고 한다. 인지하지 못하는 사이에 소비하는 것이다. 소셜미디어 서비스도 무의식적으로 소비할 때가 위험하다. 소셜미디어 이용자라면 접속했을 때 한두 시간이 훌쩍 지나가 버리는 것을 누구나 한번쯤은 경험했을 것이다.

사용자의 행동을 유도하는 방식이 무엇인지에 대해 끊임없이 연구한 결과물인 닐 이얼Nir Earl의 훅 모델은 브라이언 포그Brian Fogg의 이론에 기반하고 있다. 포그는 기기와 정신의 상호작용을 통해 인간의 행동 변화를 연구하는 설득기술 랩persuasive technology lab의 소장이다. 설득기술 랩은 어떻게 사람들을 설득하여 특정 서비스에 대한 관심과 집중을 더 불러일으킬 수 있는지를 연구하는 스탠포드 대학의 부속 연구소이다. 설립자 포그는 설득적 기술로서의 컴퓨터를 연구하는 분야인 캡톨로지Captology; computers as persuasive technologies 창시자로서, 실리콘밸리에서 백만장자 제조기라고도 불린다.[46] 기업 입장에서 포그의 연구소는 엄청난 비즈니스 모델의 이론적 토대를 제공하는 곳이지만, 이용자의 입장에서는 다소 불편한 곳임에 틀림이 없다.

포그의 대표적 이론 중 하나가 바로 '행동 디자인'이다. 이용자의 동기가 아니라 제공되는 서비스의 구조에 초점을 맞춘다. 기존의 수많은 이론과 모델들이 이용자의 동기를 변화시킴으로써 행동의 변화를 이끌어내는 것에 집중하였다면, 행동 디자인에서는 효과적인 행동 변화를 위해서 동기를 강화하는 것보다 서비스 내에서 작업의 범위와 복잡성을 줄여주는 것을 목표로 한다. 예를 들면, 끝없는 동영상 재생 목록을 만들어서 이용자들이 더 많은 비디오를 보도록 다른 장애물을 제거하는 것이다. 동영상 타이틀이 계속 떠오르는 넷플릭스나 사진이 스크린에서 계속 흘러내리는 인스타그램 등 수많은 서비스에서 볼 수 있는 끊임없이 이어지는 콘텐츠 환경이 포그의 행동 디자인 모델을 기반으로 구축되었다.

포그는 인간이 특정 행동을 하기 위해서는 세 가지 요소가 필요하다고 주장한다. 충분한 동기와 유지, 의도된 행동을 완수할 수 있는 능력 그리고 행동이 일어날 수 있는 계기이다.[47] 여기서 말하는 계기는 다양한 학습 연결고리를 만들어 습관적으로 서비스를 찾게 만드는 것이다. 일종의 트리거로써 행동개시 신호를 보낸다. 동기는 해당 행동을 하고자 하는 열망의 정도를 의미한다. 행동에 필요한 에너지인 동기는 다양하게 정의되지만, 포그는 동기를 '즐거움 추구/고통 회피', '희망 추구/두려움 회피', '사회적 수용 추구/사회적 거부 회피'라는 세 가지 요인으로 설명한다.[48] 한편 능력은 사용자의 능력치를 높이는 것으로, 실제로 액션이 일어날 가능성과 관련이 있다. 이용자의 능력 자체보다는 이용 자체를 쉽게 할 수 있도록 행위가 일어나는 데 필요한 단계를 대폭 축소하거나 작업의 범위와 복잡성을 줄여서 이용률을 대폭 올리는 것이다. 아마존의 원클릭 서비스가 잘 알려진 사례이다.

통제하기 쉬운 두뇌

행동 디자인은 기본적으로 인간 두뇌의 편향성에 기초하여 고안된다. 웨트웨어 편향wetware biases이 대표적인 사례이다. 웨트웨어란 '촉촉한 두뇌와 인간의 땀'을 상징하는 'wet'와 '상품'을 의미하는 'ware'를 합성한 것으로, '하드웨어와 소프트웨어를 연결해 작동시키는 매개체로서의 인간의 두뇌, 즉 인적 자본과 무형의 지적 자산'을 의미한다.[49] 기술 혁신을 통해 지속 성장이 가능하다는 신성장 이론[new growth theory]의 수립자로서 노벨 경제학상 수상자인 폴 로머[Paul Romer] 뉴욕대 교수는 오늘날 경쟁력의 요체는 하드웨어와 소프트웨어가 아니라 웨트웨어라고 주장하기도 한다.[50] 이러한 환경에서는 다분히 인간의 약점이라 할 수 있는 편향성에 기초하여 제품이 설계되고, 웨트웨어 편향이 일어나게 된다.

편향성은 누구나가 지니는 본능의 한 부분으로, 이성으로는 설명할 수 없는 인간 고유의 특성이라 할 수 있다. 대니얼 캐너먼[Daniel Kahneman]과 아모스 트버스키[Amos Tversky]에 의해 시작된 행동 경제학의 대표적 이론인 프로스펙트 이론[prospect theory]도 인간의 편향성에 초점을 맞춘 것이다. 주류 경제학이 합리적 이성에 근거하여 경제 행위를 설명하는 것이라면, 행동 경제학은 비합리성, 편향성 등 피할 수 없는 인간의 본능에 근거하여 이론을 설정하고 세상을 설명한다. 이들 행동 경제학자들은 주류 경제학자들이 설명하지 못한 다양한 경제 현상의 문제를 이러한 접근으로 해결하였고, 이 같은 학문적 성과에 힘입어 캐너먼과 트버스키는 심리학자로서 노벨 경제학상까지 수상하였다.

실제로 매우 다양한 상황에서 인간은 비이성적, 비합리적인 결정을 많이 내린다. 어떻게 질문하는지에 따라 장기기증 의사가 180도 달라지는 사례는 인간의 비합리성을 극명하게 보여준다. 행동 경제학자 댄 에리얼리[Dan Ariely]는 유럽 국가 국민들을 대상으로 실시된 장기기증 의사 실험 사례에서 문화, 사회, 경제적으로 매우 유사한 독일과 오스트리아 국민의 장기기증 의사가 극명히 갈리는 원인이 질문 자체에 있다는 것을 발견했다. 장기기 증이 기본opt-out인 오스트리아는 대부분이 장기기증에 동의한다고 답하지 만, 기증하지 않는 것이 기본opt-in인 독일에서는 12%만이 장기를 기증한다 고 답변한다. 질문의 내용보다 형식에 따라 우리의 의사가 변화, 왜곡될 수 있다는 것을 잘 보여주는 사례이다. 질문, 즉 디폴트를 어떻게 설정하느냐 에 따라 개인의 의사 결정이 완전히 바뀔 수 있을 정도로 우리 인간은 때때 로 비합리적인 결정을 내린다. 다양한 소셜미디어 환경에서도 이러한 디폴 트 세팅은 이용자보다는 서비스 제공자를 위해 설정되고, 대부분의 이용자 는 이러한 사실 자체를 인지하지 못하거나 인지는 하고 있지만 디폴트 세 팅을 변경하려는 노력을 하지 않는다.

장기기증 의사에 대한 설문조사 결과

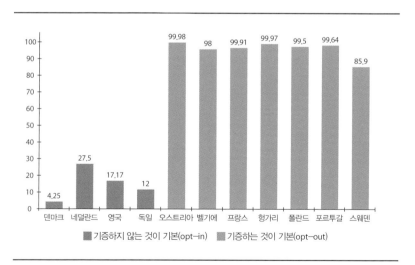

편향성이라는 인간의 원초적 본능에 주목한 웨트웨어의 개발은 인간의 나약한 부분을 정 조준하여 진행된다. 행동 디자인의 결실로 나타나는 다양한 웨트웨어들은 인간의 보상 심리에 집중한다. 특히 웨트웨어의 목표는 보상 자체라기보다는, 그러한 보상에 대한 열망 욕구를 불러일으키는 것에 있다. 뇌에서 일어나는 욕망에 대한 스트레스로 인해 인간이 행동에 나서도록 유도하는 것이다. 기존 연구에서는 섹스, 음식, 쇼핑 등을 통해 자극을 주면 기분을 즐겁게 해주는 뇌신경 부위가 활성화되는 것으로 이해했지만, 최근 연구에서는 즐거움 그 자체를 자극하는 것이 아니라는 것이 밝혀졌다. 예를 들면, 도박에서 돈을 벌 때 즐거움과 관련된 대뇌 측좌핵[nucleus accumbens]이 활성화되리라 예상했지만, 예상과 달리 변화가 없었고, 오히려 예상치 못한 보상이 나타날 때 뇌가 활성화되는 것을 발견했다. 미래를 예측할 수 없는 아슬아슬한 상황이 관심을 끌고, 뇌신경도 활성화시키는 것이다. 예측할 수 없는 '가변적 보상[variable rewards]'이 행동 디자인에서 중요한 이유가 바로 여기에 있다.

소셜미디어 환경에서 행동 디자인 이론이 본격적으로 활용된다는 점은 서비스 이용자와 제공자의 관계가 뒤바뀌었음을 시사한다. 과거에는 수많은 상품과 서비스 제공자들이 소비자들의 관심을 얻기 위해 인간의 뇌와 감정의 문을 두드렸다. 물론 인간의 심리는 쉽게 열리지 않았고, 서비스 제공자들의 노력은 수포로 돌아가기가 일쑤였다. 인간의 심리는 영원한 심연으로서, 이성과 본능이 뒤섞여 이해하기가 쉽지 않은 블랙박스이기 때문이다. 그러나 행동 디자인은 블랙박스 대신 인간의 가장 심약한 부분인 본능만을 집중 공략한다. 이성이 작동할 필요도 없이 본능적으로 자극에 반응하는 원초적 감정과 신경을 건드린다. 이제 서비스 제공자들은 특정 행위를 유도하기 위해 곧바로 본능의 영역으로 쳐들어간다. 이해하기 어려운 인간의 심리라는 난공불락의 요새를 우회하여 하찮은 자극과 보상에도 쉽게 무너지는 인간의 편향성과 본능의 대문을 연 것이다. 이제 통제의 칼자루는 이용자의 손에서 서비스 제공자로 넘어갔다.

설득 메커니즘

행동 디자인의 핵심이라 할 수 있는 설득 기술은 설득하는 자와 설득 대상 사이에 위치한다는 점에서 기존 매스미디어와 비슷하지만, 설득 가능성의 측면에서는 현격한 차이점을 보인다. 특히 컴퓨터 기반 설득 기술은 소비자의 반응에 따라 설득 목표와 방법을 항시 수정하고 조절하여 설득의 가능성을 높일 수 있어 매스미디어를 통한 설득과는 차원을 달리한다. 또한 하나의 사례에서 얻은 설득 방법을 다른 상황에도 쉽게 적용할 수 있다는 측면에서도 가공할만한 기술이라 할 수 있다. 이러한 설득 중개인의 역할에 대한 이론적 논의가 앞에서 소개한 캡톨로지로 발전하여 학문적 연구 대상이 된 것이다.

일반적으로 컴퓨터에 기반한 설득 기술은 거시설득macrosuasion과 미시설득microsuasion으로 구분하여 설명한다. 거시설득은 하나의 제품이나 서비스 전체에 대한 설득이고, 미시설득은 설득 목표를 달성하기 위한 작은 설득 장치들을 의미한다. 미시설득의 장치들은 대개의 경우 아이콘이나 대화 상자와 같은 다양한 시청각적 상호작용 기제에 내재된다.[51] 우리가 스마트폰을 줄곧 들여다보게 만드는 자극이 바로 이러한 미시설득 기술 장치를 이용한 것이다.

앞서 이야기한 것처럼 설득 기술은 보통의 인간이 대부분 지니고 있는 편견과 한계에 기대어 개발된 다양한 장치를 활용한다. 정보가 충분하지 않아 상황 파악이 잘 되지 않을 때는 다른 사람을 따라하는 밴드 왜건 효과band wagon effect나 첫 인상에 기대는 할로 효과halo effect가 발동한다. 결정을 쉽고 빨리 내리기 위해서는 손실 회피loss aversion나 사회 비교론social comparison이 등장한다. 행동 경제학의 대표적 이론인 손실 회피는 사람들이 이익보다 손실에 대해 느끼는 가치가 크다는 것에 주목한다. 주식시장에서 주가가 계속 떨어져도 팔지 못하는 이유가 여기에 있다. 사회 비교론은 낮은 서열의 집단 구성원일수록 자신의 의견을 쉽게 개진하지 못하고 눈치를 보게 되는 현상을 의미한다. 정보가 너무 많을 때 발동하는 휴리스틱스heuristics, 프레이밍framing, 프라이밍priming, 혹은 확증 효과confirmation bias 등도 널리 알려진 인간의 편견에 기반하고 있다. 두뇌의 한계로 인해 먼저 제시된 정보가 나중 정보보다 더 영향을 미치는 초두 효과primacy effect도 있다. 이와 같은 개념이나 이론들은 모두 인간 사고의 한계에 기인하는 것으로, 개인이 잘못된 결정을 내린다기보다 상황에 따라 현실적인 행동을 취하는 인간의 본능을 설명한다.

그렇다면 설득 기술의 궁극적 목표는 무엇일까? 마웰과 쉬미트는 다양한 행위들을 의미 있는 군집으로 축소시키는 것이라고 이야기한다. 이런 상황에서 기술 기업이 자주 사용하는 전략은 빅데이터를 활용하여 비숫한 행동을 할 가능성이 높은 잠재적 이용자 그룹에 대해 영향을 줄 수 있는 다양한 장치들을 개발, 활용하는 것이다.[52] 이러한 기술적 장치의 핵심은 정교한 HCI^human computer interface/interaction에 기초하여 이용자의 반응을 밀리세컨드 단위로 측정, 기록, 저장하는 데 있다. 매우 단순한 상호작용이지만 데이터가 모이면 이른바 빅데이터가 되고, 그 속에서 일정한 패턴을 찾아내는 것이다. 패턴 분석을 통해 개인의 성향은 물론, 특정한 상황에서의 개인의 행동들도 예측이 가능해진다. 예를 들면, 특정 시기에 얼마까지 할인을 요구하는 노트북의 잠재 구매자 그룹을 찾는 식으로, 개인이나 집단의 감정과 태도 그리고 이어지는 구매 행위까지의 예측을 오차 없이 실행한다.

빅데이터의 핵심은 데이터가 크고 많은 것이 아니라, 수집된 데이터를 통해 조작과 통제가 가능하다는 점이다. 다양한 자극에 대한 이용자의 반응을 끊임없이 체크하고, 이에 맞추어 끊임없는 알고리즘의 변경을 통해 이용자의 태도와 행위를 기술 기업이 의도한 방향으로 이끌어 간다. 이용자는 스스로가 자유의지에 의해 상품을 소비하고, 서비스를 이용한다고 생각하지만, 그러한 이용자의 자유의지는 돼지가 물을 먹을지 사료를 먹을지를 결정하는 수준에 지나지 않는다.

구글 엔지니어로 일하다 설득 윤리학자^persuasion ethicist▼

▼ 기술기업의 문제점과 개선방향을 적극 개진하는 사람들로서, 대부분 기술 기업에 종사하였던 경험을 바탕으로 어떻게 하면 이용자가 서비스 제공자가 같이 공생할 수 있는지를 고민한다. Time well spent와 같은 재단을 만들어 활동한다. 대표적 인사로 제임스 윌리엄스나 트리스탄 해리스를 들 수 있다.

로 변신한 제임스 윌리엄스는 설득 기술의 구동 메커니즘을 요구demand, 추동drive, 유혹tempt, 조정guide, 초대invite, 제안suggest, 지시direct 등 다양한 요소로 설명한다.[53] 이러한 구동 메커니즘에는 이용자의 시간만이 아니라 특정 정보에 대한 이용자의 집중된 정신적 관여를 포함한다. 또한 설득 기제들은 심리적, 정신적 측면에서의 관여는 물론이고, 육체적인 측면에서 많은 영향을 미치기도 한다. 실제로 이용자가 메일을 체크할 때 숨을 약하게 쉬거나 호흡을 정지하는 이메일 호흡정지email apnea 현상도 몇몇 사례 연구에서 나타난다.[54]

윌리엄스는 설득을 위한 구동 메커니즘의 복합적 영향을 기능functional, 존재론existential, 그리고 인식론epistemic 등 세 가지 차원으로 설명한다. 기능적 차원에서의 영향은 자신이 하고자 하는 것(doing what we want to do)을 방해하여 특정 과제의 달성이나 목표 설정에 영향을 주는 것이다. 우리가 하고 싶은 것을 하지 못함으로써 일어나는 결과와 관련된 문제로서, 목표 설정과 조정, 특정 의도에 대한 인지intention awareness 등의 상황에서 영향을 미친다. 존재론적 차원에서는 어떠한 사람이 될 것인지(being who we want to be)에 영향을 주는 현상을 이야기한다. 선호하는 업무 스타일, 시간 쪼개기나 활용 방식, 가치나 정체성 조정과 같은 다양한 행위와 가치 체계를 변화시키는 등의 영향을 준다. 가장 중요하지만 쉽게 보이지 않는 영역이라고 할 수 있는 인식론적 차원은 우리가 원하는 것을 얻는 일(wanting what we want)을 방해하는 요소에 대한 논의이다. 반추, 사유, 의지력 등 인간 본연의 능력들에 영향을 미친다. 결국 이러한 다양한 차원에서의 영향으로 인해 행위의 자유, 사유와 의지력 그리고 삶의 의미에 대한 기본 전제

가 흔들리게 된다.[55]

한편 제프 슈리저Jeff Shrager는 설득 기제의 영향을 주목 현상에 초점을 맞추어 스포트라이트spotlight, 스타라이트starlight, 데이라이트daylight 등 세 가지의 개념으로 설명한다.[56] 스포트라이트는 서비스에서 제공되는 다양한 장치에 대한 주목 현상이다. 단어 그대로 한 순간, 특정 자극에 주목함으로써 벌어지는 결과에 대한 논의이다. 목표 달성을 방해하는 기능과 상호작용의 방식에 관한 논의라고 할 수 있다. 가령 책을 보는데 카톡 알림음이 울려 나의 주목을 끄는 것이 대표적인 사례이다. 본래의 독서로 돌아가려면 당연히 정신적 손실이 뒤따른다. 이러한 사건이 계속되면 우리의 행위와 습관은 바뀌고, 가치 체계도 영향을 받아 상위 차원에서의 변화를 야기한다. 스타라이트는 서비스 이용자가 되고 싶어 하는 목표와 관련된 것으로, 현재의 과제가 그러한 목표 달성과 어떻게 관련이 되어 있는지를 설명한다. 마치 스타가 되고자 하는 목표를 위해 달려가지만 방해 받고 좌절되는 상황을 의미한다. 이와 같이 하고자 하는 것을 못하는 것은 결국 되고자 하는 것이 되지 못함을 의미한다. 데이라이트는 상위인지metacognition와 관련된 것으로, 삶의 의미와 가치 등 고차원적인 사고와 관련이 있다. 우리의 삶이 햇빛 아래서 이어지는 것과 같이 데이라이트는 삶의 전 과정에 걸쳐 일어난다.

매순간 주목하게 하고, 평상시의 태도에 영향을 주고, 시간이 지남에 따라 사고와 습관에도 변화를 가져옴으로써 설득 기제는 인식의 모든 층위에 영향을 미친다. 다양한 차원에서 나타나는 영향은 서로 밀접하게 연결되어 하나의 결과로 나타난다. 가령 우리는 페이스북에서 친구의 멋진 여행 사진을 접하고, 이러한 자극에 우리는 자신과 친구를 비교하면서 불안과 열등감 등 감정의 기복이 생기게 되며, 급기야는 자신의 정체성에 의문을 갖게 되기도 한다. 결국 친구에 지지 않으려고 무리한 여행과 소비를 하고 끊임없이 과장된 사진을 올리면서 평상시와는 다른 방향으로 자신의 삶을 이어가는 것이다.

설득 기제에서 구동 메커니즘의 영향을 기능, 존재론, 인식론의 차원으로 설명한 윌리엄스나 주목 현상에 초점을 맞추어 설득 기제의 영향을 설명한 슈리저의 공통된 이론적 함의는 설득 기제가 순간의 단순한 자극에서 시작하지만, 그 영향은 우리 삶의 모든 영역에 걸쳐 거시적으로 지대한 영향을 미친다는 점이다. 우리는 꿈을 꾸고, 연인을 만날 생각을 하지, 페이스북을 얼마나 더 하고 구글에서 좀 더 시간을 보낼 궁리를 하지는 않는다. 그러나 현실에서 우리는 꿈을 좇는 대신 소셜미디어만 찾는다. 우리는 여행을 가고, 지식을 탐구하고, 사랑하는 것을 기술이 쉽게 해결해 줄 것이라고 생각하지만, 실제 상황은 기대한 경로로만 이어지지는 않는다. 또한 우리는 기술이 살아가는 목표와 의미를 더욱 풍성하게 만들어 줄 것이라고 기대하지만, 결코 우리가 원하는 방향으로 흘러가지 않는다. 설득 기제는 우리를 위해 존재하는 것이 아니라, 기술기업의 이익을 위해 전력을 다할 뿐이다. 설득 기제는 인간 의지에 대한 보이지 않는 끊임없는 공격 수단이다. 우리의 행위, 사고, 가치를 존중하지 않고, 비인간화와 몰개성화를 가져온다. 물론 이들은 겉으로 드러나는 공포스러운 위협이 아니라, 은밀한 자극과 설득으로 우리를 굴복시킨다.

예측 불가능한 보상

설득기술 장치가 우리의 뇌를 자극하고 조정하여 특정 방향으로 이끄는 방법은 매우 다양하다. 가장 대표적인 접근으로 간헐적 강화intermitted positive reinforcement와 가변적 보상variable rewards을 들 수 있다. 간헐적 강화가 끊임없는 자극을 통해 현재의 상황을 유지, 강화하는 것이라면, 가변적 보상은 그 정도와 범위를 예측할 수 없는 보상을 제공하는 것이다. 두 개념의 의미가 조금 다를지라도, 모두 예고 없이 이용자를 자극, 즉 보상한다는 점에서 유사하다. 예측할 수 없는 보상은 미리 알려진 패턴에 따라 제공되는 보상보다 훨씬 더 유혹적이다. 깜짝 파티를 여는 이유가 여기에 있고, 카지노에서 언제 터질지 모르는 잭팟에 도파민이 대량 분출되는 이유이기도 하다.

가변적 보상 이론은 스키너의 실험에서부터 시작되었다. 스키너는 쥐나 비둘기 실험을 통해 자극을 주면 반응, 즉 어떻게 행동하는지를 연구하는 행동심리학의 원조이다. 대표적 연구인 비둘기 실험을 살펴보자. 실험의 핵심은 비둘기가 특정 행동을 할 때마다 먹이를 주고, 그렇지 않을 때는 먹이를 주지 않음으로써 특정 행동을 유도할 수 있다는 데 있다. 이러한 실험 결과는 실제로 많은 후속 연구를 이끌었고, 현재까지도 많이 활용되는 기법이다. 예를 들면 강아지가 가만히 앉아 있다거나 낯선 사람을 보아도 짖지 않는 등 주인이 원하는 특정 행동을 하면 그에 대한 보상으로 간식을 주어 행동을 학습시키는 것이다. 이러한 기본 실험의 내용을 조금 더 진전시켜 가변적 보상에 대한 연구도 진행되었다. 비둘기 실험 1단계는 레버를 건드리면 먹이가 나오는 것인데, 2단계에서는 가변성을 가미한다. 2단계 실험에서는 레버를 건들일 때마다 무작위로 먹이가 나오도록 하면 비둘기가 레버를 훨씬 자주 건드린다는 것이 밝혀졌다. 예측할 수 없는 가변성의 힘이 발동하는 것이다.

가변적 보상 연구의 원조라 여겨지는 비둘기 실험에서 처음 등장한 자극과 보상 이론은 인간을 대상으로 실험이 확대되면서, 심리학의 주요 이론으로 자리를 잡았다. 다양한 실험에서 가변적 보상은 뇌를 자극하며, 이로 인해 도파민이 분비되는 것을 발견하였다. 이러한 가변성은 대뇌 측좌핵 활동과 도파민의 분비를 크게 증가시켜 보상에 굶주린 탐색 활동을 유도한다고 알려져 있다.

가변적 보상 기능을 담당하는 신경계를 보상계라고 하는데, 쇼핑 후 만족감을 느낄 때도 이러한 보상계가 작동한다고 한다.[57] 보상계가 작동하면 도파민이 분출되는데, 이는 신경전달물질neurotransmitter의 하나로 편안한 만족감이 아니라 더 큰 쾌감으로 인간을 몰아가는 고양감과 관련이 있다. 보상계는 목표를 향해 움직이는 엔진과 같은 작용을 한다. 특히 예측하지 못한 보상이나 예상보다 큰 보상에 더 큰 반응을 한다. 이런 식으로 뭔가를 기대하고 특정 물질(마약이나 알코올)이나 특정 행동(쇼핑이나 섹스)에 집착하게 만든다. 우리가 약물 중독에 쉽게 걸리는 이유도 약물, 즉 화학물질이 뇌의 보상계에 직접 작용하기 때문이다.[58] 카지노의 슬롯머신도 마찬가지이다. 슬롯머신 앞에서 이용자가 레버를 내리는 행위가 바로 가변적이고 간헐적인 보상을 기대한 행위라고 할 수 있다. 여기서 가변적이고 간헐적이라 함은 레버를 내리는 순간 동전이 쏟아져 내릴 수도 있고 그렇지 않을 수도 있는 상황을 의미한다. 이러한 행위가 반복됨에 따라 뇌의 보상계에서는 자극과 반응의 연쇄작용이 일어나며 도파민이 대량 분출된다.

소셜미디어 환경에서도 같은 현상이 일어난다. 소셜미디어에 접하면 도파민이 방출된다. 예측하지 못한 페이스북의 '좋아요'는 가변적 보상의 대표적인 예이다. '좋아요'는 언제 나타날지 모르는 작은 보상이다. 사진을 올림과 동시에 '좋아요'가 쇄도하는지 혹은 어느 누구도 응답하지 않는지에 따라 뇌의 반응은 달라진다. 이러한 자극과 반응의 사회적 피드백 시스템을 통해 이용자는 소셜미디어의 포로가 될 가능성이 높아진다. 설탕을 바른 막대를 실험쥐들이 마구 빨아대듯이, 우리는 이러한 '좋아요'를 찾아서 하루 24시간, 장소를 불문하고 소셜미디어에 다가간다. 서비스 제공자의 입장에서는 대박 아이템을 찾은 셈이요, 이용자는 노모포비아가 되는 순간이다. 실제로 페이스북 엔지니어들도 '좋아요'가 이렇게 성공적일 것(소비자에게는 물론 파괴적일 줄)이라고는 예상하지 못했다.[59] 또한 '좋아요'와 같은 장치는 데이터를 모으는 최적의 장소로서 이른바 빅데이터 비즈니스의 샘물과도 같은 존재이기도 하다. '좋아요' 클릭 수가 300개 이상이면 페이스북 알고리즘이 배우자보다 당신의 견해와 욕망을 더 잘 예측한다는 유발 하라리의 이야기▼는 결코 과장된 주장만은 아니다.

사실 소셜미디어 서비스를 적극적으로 사용하지 않더라도 이러한 가변적 보상은 인터넷 서비스에 늘 존재

▼ 직장동료는 10개, 친구는 70개, 가족은 150개, 배우자의 경우 300개 정도의 '좋아요'가 모이면 페이스북이 이들보다 예측을 더 잘한다고 하라리는 이야기한다. 유발 하라리, 2017, 〈호모데우스〉(김명주 옮김), 김영사.

해왔다. 이메일을 수시로 확인하고, 온라인 쇼핑을 통해 저렴한 물건을 우연히 발견하는 일상도 이러한 보상과 관련이 있다. 예상치 못한 내용의 메일이나 정보 혹은 상품의 발견을 통해 보상이 극대화되는 것이다. 페이스북이 '좋아요' 아이콘을 도입한 후 대다수의 소셜미디어 서비스는 이와 유사한 기능을 추가하였다. 가변적 보상의 효과를 '좋아요'와 같은 매우 간단한 장치로 극대화한 것이다. 이제 라스베이거스의 슬롯머신은 주머니 속 스마트폰으로 치환되었다.

가변적 보상은 종족 보상, 수렵 보상, 자아 보상이라는 세 가지 차원으로 설명할 수 있다.[60] 종족 보상은 일종의 사회적 관계에서 오는 보상이다. 다른 사람들로부터 인정받고, 소속감^{need for belonging}을 느끼며, 사회 속에서 자신의 존재 가치를 확인하는 것을 의미한다. '좋아요'와 같은 게시물에 대한 평가는 콘텐츠를 공유한 사람들에게 집단 확인의 의미가 있고, 이러한 가변적 보상을 통해 이용자는 계속 게시물을 올리게 된다.

수렵 보상은 자원 탐색과 연관이 있는 것으로, 인간의 본능에 가깝다. 음식이나 생존 물품 같은 물리적 목표를 확보해야 할 의무감은 우리 뇌의 기본적인 작동 체계의 일부분이고, 일종의 습관으로 남아있다. 원시 시대에 숲을 헤매다가 우연히 갓 죽은 짐승을 발견하는 행운을 본능적으로 우리가 추구하는 것처럼, 슬롯머신도 아무도 알 수 없는 시간차를 두고 돈벼락이라는 보상을 우리에게 안겨준다. 언제, 어떤 정보가 올라올지 모르지만 계속해서 새로 올라오는 트윗 같은 가변적 정보도 수렵 보상의 일종이라 할 수 있다. 연속해서 올라오는 핀터레스트의 게시물이나 인스타그램의 사진도 같은 원리로 작동한다.

마지막으로 자아 보상은 본질적 동기부여의 한 형태이다. 어려운 퍼즐을 완성하고자 하는 노력은 인간의 자아 보상, 즉 자아 실현의 심리에서 비롯한다. 에드워드 데시Edward Deci와 리차드 라이언Richard Ryan의 자기결정이론에 따르면 인간은 자신이 유능한 사람이라는 느낌을 늘 확인받고 싶어 한다.[61] 인터넷 게임에서 자신의 레벨을 올리고, 게임의 결승점에 도달하고자 노력하는 행위도 자아 보상 심리에서 나오는 것이다.[62] 이러한 행위를 통해 자신의 존재함을 늘 확인하게 된다.

인간의 취약한 본능과 연결되어 있는 가변적 보상 장치는 수많은 벤처의 비즈니스 모델의 중요한 요소로도 활용되고 있다. 가변적 보상 심리를 바탕으로 제공되는 대표적 서비스의 하나로 팝업 팩토이드factoid를 들 수 있다. 팝업 팩토이드는 사용자들이 웹사이트에서 보내는 시간을 늘리기 위해 사소한 정보나 뉴스를 끊임없이 제공하는 것이다. 이용자는 정보추구라는 구체적인 목적을 갖고 웹사이트에 들어가지만, 결국 쓸데없는 정보에 접하게 되면서 접속 시간이 늘어난다. 팩토이드가 이러한 환경을 조성한다. 벤처기업 앱처apture는 이러한 팝업 팩토이드를 활용한 서비스의 대표적 사례로서 워싱톤 포스트 등 다양한 미디어 기업에서 활용되었고, 결국 구글의 관심을 끌어 인수되었다.[63] 물론 이와 유사한 기술적 장치나 환경은 늘 상존해 왔다. 광고업자, 마술사, 세일즈맨처럼 설득에 기반해 영업을 하는 사람들은 인간의 이러한 심리적 약점을 잘 활용해 왔다. 카지노 내부에 시계나 외부를 볼 수 있는 창이 없는 것도 외부로부터 오는 자극 중단 기제를 없앤 설계라 할 수 있다. 오로지 슬롯머신과 블랙 잭 테이블에서 오는 신호만을 감지하도록 만든 것이다. 카지노가 외부의 자극을 차단한 상황이라면,

팝업 팩토이드는 내부에서 대량의 자극을 주어 이용자들이 모든 일상사를 제쳐두고 오로지 해당 서비스에만 몰입하게 만드는 것이다.

트리거, 액션 그리고 가변적 보상의 순환고리를 자세히 설명한 『훅 Hooked 』의 저자 이얼은 '훅 모델이 일종의 조종 기술이 아닌가 하는 의구심이 든 사람도 있을 것이다'라는 발언을 함으로써, 훅 모델이 철저히 기업을 위한 이론적 논의라는 것을 간접적으로 보여준다. 훅 모델은 기본적으로 사람들의 행동을 변화시키는 데 초점을 맞추고 있다. 물론 이얼은 '업계의 추정치에 따르면 슬롯머신처럼 중독성이 높은 첨단 기기에 병적으로 매달리는 사용자들은 1% 정도에 불과하다고 한다.' 또한 '이 세상이 점점 잠재적 중독 사회로 변하고 있다 하더라도 대다수의 사람들은 자신의 행동을 스스로 제어할 수 있는 능력을 충분히 갖추고 있다'고 강변한다.[64] 그러나 보통의 사람이 하루 평균 140번 스마트폰을 들여다보는 행위가 정상적인지에 대해서는 의문이 생긴다. 유명 게임개발자 이안 보고스트 Ian Bogost는 습관 형성을 위한 첨단기술 서비스의 유행을 '금세기의 담배 cigarette of this century'라고 지칭하기도 한다. 게임이나 각종 소셜미디어 서비스에 내재되어 있는 파괴적 부작용과 중독성을 경고하는 비유이다. 기술 기업의 비즈니스 모델을 연구하고 검증하는 실리콘밸리 투자가 폴 그레이엄 Paul Graham은 '강한 중독성을 가진 새로운 상품들에 대해 정신적 항체 antibodies'를 개발할 시간이 우리에게는 없다'고 고백한다.[65] 무엇이 벌어지는지 예상하지 못하고 어느 새 기술의 포로가 되어가는 현재의 상황은 후대에 반면교사의 사례로 남게 될 지도 모른다.

전술한 것처럼 가변적 보상에 기반한 서비스는 많은 문제점을 내포하고 있으며, 대다수의 이용자는 모르지만 서비스의 개발자들은 이러한 상황을 선연히 인지하고 있다. 실례로 구글에 인수된 앱처를 만든 장본인인 트리스탄 해리스Tristan Harris는 가변적 보상 기반 서비스의 문제점을 본격적으로 지적하였다. 구글에 합류된 해리스는 지메일 팀에서 일하다, 결국 슬라이드 144장으로 구성된 '주의 분산 최소화 및 사용자 존중을 위한 요청'이란 선언문을 만들어서 구글 동료들에게 보내 서비스의 문제점을 공식적으로 제기했다. 선언문을 접한 구글 창업자 페이지는 해리스에게 제품 철학자product philosopher라는 직위를 부여하여 해리스의 문제제기를 포용하는 듯 하였으나, 더 이상의 변화는 없었다. 시스템 혁신을 위해 내부 비판을 위한 일종의 옴즈부만을 허용하기는 했지만, 더 이상의 진전은 없었던 것이다.[66] 결국 해리스는 구글을 떠나 타임 웰 스펜트Time Well Spent라는 비영리 단체를 만들게 된다. 다양한 언론과 테드TED에도 출연하여 기술기업이 우리의 정신을 납치하려고 얼마나 열심히 노력하는지를 경고한다. 소비자의 마음을 강탈하는 분위기와 환경을 해리스는 다음과 같은 여덟 가지 명제를 통해 소개하고 있다.[67]

메뉴를 통제한다면, 선택을 제어하는 것과 같다.

수 억 명의 소비자 주머니 속에 간이 슬롯머신을 집어넣어라.

소외되는 것에 대한 두려움은 상상을 초월한다.

사회적인정 욕구를 주목하라.

우리는 상호 호혜 속에 살아간다.

▼ If You Control the Menu,
You Control the Choices.
Put a Slot Machine In a Bil-
lion Pockets.
Fear of Missing Something
Important(FOMSI).
Social Approval.
Social Reciprocity(Tit–for–tat).
Bottomless bowls, Infinite
Feeds, and Autoplay.
Instant Interruption vs. "Re-
spectful" Delivery.
Bundling Your Reasons with
Their Reasons.

바닥이 없는 그릇, 무한한 욕구 그리고 자동화 환경에

주목하라.

끊임없이 방해하거나 그럴듯한 서비스를 제공하라.

서비스의 논리를 이용자의 논리와 묶어라.▼

문제는 현재의 기술, 특히 다양한 소셜미디어와 그러한 서비스를 가능하게 하는 스마트폰에 내재된 설득 장치는 그 어느 때보다 강력한 힘을 발휘한다는 점이다. TV 광고나 거리 간판과 달리 주머니 속의 슈퍼컴퓨터는 쉬지 않고 일을 한다. 우리가 쉴 때도 옆에 대기하면서 신호를 보낸다. 또한 우리가 소셜미디어에서 흘리는 수많은 디지털 정보 부스러기들은 또 다시 기술 기업의 데이터센터에 축적이 되면서 자체의 머신 러닝 시스템을 통해 새로운 장치와 기제를 개발하는 데 활용된다. 그렇게 다양한 자극과 인터페이스의 효과와 기능을 끊임없이 테스트하고 점검하면서, 우리가 특정 상황에서 어떻게 행동할지, 미래에는 어떻게 행동할지, 우리의 행동을 완벽하게 예측할 수 있는 시스템을 완성시켜 간다.[68]

2장

중독 사회

기술 중독: 편리함에 길들여지다

"많은 기계 장치는 다리를 다쳤을 때 목발이 요긴하게 쓰이는 것처럼 유용하다. 두 다리로 걷는 것 보다는 못해도 목발은 다리뼈와 근육이 되살아날 때까지 환자가 걸을 수 있게 도움을 준다. 문제는 모든 사람이 목발을 짚고 다니는 사회가 대다수의 사람들이 두 다리로 멀쩡하게 걸어 다니는 사회보다 더 효율적이라고 믿는 허황된 환상에 사로잡히는 것이다."

『기술과 문명Technics and Civilization』

4개 대륙에서 진행된 16세부터 65세 남녀 총 150만 명을 대상으로 실시한 83개의 연구를 메타 분석한 결과에 따르면 연구 대상의 41%가 이전 12개월 동안 적어도 한 가지 이상의 행위 중독 증상을 겪었다고 한다. 행위 중독은 알코올, 니코틴, 마약 등 물질 중독을 제외한 도박, 섹스, 쇼핑, 인터넷, 운동, 일 등 다양한 형태의 중독을 포함한다. 이 책의 관심사인 소셜 미디어 중독도 행위 중독의 하나이다. 또 다른 연구 결과에 따르면 인구의

40%가 이메일, 도박, 포르노 등 인터넷 관련 중독 상태에 있는 것으로 드러난다. 또한 인구의 46%는 스마트폰 없이 살 수 없다는 조사결과도 있다.[69] 우리는 중독 사회에 살고 있다.

중독은 비일상적인 상황이 개인에게 흘러 들어오는 것이다. 마치 축제를 찾아서 환각에 젖고, 마약에 취하듯 중독은 우리 곁으로 슬며시 다가온다. 자극을 찾는 것은 인간의 본능으로, 인류는 다양한 기제를 통해 자극을 추구해 왔다. 술이나 마약 혹은 운명을 점치는 도박은 자극을 찾아 헤매는 인간의 본능이다. 현대에 와서는 소셜미디어가 이러한 자극을 대신한다. 자극이 계속되면 중독이 따라온다. 소셜미디어는 인간 캣닢human catnip이다. 캣닢은 고양이가 좋아하는 풀로 스트레스 해소에 좋아 고양이 마약으로 불린다. 마약은 아니지만 냄새를 맡으면 후각 신경이 자극되어서 고양이가 환각상태에 빠지게 된다고 한다. 마약은 아니지만 마약과 같은 효과를 내는 셈이다.

캣닢에 취한 고양이

왜 빠져드는가?

소셜미디어 서비스 자체는 마약이 아니지만, 때로는 마약처럼 매우 심각한 중독의 후유증을 내포하고 있다. 그것도 아주 광범위한 대상으로 일상적으로 진행되고 있다는 점에서 문제의 심각성이 더욱 크다. 닐 포스트만은 『죽도록 즐기기 Amusing Ourselves to Death 』에서 텔레비전을 '소마'와 같다고 생각했다. 헉슬리의 『멋진 신세계』에서 불안하거나 근심이 생길 때 먹으면 바로 행복해지는 약이 소마인데, 텔레비전은 모순에 무감각하고 기술이 주는 재미에 중독된 대중에게 아무것도 감출 필요가 없이 마취제를 주입하는 정맥주사라고 포스트만은 이야기한다.[70] 오웰의 『1984』처럼 공포감을 조성하는 것이 아니라 대중이 기꺼이 다가가는 매체의 중독성을 포스트만은 경고한 것이다. 물론 소셜미디어의 영향력은 텔레비전보다 주사의 표적성과 효과의 측면에서 비교할 수 없을 정도로 거대하다.

정맥 주사가 중독의 표면적 요인이라면, 중독의 기저 원인은 일상의 불안이나 두려움 혹은 위협으로부터 온다. 소외로부터의 두려움이나 불안감을 느끼고 폭력이나 테러가 난무하는 상황에서 중독은 불안감이나 폭력 자체를 잊게 하는 데 큰 역할을 한다. 중독의 상황이 외부 환경과 상관없이 우리가 삶을 잘 통제하고 있는 것 같은 착각을 심어주기 때문이다. 마약처럼 소셜미디어도 우리가 현실을 있는 그대로 보지 못하게 마비시키는 힘이 있다. 본다고 하지만 제대로 보지 못하고, 안다고 하지만 제대로 알지 못하고, 교류한다고 하지만 제대로 교류를 하지 못하는 것이 소셜미디어가 만들어내는 초현실의 세계이다.

일반적으로 어떤 행위가 이익보다 손해가 클 때 그 행위는 중독성이 있다고 한다. 중독은 좋아하는 상태 이상의 무엇을 갈구하는 것이다. 원하는wanting 상태와 좋아하는liking 상태 사이에는 큰 차이가 있다. 좋아함과 원함은 겹치는 경우도 많지만, 중독의 측면에서 보면 이 두 가지는 서로 다른 경로를 택한다. 중독자는 마약을 체험하는 것을 좋아하지 않지만 절실히 원한다. 푼딩punding은 스웨덴어로 '바보 같은 짓' 혹은 '어리석은 짓'을 의미한다. 자신이 이상한 행동을 하지만 왜 하는지 대답을 못 하고, 이상한 행동을 하는 것을 알지만 멈추지 못 하는데, 바로 마약 중독자들에게서 자주 발견되는 현상이다.[71] 원을 그리며 돌거나 손톱을 물어뜯는 등 무의미한 행동을 지속한다. 텅 빈 관계 속에서 의미 없이 '좋아요'를 계속 누르는 행위도 중독이자 그야말로 푼딩 그 자체다.

즉각적 보상과 긍정적 강화를 약속하는 중독은 강박 감정과 관련이 깊다. 고통 회피(부정적 강화negative reinforcement)를 약속하는 강박의 감정은 강박 사고, 강박 열정, 강박 행위 등으로 접근할 수 있다. 강박 사고obsession는 특정한 생각이 머리에서 떠나지 않는 것이고, 강박 열정obsessive passion은 열정의 바탕에 강박 사고가 깔린 것으로 건강하지 않고 위험한 상황으로 행위 중독을 야기할 가능성이 높은 상태이다.[72] 열정은 자신이 좋아하고, 소중히 여기고, 시간과 에너지를 투자하는 활동을 강하게 선호하는 경향으로 의무가 아니라 자유롭게 선택할 수 있는 상태이지만, 강박 열정은 선택의 가능성이 거의 없는 상태이다. 한편 강박 행위compulsion는 특정한 행위를 멈출 수 없는 것으로, 스마트폰을 수시로 들여다보거나 이메일을 계속 체크하는 행위도 이에 속한다. 피터핸이 이야기한 강박/충동 중독 장애compulsionaddiction disorder는 24시간 내내 다양한 커뮤니케이션 기제를 통해 온갖 정보와 서비스에 접하고자 하는 강박감에 둘러쌓인 상태로, 중독으로 쉽게 이어진다.

대개의 경우 강박/충동의 감정은 고립감, 불안, 우울, 주의력 결핍, 기억력 상실, 수면 부족으로 이어지며, 결국 일, 학업, 결혼생활 등에서 사회적, 심리적 지장을 초래한다. 소셜미디어도 이러한 강박/중독의 부정적 사이클에서 중요한 역할을 한다. 소셜미디어에 강박적으로 집착함으로써 삶의 리듬이 깨지고, 대면 커뮤니케이션의 기회는 사라지고, 아이 콘택트와 바디랭귀지에서 나오는 사회적 자극이나 신호social cue를 읽지 못하게 된다. 결국 내적으로 자아 실현의 가능성은 멀어지고, 외적으로 사회적 관계는 얇아지면서 효율과 기능을 따지는 계산적 관계가 되어간다. 인간의 뇌도 좋지 않은 방향으로 변한다. 강박 장애가 있는 사람의 뇌 사진을 보면 다른 중독 사례와 많은 공통점이 나타난다. 특히 뇌 발달이 아직 끝나지 않은 어린이와 청소년의 경우, 즉 자기 통제력과 정체성이 완전히 형성되지 않는 상황에서 뇌 발달에 왜곡과 장애가 일어난다. 그야말로 뇌가 납치되어 전혀 다른 인생을 살게 될 수도 있다.[73]

왜 멈출 수 없는가?

중독은 물질 중독과 행위 중독으로 구분할 수 있다.[74] 물질 중독은 알코올, 마약, 니코틴, 카페인, 음식 등 특정 물질 집착과 과도한 섭취에서 비롯되는 중독이다. 행위 중독은 과정process중독 이라고도 불리며, 일련의 특정한 행동이나 상호작용에서 비롯한다. 도박, 섹스, 일, 인터넷, 소셜미디어 중독에서부터, 종교 중독이나 걱정 중독 혹은 관계 중독 등 현대인의 다양한 행동과 심리 상태에서 기인하는 현상이다. 행위 중독은 물질 중독보다 늘 더 넓은 사회적 구성요소를 포함한다. 행위 중독은 심지어 우리의 도덕적, 사회적 관점을 상실하게 만든다. 행위 중독 중에서 인터넷이나 스마트폰 등 특정 기술과 서비스에 집착하고 과도한 사용을 의미하는 것을 기술 중독이라 한다.▼ 게임 중독이나 소셜미디어 중독이 대표적인 기술 중독 사례이다. 기술 중독은 주로 커뮤니케이션 기제에서 비롯되는 부작용으로, 과거 매스미디어 시대에서는 텔레비전, 오늘날의 네트워크 사회에서는 인터넷이나 소셜미디어의 확산과 더불어 널리 퍼져 나간다.

▼ 기술 중독과 행위 중독은 겹치는 부분이 많아 혼용해서 사용하기도 한다.

　본질적으로 물질 중독이나 행위 중독은 동일한 방식으로 작동하고, 결과 또한 동일한 것으로 알려져 있다.[75] 중독 연구가 처음 시작될 무렵에는 물질 중독과 행위 중독을 동일한 현상으로 인정하지 않았지만, 일부 연구자들은 행위 중독과 물질 중독 간에 차이가 없음을 주장해 왔다. 예를 들면 스탠턴 필Stanton Peele은 '중독은 해를 끼치는 체험에 대한 애착으로, 중독은 체험 주체의 삶이 처한 상황과 욕구 등이 그 체험과 어떻게 맞아 떨어지는지를 통해서만 이해할 수 있고, 이런 측면에서 행위 중독이나 물질 중독은 비슷한 현상'이라고 주장한다. 쾌락을 안겨주는 엔도르핀을 생성하는 모든 활동이 중독은 아니다. 어려운 임무를 완수하고 희열을 느낀다고 해서 중독은 아니라는 것이다. 어떤 체험이든 그것이 심리적 고통을 덜어 준다고 여겨질 때 중독 현상이 일어난다.

스텐턴 필이 최초로 행위와 중독을 연관시킨 지 40년 만에 미국정신의학회는 중독이 물질 남용에만 국한되지 않는다고 인정하였다.[76] 실제로 2010년 『미국 알코올과 마약 저널American journal of drug and alcohol』에 실린 논문에서 행위 중독이 여러 측면에서 약물 중독과 유사하다는 증거가 늘어나고 있다고 밝히고 있다.[77] 미국 정신의학회는 15년마다 『정신질환 진단과 통계편람』 개정판을 발행하는데, 2013년 5차 개정판DSM-5: The Diagnostic and Statistical Manual of Mental Disorders, Fifth Edition에서는 공식 진단 목록에 처음으로 '행위 중독'을 추가하여 행동 중독을 진단 가능한 장애로 포함시켰고, '물질남용과 의존'이란 표현을 '중독 관련 장애'로 대체하였다. 행위 중독도 물질 중독과 유사한 증상과 과정, 그리고 문제를 일으킨다고 인정한 것이다.[78]

대표적인 행위 중독의 사례로 인터넷 중독을 들 수 있다. 제널드 블록은 인터넷 중독을 섹스, 게임, 그리고 과도하거나 통제되지 않는 온라인 상호작용(이메일이나 메시지 보내기 등)이라는 세 가지 차원에서 이야기한다.[79] 이 중 섹스는 행위 중독이고, 게임과 온라인 상호작용은 행위 중독이면서 동시에 기술 중독으로도 분류할 수 있다. 한편 섹스와 게임은 대상계층이 비교적 제한적인 데 비해, 온라인 상호작용 중독은 성별 불문, 모든 세대를 아우르는 것이어서 문제의 심각성이 더 크다. 또한 현재의 소셜미디어 활동으로 대표되는 온라인 상호작용은 다양한 기술적 장치와 서비스가 가미됨에 따라 상호작용의 강도와 폭이 훨씬 넓혀지고 있고, 이에 따른 중독의 가능성도 높아진다. 이 책의 주제인 소셜미디어 중독을 행위 중독 중에서도 특히 기술 중독에 초점을 맞춰 접근하는 이유는 여타의 행위 중독과 달리 설득 기제와 같은 고도의 정밀한 기술적 장치가 계속 개발, 적용되면서, 이에 따른 중독성도 더욱 강해지기 때문이다.

기술 중독의 대표적 사례인 게임 중독의 구동 메커니즘을 살펴보면 소셜미디어에서 일어나는 중독의 작동 원리를 쉽게 이해할 수 있다. 인터넷 게임은 간단한 퍼즐 게임에서부터 다중접속 롤플레잉 게임까지 매우 다양하지만 작동 방식에 있어서는 공통된 특성이 존재한다. 첫째, 문제를 제시하고 풀어가는 인지적 활동을 요구한다. 적당한 난이도 조정을 통해 이용자들이 인지적 노력을 하면서 재미, 숙달감 혹은 자기효능감을 느끼게 한다. 둘째, 성장의 개념을 지닌다. 이용자가 시간과 노력을 투자하면 그만큼 단계가 올라가는 레벨 시스템이 게임에는 늘 내재되어 있다. 셋째, 다른 게임 이용자들과의 상호작용을 통해 사회적 교류가 가능하다. 다른 사용자의 레벨이나 정보 등을 탐색하는 것에서부터 채팅이나 오프라인 교류까지도 가능하다. 이러한 게임의 특성은 이용자에게 다양한 재미와 보상을 제공하지만, 또 한편으로는 이러한 특성이야말로 인터넷 게임 중독의 결정적인 계기가 되기도 한다. 대개의 경우 일상생활에 지장을 주면 인터넷 게임을 중지하지만, 통제가 되지 않거나 보상을 늘 갈구하는 이용자의 경우에는 게임을 지속하고, 결국 중독에 이르게 된다.[80]

이 같은 인터넷 게임의 특성, 즉 다양한 보상, 발전의 느낌 그리고 사회적 교류의 장은 기술 중독을 일으키는 중요한 구동 원리들로 소셜미디어 서비스에도 그대로 내재되어 있다. 기술의 중독적 특성은 우연히 생긴 것이 아니라 서비스 설계와 구축 단계에서 부터 세심하게 고안되어 만든 것이기에 문제의 심각성이 더욱 커진다. 또한 인터넷 게임 중독에서부터 소셜미디어 중독에 이르기까지 다양한 기제와 기술에 대한 집착과 중독은 개인의 문제를 넘어서 사회적 병리 현상으로 발전하여 더욱 큰 문제를 불러 일으킨다. 베스트셀러로 널리 알려진 『몰입Flow』의 저자 미하이 칙센트미하이Mihaly Csikszentmihalyi은 어떤 상황에 무아지경으로 빠져 무언가를 창조하고, 성취하는 상태를 의미하는 긍정적 의미의 몰입도 중독의 가능성을 내포하고 있음을 고백한다.[81] 이러한 몰입이 때로는 부정적 감정을 회피, 정지시키는 능력에 의존하게 되어 중독으로 이어질 수 있다는 것이다. 기술에 대한 통제는 원칙적으로 가능하다고 생각하지만, 이와 반대로 통제 불능의 상황이 너무 자주 우리 모두에게 벌어지고 있다. 우리 스스로가 통제하고 있다고 생각하는 소셜미디어 이용 습관은 좀처럼 교정되지 않는다. 수많은 연구 결과가 보여주듯이 개인은 미디어를 통제하지 못한다. 이용하고, 종속될 뿐이다. 그래서 필터 버블filter bubble▼이 나타나고, 관계 중독이 일어나는 것이다.

▼ 이용자 개인의 성향에 맞춰 필터링된 정보만 제공하여 편향된 정보에 갇히는 현상.

한편 인터넷게임과 관련하여 많은 논쟁이 오가고 있

다. 예를 들면 '게임중독을 질병으로 분류할 것인지'와 같은 문제는 다양한 이유로 아직 결론에 이르지 못하고 있다. 최근 『정신질환 진단과 통계 편람』 5차 개정판에서는 인터넷게임 장애IGD: internet game disorder에 대해 공식적 장애로 지정하기 전에 보다 많은 연구와 임상 사례가 필요하다고 밝히고 있다. 커스 그리피스와 폰테스는 인터넷게임 장애를 새로운 임상적 장애new clinical disorder로 분류하기는 하지만, 인터넷게임 장애 분야는 기본적 이론이나 개념 정의 혹은 신뢰할 수 있는 방법론의 측면에서 아직 정립되지 않은 부분이 많다고 결론을 내린다. 게임중독을 질병으로 보지 않는 측의 입장은 기본적으로 인터넷게임 장애는 인터넷 중독과 일치하는 용어는 아니며, 두 개념 사이의 구별이 필요하다고 주장한다. 『정신질환 진단과 통계 편람』 5차 개정판의 부록에 수록된 인터넷게임 장애 진단표도 모호하고, 인터넷만이 아닌 오프라인 게임도 있어, 비디오게임 장애, 혹은 그냥 게임 장애로 표현하는 것이 옳다고 주장한다. 또한 인터넷게임 장애와 관련하여 『정신질환 진단과 통계 편람』 5차 개정판의 내용은 많은 혼란을 준다고도 주장한다.[82] 물론 이러한 지적에 대한 반박 의견도 많다. 한 마디로 이 같은 주장은 게임업계의 논리에 지나지 않는다는 것이다.[83]

국내에서도 비슷한 논쟁이 재현되고 있다. 게임 업계와 일부 학자는 게임 사용 장애를 새로운 국제질병분류체계에 포함한 세계보건기구의 최근 결정에 반박하고 있다. 특히 게임 업계에서는 산업적 논리를 바탕으로 게임에 대한 과도한 규제는 관련 산업을 파괴할 수 있다고 주장한다. 이에 대해 '세계보건기구 결정에 과학적 근거가 없다는 무모한 비방은 즉각 중단돼야 한다'는 의견도 등장한다. 국내 5개 전문 학회가 세계보건기구WHO의 게임 사용 장애gaming disorder 진단 등재를 지지하고 나선 것이다. 대한 소아청소년과학회, 대한신경정신의학회, 대한예방의학회, 대한정신건강의학과 의사회, 한국역학회는 2019년 성명서를 통해 "지난 5월 회원국 총회를 통해 세계보건기구가 새로운 국제질병분류체계에 게임 사용 장애를 포함시켰다. 이는 그간 축적돼 온 게임의 중독적 사용으로 인한 기능 손상에 대한 건강 서비스 요구를 반영한 적절한 결정이라고 판단한다"고 밝혔다. 이들 5개 학회는 "행위 중독으로서 '게임 사용 장애'는 생물의 정신사회적 측면의 복합적 요인에 의해 발생하는 정신행동 장애 상태를 지칭하므로, 대다수의 건강한 게임사용자를 잠재적 환자로 낙인을 찍는 것은 아니다"라며 "'게임 사용 장애'는 뇌 도파민 회로의 기능 이상을 동반하며 심각한 일상생활 기능의 장애를 초래하는 실제 존재하는 질병 상태로 효과적인 건강서비스가 제공돼야 한다"고 강조했다.[84]

전술한 것처럼 인터넷 중독은 기술 중독이자 행위 중독이다. 행위 중독을 일으키는 동기 요인들을 살펴보면 소셜미디어 중독 현상이 일어나는 원인을 파악할 수 있다. 우리가 왜 행위 중독에 쉽게 이르게 되는지를 자세히 밝힌 애덤 알터Adam Alter의 『멈추지 못하는 사람들Irresistible』의 내용을 발췌, 수정해서 살펴보자.[85]

첫째, 목표 설정이다. 핏빗fitbit 같은 웨어러블 기기가 건강을 오히려 해친다. 1만 걸음 목표가 대표적이다. 수치에 집착하다 보면 자신의 몸 상태에 귀 기울이지 않게 된다. 운동이 아무 생각 없이 기계적으로 하는 행위처럼 되어 버리는데, 이게 바로 목표 중독이다. 의사 결정을 기기에 맡기고 아무 생각 없이 자동으로 하는 행위가 이어지면 목표 중독이 된다. 비교 체험의 불행함도 목표 중독에서 나오는 부작용이다. 내가 아무리 보너스를 많이 받아도 회사 옆자리 동료가 더 많이 받으면 기쁘지 않다. 상대적 박탈감을 느끼기 때문이다. 이런 비교 체험은 금융계 종사자의 90%가 겪는 현상이다.

한편 직장에서 이메일이 도착하면 열어볼 때까지 평균 6초 걸린다고 한다. 이에 비해 중단했던 업무에 다시 몰입하는 데 걸리는 시간은 25분이나 된다. 유일한 해결책은 메일 도착 알람을 끄는 것이다. 설득 기제로 잔뜩 무장한 자극으로부터 우리의 뇌를 보호하는 것이다. 『뉴욕 타임즈』의 기사에서는 이메일을 좀비로 묘사한다. 죽여도 다가오기 때문이다. 수신함에 읽지 않은 메일이 없어야 마음의 평정을 찾는 직장인은 하루 근무 시간의 1/4을 이메일 확인과 정리에 보내고, 1시간 동안 평균 36번의 이메일 계정을 확인한다고 한다. 군이 직장인이 아니더라도 메일함에 안 읽은 메일이 0이 되도록 끊임없이 체크하는 사람들을 주변에서 심심치 않게 볼 수 있다.

둘째, 피드백 시스템이다. '좋아요' 버튼은 페이스북 사용자의 심리 상태를 정확히 엿볼 수 있는 기술적 장치이다. 이러한 기제를 통한 끊임없는 피드백의 순환 고리 속에서 우리의 통제력은 여지없이 무너진다. 많은 카지노에서는 행운의 대사luck ambassador를 활용한다고 한다. 게이머가 고통을 인지하는, 그래서 벗어나려는 순간, 사람을 보내 무료 식권이나 음료권을 건네준다. 간단한 자극으로 사람들을 피드백의 순환 고리 속으로 다시 몰아넣는 것이다. 게임이나 소셜미디어 환경에서도 이용자가 지루할 틈이 없도록 유사한 자극을 끊임없이 내보낸다.

실제로 게임 서비스의 성공 여부를 결정하는 요인으로 게임의 규칙보다 게임 과정 속에 은밀하게 내재되어 있는 일종의 '주스^{juice}'를 꼽는다고 한다. '주스'는 게임 규칙 위에 존재하는 피드백 층을 의미한다. 꼭 있어야 하는 것은 아니지만 게임이라는 서비스와 환경을 지속, 유지, 성공시키는 데 필수 조건이라 할 수 있다. 가령 마우스가 특정 위치에 가면 소리가 나거나, 화면이 흔들리거나, 혹은 점수를 부여하는 등의 피드백을 계속 주는 것이다. 이러한 작은 자극과 보상이 이용자들을 게임에 몰두하게 만드는 것이다. '주스'야 말로 뇌의 원시적인 부위를 효과적으로 자극한다. 슬롯머신을 전자 모르핀이라고 부르는 것도 이 때문이다. 쥐 실험을 통해서도 '주스'의 효과를 발견할 수 있다. 먹이를 줄 때 쥐에게 소리 혹은 빛 등 자극을 동시에 가하면 훨씬 높은 위험을 감수하고 돌진하게 된다. 인간의 경우, 시각, 촉각, 청각 등을 통한 다양한 자극은 다중 감각 피드백 환경을 형성한다. 소셜미디어 속 가상 현실은 최상의 '주스'를 제공하는 누구도 탈출 못하는 최고의 피드백 시스템이라 할 수 있다.

셋째, 향상^{progress} 중독이다. 우리에게 잘 알려진 슈퍼 마리오 게임을 살펴보면, 공주를 구하는 과정에서 차례, 차례 난관을 거치는 다양한 체험을 하면서 중독의 길이 열린다. 재미있게 디자인을 하다 보니 중독성이 있는 체험이 된 경우도 있고, 처음부터 이용자를 함정을 빠뜨리기 위해 중독성 있게 디자인하는 경우도 있다. 문제는 발전하고 향상되어 가는 긍정적 과정이 결국 중독이라는 안 좋은 결과를 낳는다는 점이다. 이것은 긍정적 측면과 부정적 측면이 혼재하는 뉴미디어의 이중 효과$^{dual\ effect}$로 설명이 가능하다. 처음에는 긍정적인 결과를 보이다가 시간이 지나면서 부정적 측면이 드러나는 경우이다. 잘 알려진 대로 세서미 스트리트라는 어린이 프로그램은 미취학 아동에게 수의 개념이나 알파벳을 가르쳐주는 좋은 콘텐츠로 많은 상을 받기도 하였지만, 궁극적으로는 아이들을 텔레비전 앞에 앉게 하는 습관을 키웠다는 오명을 쓰게 되었다. 맥루언의 '미디어는 메시지'라는 표현이 잘 들어맞는 경우로서 시간이 지남에 따라 전혀 예기치 못한 부작용이 나온 사례이다. 좋은 의도에서 시작했지만 결과가 안 좋았던 것이다.

넷째, 난이도escalation 경험이다. 역경은 중독의 필수 요소이다. 약물과 같은 물질 중독은 파괴적이라는 점이 눈에 쉽게 띄지만, 행위 중독은 파괴적 과정이 창조라는 이름 아래 가려져서 잘 드러나지 않는다. 게임 환경에서 참여자를 몰입하게 만드는 가장 중요한 요인은 성취감이다. 뭔가를 해냈다는 느낌을 들게 만드는 것이다. 물론 그러한 성취감 혹은 창조의 느낌자체가 나쁜 것은 아니지만 그 느낌의 이면에는 중독의 가능성이 도사리고 있다. 우리 모두 직장에서 더 오랜 시간 일하고, 온갖 시험에서 높은 점수를 받고, 소셜미디어에서 많은 팔로어를 확보하면 자신이 발전하고 있다는 환상을 품게 되며, 그래서 계속하고 싶은 욕구를 떨쳐 버리기가 더욱 더 힘들어진다. 경쟁 사회에서 남들보다 앞서 나가고자 하는 욕망은 누구나가 일정 부분 지니고 있는 것이지만, 삶의 과정에서 쉽게 나타날 수 있는 향상 중독으로도 쉽게 이어진다. 수치로 둘러싸인 능력주의 사회에서는 물론 이러한 행위가 정상적인, 더 나아가서 박수를 쳐줘야 하는 행위로 승화되기도 한다.

다섯째, 미결 효과이다. 클리프행어cliffhangers효과라고도 하는 미결 효과는 완결되지 않은 의도나 목표 혹은 행위들이 완결된 것보다 평균적으로

두 배 정도 더 오래 기억된다는 것에 기인한 이론이다. 특히 어린이에게서 많이 나타나는 것으로 알려져 있다. 자이가닉 효과라고도 한다. 하나의 작업 결과를 마무리하고 컴퓨터에 저장하면 다음 날 쉽게 잊게 된다. 메모지에 적어 놓은 정보도 쉽게 잊어버린다. 반대로 매듭이 풀리지 않아 머릿속에 무엇인가 남아있으면, 그것이 우리의 뇌를 자극하여 계속 기억하게 만드는 것이다. 인간 두뇌의 재생 의지를 보여주는 이론이다. 넷플릭스 시리즈물에서 한 편의 에피소드는 긴장감이 고조된 순간 끝나면서 다음 편으로 연결된다. 마무리를 하지 않음으로써 다음에 나올 내용을 기대하게 만드는 장치이다. 이러한 장치는 소셜미디어의 온갖 콘텐츠 서비스에서도 물론 찾아볼 수 있다. 모든 콘텐츠가 연결된 하이퍼미디어 기능은 이러한 미결 효과의 기능을 한층 배가시킨다. 쉽고 편하게 관련 콘텐츠를 넘나들면서 미결의 효과를 극대화하는 것이다.

여섯째, 관계social interaction 중독이다. 끊임없이 주변 사람들과 온라인상에서 관계를 유지하려는 노력이다. 주로 외로움의 공포인 포모FOMO로부터 벗어나기 위한 시도에서 비롯된다. 수많은 소셜미디어 서비스가 이러한 관계 중독을 유발하는 기제로 작용한다. 온라인 게임에서의 친구 사귀기도 대표적인 사례이다. 예를 들면, 머드MUD 게임의 대화방 기능 같은 것이 이러한 관계 중독을 불러일으킨다. 실제로 사회적 관계의 유지는 게임의 중요한 기능이며, 많은 게임 참여자들이 이를 위해 게임 속에서 의사 사회 활동을 한다. 소셜미디어는 게임의 수준을 넘어 상호작용 그 자체를 관계 중독의 핵심 기제로 몰아간다. 물론 관계의 정도도 수치로 표기되어 목표/향상 중독과 함께 어우러지면서 우리를 끊임없이 몰입하게 만든다.

위에서 소개한 몇몇 동기들은 그 자체로만 보면 그다지 나쁠 것이 없는, 어쩌면 삶의 원동력이라고도 할 수 있는 요인들이다. 목표를 설정하고, 어려운 난관을 극복하면서 무언가 발전한다는 느낌도 얻고, 주변과의 관계를 돈독히 하면서 삶을 윤택하게 만드는 이러한 인간의 행위 동기들은 결코 문제라고 할 수 없다. 다만 중독이라는 문제의 핵심은 이런 체험을 통해 무언가 풀리지 않는 숙제를 해결할 수 있다고 느끼는 것에 있다. 스탠턴 필의 이야기처럼 중독의 문제는 이런 체험을 통해 불안감, 수치심 혹은 자존감의 저하 등 우리의 고통을 덜 수 있다고 착각하는 것에 있다. 현실을 직접 마주치지 않고 회피하면서, 체험을 통해 일시적으로 자신의 문제점을 극복할 수 있다고 착각하는 것이 반복되면 중독 현상이 일어난다. 물론 이러한 체험과 착각 현상은 심리적인 것만이 아니라 뇌 화학적인 작용의 결과이기도 하다.

내부 협조자, 도파민

휴일 저녁 시간에 가족이 둘러앉아 저녁을 같이 먹지만 대화는 오고 가지 않는다. 각자 스마트폰으로 대화하는 것이 식사 의례가 되었기 때문이다. 하루의 일과가 끝나고 따뜻한 대화가 오가면서 안정을 찾아야 할 뇌에서 끊임없는 자극으로 도파민dopamine만 분출된다. 옥시토신이 나올 시간에 도파민이 분출되는 것이다. 사랑의 호르몬이라는 옥시토닌은 행복 호르몬으로 사람들이 협력하고 공감하고 사랑할 때 나온다. 학교와 직장에서 경쟁에 지친 우리의 몸과 마음을 옥시토신으로 추스를 시간에 또 다시 자극과 흥분, 경쟁과 독점의 호르몬 도파민이 과다 분출된다.

카지노에서는 이용자가 슬롯머신에서 떠나지 못하도록 예상치 못한 작은 보상을 수시로 이용자에게 던져 준다. 그러한 작은 보상이 주어 줄 때마다 이용자의 뇌는 도파민을 분출한다. '러너스 하이runners high'라고 불리는 마라톤 애호가들에게서 나타나는 현상도 뇌에서 분출되는 도파민에 기인한다. '러너스 하이'는 극심한 신체의 피로와 고통을 덜어주기 위해, 카지노에서는 간헐적 보상에 대한 반응의 댓가로 도파민이 분출되는 것이다. 인간의 뇌는 언제 나타날지 모르는 보상을 기대할 때 도파민을 내보낸다. 슬롯머신 환경에서 늘 벌어지는 상황이다.

우리는 예기치 않은 '좋아요' 같은 자극을 받거나, 문자나 이메일을 받아도 뇌 속의 신경화학 물질인 도파민을 분출하며 반응한다. 많은 연구에서 드러나듯이 우리의 뇌는 연결된 것 자체에 흥분하고 반응한다. 물론 그러한 연결이 우리를 고갈시키더라도 이러한 반응은 지속된다. 끊임없이 들려오는 신호음과 함께 언제 터질지 모르는 '좋아요'에 이끌려 이용자는 소셜미디어에서 눈을 뗄 수가 없다. '좋아요'의 숫자가 올라갈수록 뇌에서는 도파민이 더욱 분출된다. 스마트폰의 알림 신호 같은 자극이 뇌에 오면 보상의 선행요소로서, 무의식적 자율운동을 담당하는 기저 핵basal ganglia은 대뇌의 협조 없이 쾌락을 전달하는 신경전달물질인 도파민을 분출한다.[86] 소셜미디어에서 제공하는 다양한 서비스가 중독성이 강한 스낵이자 카지노에서 불현듯 터지는 작은 잭팟인 이유이다.

카지노와 스낵과 소셜미디어의 공통점은 이용자가 행위를 멈추지 못하게 인간의 쾌락 중추를 공략한다는 점이다. 끊임없이 간헐적으로 주어지는 예기치 못한 작은 보상은 우리로 하여금 스낵을 계속 먹고, 슬롯머신 앞에 계속 머무르게 하고, 소셜미디어의 신호음에 귀를 기울이게 한다. 행동 디자인 엔지니어는 우리가 새로운 행동을 시작하고 집착하도록 다양한 종류의 긍정적 피드백이나 점수 혹은 예상치 못한 시점에서 나타나는 '좋아요'와 같은 자극의 무한 루프를 구축하도록 인터페이스를 설계한다. 앞에서 소개한 가변적 보상variable rewards에 따른 행동 변화를 일으키기 위함이다. 또한 이용자들의 주의력 결핍이 일어나지 않도록 끊임없이 자극과 보상의 패턴을 통해 도파민의 수치를 회복시키고 계속 주목하도록 한다. 이러한 상황을 '놀람과 기쁨'의 엔지니어링engineering 'surprise and delight'이라고 칭하기도 한다.[87]

인간은 비용 대비 효과를 끊임없이 체크하여 특정 행위를 한 번에 그칠지 아니면 계속 진행할지를 결정한다. 투자한 비용에 비해 이익이 많으면 당연히 중지할 가능성이 낮아지고, 이러한 경험이 뇌신경 부위에 저장된다.[88] 신경세포가 하는 일은 첫째, 전기적으로 흥분하는 것, 둘째, 화학물질을 생산해서 분비하는 것이다. 이 두 가지를 통해 말초에서 중추로, 중추에서 말초로 전기신호를 전달한다. 전기 신호는 전기적 흥분을 통해 신경세포의 끝까지 전달되어, 시냅스를 통해 다른 신경세포로 전해진다. 이때 신경세포에서 만든 화학물질이 세포 밖으로 분비되어 시냅스를 헤엄쳐 다른 신경세포로 갈 수 있게 한다. 이러한 화학물질이 도파민이나 세로토닌 같은 신경전달물질이다. 시냅스를 통해 신경전달물질을 방출하여 인접한 신경세포에 정보를 전달하는 것이다. 반대편 신경세포 막에는 수용체가 있어 마치 열쇠를 넣어 자물쇠를 여는 것처럼 흥분할 때 흥분하고, 흥분하지 않을 때는 안 한다. 시냅스가 바로 마약의 효과가 나타나는 작용점인 셈이다.[89]

또한 자주 발화하는 시냅스는 점점 강해지는 반면 발화하지 않는 시냅스는 약해진다.[90] 한 번 길이 열리면 쉽게 발화될 수 있는 환경이 조성되기 때문이다. 소셜미디어를 한번 시작하면 멈출 수 없는 이유가 여기에 있다.

도박 중독에 걸린 사람의 뇌 사진을 보면 마약 중독에 걸린 사람의 뇌와 비슷하다고 한다.[91] 뇌의 같은 부위가 작동한다는 의미이다. 실제로 마약과 행위 중독은 뇌의 동일한 보상 중추를 활성화시킨다. 어떤 행위로 보상을 받을 때 과거에 보상받은 결과와 짝을 이루게 되면 뇌는 그 행위를 마약과 똑같이 취급한다. 한 마디로 코카인이나 도박으로 인한 뇌의 자극과 반응의 작동 원리는 똑같다. 다만 규모와 강도에 있어 차이가 있을 뿐이다. 최신 연구결과들은 행위 중독이나 기술 중독도 마약과 똑같은 뇌 반응을 일으킨다고 결론 짓는다. 모두 뇌에서 도파민을 분비하고, 이 물질은 뇌 전체에 퍼져 있는 수용체에 들어붙어 강렬한 쾌감을 불러일으키기 때문이다. 인터넷 포르노그래프와 섹스 중독을 알코올 중독 치료제naltrexone로 치료한 사례들도 자주 등장한다.[92] 뇌에서의 담당 기관이 같기 때문에 가능한 이야기이다. 도박이건 마약이건 인터넷이건 중독은 뇌의 같은 부위를 공격한다.

중독은 기본적으로 뇌 질환이다. 당연히 중독의 가장 큰 문제는 뇌 손상이다. 중독 의학에서는 우리 뇌에 쾌락-보상 체계를 켜는 스위치 같은 것이 존재한다고 본다.[93] 술이나 약물 혹은 인터넷을 과다 사용하면 스위치가 켜질 수 있으며, 스위치가 일단 켜지면 그걸 다시 끄는 건 매우 어렵다. 앞서 이야기한 것처럼 한 번 길이 열리면 쉽게 발화될 수 있는 환경이 조성되고, 그것을 없애는 것은 쉽지 않다.

한편 메스암페타민 중독자의 뇌를 살펴보면 기억력을 담당하는 해마와 감정을 조절하는 기능 및 보상회로가 있는 변연계가 가장 많이 파괴되었다고 한다.[94] 순간적으로 기분을 좋게 하려고 마약류를 남용하였는데, 결과적으로 평생 자신에게 기쁨과 즐거움을 가져다주는 보상회로가 파괴된 것이다. 살아남은 뇌 세포가 다시 활성화되면 기능은 어느 정도 회복할 수 있지만, 한번 파괴된 뇌 세포는 재생되지 않는다. 중독이 초기에는 회복될 수 있지만 오래 지속되면 회복이 어려운 이유이다. 자꾸 사용하면 끊어지는 고무줄과 같다. 우리의 생활환경 또한 중독 현상이 발화되는 데 많은 영향을 미친다. 중독자의 뇌에 '프랑켄푸드Frankenfood▼'를 공급하고, 우울증을 일으킨다고 알려진 것처럼 앉아서 생활하는 습관을 고수하고, 개인의 스트레스와 불안까지 더하면 중독 상태가 악화되는 것은 당연하다고 『나는 중독 스펙트럼의 어디쯤 있을까The Addiction Spectrum』의 저자 토머스와 마굴리스는 단언한다.[95]

▼ 프랑켄슈타인(Frankenstein)과 음식(food)을 합성한 용어로 유전자 조작으로 만든 농산물을 말한다.

인터넷 중독: 거미줄 위에서 균형 잡기

▼
▼

"중독은 뇌를 파괴하거나 강탈하거나 손상시키는 문제가 아니다. 사람들은 행위에, 심지어 사랑 체험에도 중독될 수 있다. 실제로 중독이란 사람과 체험 사이의 관계에 대한 문제이다."[96]

마이아 샬라비츠 Maia Szalavitz

인터넷 중독은 이반 골드버그 Ivan Goldberg가 1995년 웹상에 진단 기준을 발표함으로써 처음 제기되었다. 사실 골드버그는 미국 정신의학협회에서 정신질환 진단을 내리는 『정신질환 진단과 통계 편람』이 지나치게 딱딱하고 표면적이라는 점을 풍자하려는 의도에서 가벼운 장난으로 온라인에 글을 올린 것인데, 수많은 피드백으로 사건의 심각성을 인지하고 후속 연구에 들어가게 된다. 이 후 수많은 인터넷 중독의 사례가 발견되면서, 인터넷 중독은 하나의 병리적 현상으로 자리를 잡게 되었다.[97]

1996년에는 킴벌리 영이 새로운 임상적 출현이라는 부제로 인터넷 중독에 대한 논문을 심리학회에서 발표하였다. 특히 영이 제시한 인터넷 중독 테스트Young's internet addiction test의 진단 내용은 정상적인 사용과 병적인 사용을 구별하지 않고 있는데, 의도적이었건 아니었건 간에 이러한 접근은 중독 현상을 이해하는 데 매우 중요한 접근이라고 할 수 있다.

킴벌리 영의 인터넷 중독 진단표 IATYoung's Internet Addiction Test

* 모든 응답은 '예' 혹은 '아니오'로 답한다.

1. 항상 인터넷에 대해 생각하십니까?

2. 처음 생각했던 것 보다 더 많은 시간을 접속해야 합니까?

3. 인터넷/통신 사용을 조절하거나 끊거나 줄이기 위해 반복적으로 노력하지만 항상 실패하고 있습니까?

4. 인터넷/통신 사용을 중지하거나 중단하려면 불안하고 울적하고 우울하고 짜증나는 느낌을 받습니까?

5. 인터넷/통신을 하는 시간을 더 늘려야 만족스럽고 계획했던 일을 완수할 수 있습니까?

6. 중요한 인간관계나 직업, 교육, 경력상의 기회가 인터넷/통신 때문에 위협받거나 위험에 처한 적이 있습니까?

7. 내가 인터넷/통신에 빠져있다는 것을 주변 사람에게 감추거나 거짓말을 한 적이 있습니까?

8. 문제로부터 도피하거나 불쾌한 기분으로부터 벗어나기 위해 인터넷/통신을 사용한 적이 있습니까?

영은 인터넷의 과도한 이용에 있어 '인터넷으로 향하는 마음'이 아니라 일정 수치를 넘으면 문제로 접근할 것을 주장하였다. 평범한 사람들의 일상생활의 연장선상에서 나타날 수 있는 과도한 인터넷 사용의 문제를 제기함으로써, 인터넷 중독은 특정 계층이나 부류의 사람들만이 아닌 우리 모두의 문제가 될 수 있다는 것을 보여주었다. 테스트의 문항도 이러한 이유로 처음부터 병적 접근과 정상적인 접근을 구별하지 않았다.

한편 대표적인 인터넷 중독 관련 연구의 주요 저자인 데이비스Davis는 인터넷 중독을 병리적 인터넷 사용PIU: Pathological Internet Use의 개념으로 접근하였다. 병리적 인터넷 사용자는 자신들의 인터넷 이용과 관련하여 일종의 죄의식을 지니고 있다. 가족과 친구들에게 인터넷 사용시간을 줄여서 이야기하고 온라인 활동을 비밀에 부치기도 한다. 마약 중독자와 같은 모습이다. 병리적 인터넷 사용은 특정한 목적을 지닌 병리적 인터넷 사용과 목적 없는 병리적 인터넷 사용으로 구분할 수 있다.[98] 전자에 포함되는 대표적 사례로는 앞 장에서도 논의된 인터넷 게임 중독과 인터넷 섹스 중독을 들 수 있다.

특정한 목적 없이 인터넷에 접속하여 이러 저러한 콘텐츠를 소비하고, 온라인에서 교류하는 소셜미디어 중독은 목적 없는 인터넷의 병리적 사용의 대표적 사례이다. 목적 없는 병리적 인터넷 이용자들은 강박적인 이메일 체크에서부터 채팅이나 유사 게임에 이르기까지 매우 다양한 서비스 환경에서 중독 상황에 이르게 된다. 이러한 서비스 분류는 완벽하게 상호배타적이지 않아 서로 겹치는 부분이 많지만, 중독과 관련된 설득 기제는 모든 서비스에서 거의 동일하게 작동한다. 가령 소셜미디어에서의 다양한 활동은 게임과 유사한 요소가 많이 가미되어 있으며, 중독을 이르게 하는 게임에서의 작동 원리는 소셜미디어에서도 똑같이 구사된다. 이 책에서 주목하고 있는 소셜미디어의 일상적 남용과 관련한 논의에서 인터넷 게임과 같은 특정 목적을 위한 병리적 사용 문제를 반드시 포함시켜야 하는 이유이다.

서장원은 인터넷 중독의 대표적 증상을 여섯 가지로 정리한다.[99] 첫째, 몰두preoccupation 한다. 중독자는 중독 행동과 관련된 생각에 푹 빠져있는 경우가 많다. 이러한 갈망은 중독 행동을 유발한다. 둘째, 중독 행동을 기분 조절 수단으로 사용한다. 스트레스를 받을 때, 이를 해소하기 위한 수단으로 중독 행동을 한다. 접근이 쉬운 소셜미디어는 이런 면에서 최상의 기분 전환 서비스를 제공한다. 셋째, 금단withdrawal증상을 보인다. 중독 행동을 강제로 금지했을 때 금단 현상이 나타난다. 금단 현상에는 불안, 우울, 짜증과 같은 심리적 증상도 포함된다. 한 순간도 스마트폰 없이는 살아갈 수 없는 대부분의 사람들에게 해당되는 내용이다. 넷째, 내성tolerance이 생긴다. 중독 행동의 반복으로 그 효과가 점차 감소된다. 내성이 강해지면 중독 현상도 심해진다. 거의 무한한 인터넷의 콘텐츠는 이용자의 무감각을 불러일으키고, 이는 내성을 키우는 요인으로 작용한다. 다섯째, 부정적 결과에도 중독 행동을 지속한다. 학교나 직장 혹은 사회적 교류에서 문제가 발생해도 중독 행동은 이어진다. 오프라인에서의 교류 결핍을 온라인 상호작용으로 일시 해소하면서 중독 행동을 계속한다. 여섯째는 통제 결여이다. 중독 상태가 되면 중독 행동을 전혀 통제하지 못한다. 과도한 인터넷 사용의 문제점을 인지하지만 행위 억제 능력이 결여되어 계속 인터넷에 다가간다.

인터넷에 감염되다

앞에서 소개한 데이비스 연구는 병인론etiology에 따라 인터넷 중독과 관련된 모든 요인들의 영향을 살펴보았다는 점에서 중요하다. 또한 원거리 distal 부터 근접proximal한 경우에 이르기까지 영향의 근접성 정도에 따라 관련 요인들을 구분함으로써 우리가 인터넷 중독에 어떻게 대처해야 하는지를 잘 보여준다. 대증요법이라 것은 증상을 중심으로 병을 치료하는 것으로, 즉각적인 효과를 볼 수 있는 장점이 있지만 질병의 근본적인 원인에 대한 이해는 부족하여 많은 문제를 일으킨다. 증상만 조금 완화될 뿐이지, 치료가 되지는 않기 때문이다. 증상의 근본적 원인을 찾아 나서야 문제를 해결할 수 있는 길이 열린다. 어떤 원인이 있어 열이 있는데 해열제만 처방한다면 그 병은 치료되지 않을 것이다. 마찬가지로 왜 중독에 이르렀는지 근본적인 문제를 파악하지 않고 인터넷 중독을 단순히 인터넷 사용 중단 정도로 대처한다면 많은 문제가 있을 수밖에 없다. 이런 점에서 데이비스의 병인론 모델은 많은 시사점을 우리에게 던져준다.

데이비스가 병리적 인터넷 이용을 설명하기 위해 참고한 아브람슨, 메탈스키와 알로이의 연구에서는 특정 증상의 원인들을 필요necessary, 충분 sufficient 그리고 기여contributory 요인 등으로 구분하였다.[100] 필요는 증상이 나타나기 위해서 반드시 존재해야 하는 병인론적 요인이다. 필요 요인이 존재한다고 해서 반드시 증상이 나타나는 것은 아니다. 충분 요인은 확실히 증상이 나타나는 경우로, 충분 요인이 존재하면 반드시 특정 증상도 따라온다.▼ 한편 기여는 다양한 증상의 출현 가능성을 높여주는 병인론적 요인이지만, 필요 혹은 충분 요인이 아닌 경우에 해당된다. 또한 아브람슨 등의 연구에서는 근접proximal 요인과 원거리distal 요인을 구분하였다. 질환의 발생 과정에서 증상에 가까이 위치한 경우라면 근접 요인, 증상의 출발점이나 멀리 떨어져 있는 경우에는 원거리 요인이 된다. 사회과학 방법론에서 자주 사용하는 개념인 독립변인은 원거리 요인이 될 것이고, 매개 변인은 근접 요인으로 작용할 수 있다. 이러한 인과 관계를 바탕으로 병인론에 기반한 데이비스의 인터넷 중독 연구는 2021년 현재 인용횟수가 3천 번이 넘는 매우 중요한 문헌으로 자리매김하고 있다.

데이비스 연구의 두 번째 의의는 인터넷 중독을 설명하는 과정에서 특정한 목적이 있는 병리적 인터넷 사용과 목적 없는 인터넷 사용으로 구분하여 접근했다는 점이다. 일부 계층이나 특정 부류의 중독 현상에 대한 이해와 그에 대한 처방도 중요하지만, 더 중요한 것은 사회적 병리 현상으로서의 인터넷 사용이라 할 수 있다. 인터넷 중독은 모두의 문제이다. 이러한 점에서 데이비스의 인터넷 사용 목적의 유무 구분은 시사하는 바가 매우 크다. 청소년의 인터넷 게임 중독도 문제이지만, 더 큰 문제는 모든 사람이 기술 중독, 행위 중독에 빠져드는 상황이다.

아래 그림은 데이비스의 논문에서 제시된 인지행동cognitive behavioral 모델이다. 병리적 인터넷 사용의 결과로 나타나는 증상에 대한 다양한 원인들 간의 인과 관계를

▼ 명제 P가 참이면 명제 Q도 반드시 참일 때 P를 Q이기 위한 충분(充分)조건이라 하고 Q를 P이기 위한 필요(必要)조건이라 한다. 만일 명제 P가 참이면 명제 Q도 반드시 참일 때 동시에 그 반대도 성립하면 P는 Q이기 위한, Q는 P이기 위한 필요조건이자 충분조건이기도 하므로 이를 필요충분조건이라 한다.

보여주고 있다. 왼쪽에 위치한 개념들이 원거리에서 영향을 주는 것이며, 오른쪽으로 갈수록 병리적 인터넷 사용에 직접적인 영향을 미치는 근거리 원인들로 구성되어 있다.

병리적 인터넷 사용의 인지행동cognitive behavioral 모델[101]

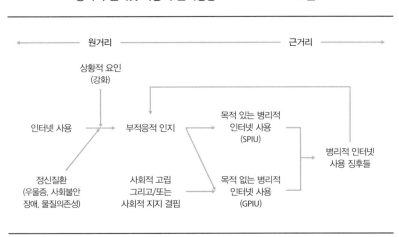

모델의 좌 하단에 우울증depression, 사회불안 장애social anxiety, 그리고 물질 의존성substance dependence과 같은 특성을 지닌 정신질환이 자리 잡고 있다. 이러한 기질이나 소양은 병리적 인터넷 사용의 출발점이 될 수 있다. 이런 정신병리학적 기질이 인터넷 중독의 기본 전제가 되는 것이다. 물론 이러한 기질을 지녔다고 다 중독에 이르는 것이 아니지만, 인터넷 중독의 경우에는 대부분 이런 기질을 지니고 있다는 점에 주목할 필요가 있다. 이러한 기질은 중독의 필요 조건인 셈이다. 즉 병리적 인터넷 사용자는 거의 모두 이러한 기질을 지니고 있고, 중독의 대처 방안 또한 중독자 기저에 깔려

있는 다양한 기질을 고려하여 마련되어야 할 것이다. 물론 이러한 기질이 생겨난 원인 또한 중요하다. 이 장 후반부에서 논의될 유전적 요인, 개인이 처한 환경, 사회 전반의 분위기 등 다양한 요인이 이러한 기질 생성에 영향을 주었을 것이다.

　중단에 위치한 인터넷 이용의 다양한 경험은 자극stresser 선행요인으로 작용한다. 인터넷의 사용 정도를 의미하는 것이다. 가령 인터넷 게임이나 도박 혹은 인터넷 데이트나 섹스 등의 빈번한 경험은 중독의 시작이자 출발점이다. 인터넷에서 한 가지 서비스에 중독되면 다른 서비스에도 쉽게 중독된다. 한편 이러한 인터넷 경험에 있어 상황적 요인으로서 강화rein-forcemnent는 핵심적인 역할을 한다. 모델의 왼쪽 상단에 위치한 강화로 인해 인터넷의 경험이 계속 이어지기 때문이다. 이러한 강화의 영향은 다양한 상황적 요인으로 설명될 수 있다. 조건반사 이론이 대표적 사례이다. 인간은 개나 원숭이와 마찬가지로 조건반사를 일으킨다. 파블로프의 침 흘리는 개 혹은 스키너의 비둘기를 생각하면 된다. 다양한 상황에서 일어나는 자극은 우리의 뇌를 작동시킨다. 컴퓨터 접속음이나 카톡 알람음에서부터 컴퓨터가 있는 사무실이나 서재의 냄새에 이르기까지 매우 다양한 요인들이 우리를 조건반사의 테두리로 몰아간다.
　이러한 상황적/환경적 요인은 인터넷 중독의 핵심 기제로 작용한다. 설득 기제의 목표가 바로 이러한 강화, 그리고 보상을 통해 체험을 유지시키는 것이다. 인터넷 게임이 되었건, 소셜미디어가 되었던 간에 다양한 보상 기제는 우리를 병리적 인터넷 사용이라는 테두리에서 결코 벗어날 수 없게 만드는 치명적 요소로서, 기술 중독의 핵심 장치라고 할 수 있다. 앞 장에서 이야기한 것처럼 카지노에서 사람들을 중독에 빠지게 하는 다양한 환경적 자극(창문이 없는 환경 혹은 잭팟이 울림과 동시에 일어나는 환호와 요란한 작동음 등)에서부터 디폴트로 설정되어 있는 스마트폰의 다양한 알림 신호와 인터페이스 장치들이 이에 해당한다. 물론 이러한 환경적 요인에는 예측할 수 없는 가변적 보상이 늘 포함되고, 이러한 자극이 가해지면 사용자는 꼼짝없이 해당 환경의 포로가 된다.

모델 중간에 위치한 요인으로는 우선 부적응적 인지maladaptive cognitions가 있다. 병리적 인터넷 사용 모델의 핵심 매개 역할을 하는 부적응적 인지는 인터넷의 병리적 사용의 근접 충분 요인으로서, 두 가지 유형으로 구분할 수 있다. 자기 자신에 대한 생각thoughts about the self과 자기를 둘러싼 세상에 대한 생각thoughts about the world이다. 자신에 대한 사고는 반추하고 심사숙고하는 과정을 통해 일어난다. 특히 이런 경향이 강한 사람이 병리적 인터넷 이용과 관계가 있을 가능성이 높다. 생각을 너무 깊게 하는 이런 사람들은 일상에서 벌어지는 보통의 사람에게는 사소한 문제를 확대 해석한다. 이런 유형의 사람들은 가령 병리적 인터넷 사용과 관련된 문제가 있으면 보통의 사람들보다 더 깊은 관심을 쏟으며, 관련 뉴스와 문헌을 더 찾아 읽어보고, 지인과 토론도 열심히 한다. 되새김 장애rumination disorder라는 질병도 있듯이, 이러한 경향의 사람일수록 병리적 인터넷 사용에 더욱 다가간다.

자신에 대한 사고와 관련된 또 다른 인지 장애로서 낮은 자기효능감self-efficacy이 있다. 자기효능감은 반두라Bandura가 사회인지이론social cognitive theory

에서 제시한 개념으로, '어떤 목표를 성취하기 위해 필요한 행동을 조직하고 실행하여 원하는 결과를 기대한 만큼 얻어 낼 수 있다는 자신의 능력에 대한 기대 또는 신념'을 의미한다.[102] 자기효능감이 낮은 사람은 자신에 대한 부정적 평가를 하는 경향이 높고, 자기 회의self-doubt도 자주 한다. 이렇게 자기 자신에 대해 낮은 평가를 하는 사람들은 다른 사람들로부터 보다 더 나은 긍정적 평가를 받기 위해 인터넷을 자주 활용한다. 이런 경우 데이비스 연구에서 제시된 설문 문항처럼 '나는 인터넷에서만 좋은 사람이다', '오프라인에서는 쓸모없지만, 온라인에서는 나름 한몫한다', '오프라인에서 나는 완전 실패작이다' 등과 같은 생각을 한다.[103]

자기를 둘러싼 세상에 대한 생각, 즉 세상에 대한 인지 장애는 특별한 이슈나 사건에서부터 글로벌 트렌드에 이르기까지 매우 다양한 차원에서 발동한다. '인터넷 이야말로 내가 존중 받을 수 있는 곳이다', '오프라인에서는 아무도 날 사랑하지 않아', '인터넷은 나의 유일한 친구', '사람들은 오프라인에서 나를 나쁘게 취급해'와 같은 극단적 사고는 인터넷 의존을 강화하고 인터넷의 병리적 사용을 심화한다. 이러한 인지적 장애는 인터넷 접근이 가능한 상황에서 조건이 주어지면 언제든지 자동으로 발화한다. 채팅 방에 들어서자 마자 인지 장애가 일어나는 것이다. 인지 장애는 사용 목적의 유무와 상관없이 모든 병리적 인터넷 사용에 영향을 미친다. 이처럼 자신에 대한 평가를 낮게 하고, 자신에 대한 세상의 평가를 염려하고 두려워하는 부적응적 인지는 인터넷 사용 목적의 유무와 상관없이 병리적 인터넷 사용의 중요한 요인으로 작용한다.

부적응적 인지가 목적이 있거나 없는 병리적 인터넷 사용 모두에 영향을 미치는 데 비해 사회적 고립은 목적 없는 병리적 인터넷 사용의 중요한 요인으로 자리한다. 모델 중간 아래에 제시된 것처럼 사회적으로 고립이 되어 있거나 주변의 지지가 없는 상황은 목적 없는 병리적 인터넷 사용과 매우 긴밀하게 연결되어 있다. 가족이나 친구 혹은 사회로부터 지지가 없을 경우 자연스럽게 아무런 목적 없이 병적으로 인터넷에 다가간다. 특히 모든 일을 미루는 경향(꾸물거림)은 목적 없는 병리적 인터넷 사용을 유지 발전시키는 데 중요한 역할을 한다. 이러한 사람들은 결국 책임을 회피하고, 온라인으로 숨어버린다. 이들에게 인터넷은 생명줄과 같은 역할을 하기 때문이다. 문제는 고립의 공포, 즉 포모 현상은 사회성을 학습하기 시작하는 초등학교 시절부터 시작하여 이후 모든 연령대에서 나타나는 사회적 병리 현상의 하나라는 점이다. 우리 모두의 문제인 셈이다. 또한 모든 것이 연결되는 네트워크 사회이지만 마음을 털어 놓을 수 있는 가까운 지인이 점점 줄어드는 작금의 상황도, 이러한 포모 현상을 강화한다. 주변이나 사회로부터 제외될 수 있다는 막연한 불안감과 외로움은 점점 커지며, 이는 우리들로 하여금 끊임없이 주변을 살피게 하고, 결국 아무런 목적 없이 인터넷에 접근하는 계기를 마련한다.

목적이 있건 없건 인터넷의 병리적 사용은 결국 인터넷 중독으로 이어진다. 위 모델의 맨 오른쪽에 위치한 병리적 인터넷 사용[PIU]의 행동적 징후가 바로 중독 현상이다. 결국 인터넷 중독은 개인의 정신/심리적 특성, 인터넷 사용정도, 각종 서비스의 자극 환경, 세상과 자신에 대한 인지, 사회적 고립의 정도 등 매우 다양한 영향이 어우러진 결과로 추정할 수 있다. 어느 한 요인의 지배적인 영향을 받아 인터넷 중독에 이르지는 않는다. 물론 도박 충동이 있는 사람이 온라인 도박에 쉽게 접근할 수 있는 환경에 놓이게 되면 자연스럽게 인터넷 도박 중독에 걸려든다. 온라인 섹스도 마찬가지다. 이미 기존 연구들에서 이러한 결과는 여러 차례 검증되었다.[104] 그러나 모든 도박이나 섹스 충동 장애가 병리적 인터넷 사용으로 연결되는 것은 아니다. 데이비스 모델에서 제시된 다양한 원거리 및 근접 요인들이 유기적으로 연결되어 결국 병리적 인터넷 사용자가 되는 것이다.

습관에 좀먹히다

우리가 특히 주목해야 할 것은 아무런 목적 없이 인터넷에 습관적으로 접근하는 현상이다. 특별한 목적 없이 인터넷에 접근하여 시간을 보내고, 결국 이러한 행위를 통제하지 못하게 되면서 행위 중독에 이르게 된다. 위의 데이비스 모델에서 보여주듯이 목적 없는 인터넷 사용에 대한 직접적 원인인 사회적 고립과 지지의 정도는 호기심, 회피 그리고 습관 등의 구체적 단계로 설명할 수 있다. 외로움을 극복하기 위해 발동하는 인터넷 서비스에 대한 호기심은 새로운 콘텐츠에 대한 기대감으로 이어지고, 회피의 감정은 불안과 수치심 등 부정적 감정의 해소를 기대하며 생겨난다. 또한 호기심과 회피의 과정이 반복되면 될수록, 이러한 과정은 하나의 습관으로 고착화된다. 결국 외로움, 불안, 수치심 등을 경험하는 사람들은 이러한 경향을 회피하고자 인터넷에 더욱 접근하고 중독에 이른다.[105]

캐플란은 목적 없는 인터넷의 병리적 사용을 측정할 수 있는 척도Generalized Problematic Internet Use Scale를 소개하고 검증했다. 구체적으로 온라인 상호작용, 인터넷을 통한 기분 조절mood regulation, 인터넷 몰두 상태cognitive preoc-cupation, 충동적 인터넷 사용compulsive internet use, 부정적 결과negative outcomes 등의 5요소, 15문항으로 목적 없는 인터넷 병리적 사용 정도를 측정하였다. 연구에서는 검증 결과를 바탕으로 상기의 5요소에 자기 통제 결여deficient self regulation가 첨가된 구조 모형을 만들었다.

병리적 인터넷 사용의 구조모형

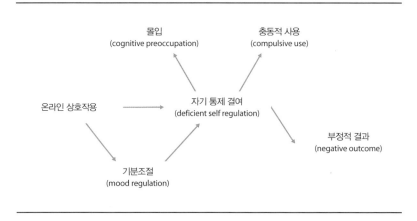

그림에서처럼 온라인 상호작용은 인터넷을 통한 기분 조절과 자기 통제력에 영향을 미치며, 기분 조절도 자기 통제력에 영향을 미치는 것으로 나타났다. 중앙에 위치한 매개 변인으로서 낮은 자기 통제력은 인터넷 몰두 상태, 충동적 인터넷 사용 그리고 다양한 부정적 결과에 영향을 주는 것으로 드러났다. 결론적으로 인터넷을 많이 사용할수록, 기분 조절을 위해 인터넷에 접근하는 정도가 높을수록 자기 통제력은 떨어지며, 이러한 낮은

통제력은 충동적 인터넷 이용과 몰입 그리고 여타의 부정적 결과로 이어진다고 할 수 있다. 앞에서 제시한 데이비스의 모델에서처럼 인터넷 사용 정도와 함께 외로움 등의 감정 해소를 위한 도구로서의 인터넷 이용 등이 충동적 인터넷 사용과 부정적 결과를 낳은 선행요인으로 작용하는 것을 알 수 있다.

목적 없는 인터넷 사용의 사례는 습관적으로 메일을 체크하는 것에서부터 수시로 카톡을 들여다보고, 페이스북 타임라인을 살펴보는 것 등 매우 다양하다. 특히 습관적으로 소셜미디어에 접속하는 행위인 소셜미디어 중독은 목적 없는 병리적 인터넷 사용의 연장선상에서 다루어지지만, 중독의 부작용은 더욱 심각하다. 전세계에 걸쳐 성별이나 계급 혹은 경제 수준의 구분 없이 모든 사람들에게 해당되는 사안이기 때문이다. 물론 연령대에 따라 혹은 특정 유전자로 인해 중독의 가능성이 높아지기도 한다. 예를 들면 중독에 빠지기 쉬운 시기는 성인 초기로 알려져 있다. 이 시기에 감당하기 어려운 온갖 책임이 몰려오기 때문이다. 그래서 집요하게 자신을 괴롭히는 고통을 무디게 만드는 그 무엇을 섭취하고 탐닉하는 법을 학습하게 된다. 반항기 적 청소년기를 무사히 넘기면 어느 정도 회복력을 갖추기 때문에, 10대에 마약을 접하지 않으면 본격적인 성인 시기에는 다른 식으로 문제를 헤쳐 나가는 법을 터득할 가능성이 높다고 한다.[106] 소셜미디어도 다르지 않다.

어린이의 스마트폰 사용도 이러한 논의의 연장선에서 문제가 되고 있다. 친구들과의 대화에 집중하기 위해 어린 아기의 손에 스마트폰을 쥐어

주는 부모의 모습을 자주 볼 수 있다. 이처럼 인터넷에 의존해서 자란 어린이는 일종의 정서적 약시 증상을 보일 수 있다. 약시amblyopia는 고양이가 겪은 상황을 일컫는 의학적 용어이다. 고양이가 어렸을 때 보는 세상이 평생 그 고양이의 뇌가 작동하는 방식을 결정한다고 한다. 한 실험에서 새끼 고양이를 다섯 달 동안 가둬놓고, 하루에 한 번씩 고양이의 절반은 세로 줄, 절반은 가로 줄이 그어진 원통에 넣었다. 모서리가 전혀 없는 환경에서 높낮이와 원근을 전혀 알 수 없는 상황에 놓이게 한 것이다. 이후 새끼 고양이들을 정상적인 방에 풀어주었더니 행동에 많은 제약이 일어나 탁자 모서리에 부딪치고, 쉽게 넘어지는 것을 발견하였다. 공을 던져도 반응이 없고, 가로줄에 갇힌 고양이는 세로줄에 반응을 안 하고, 반대의 상황에서도 같은 결과가 나온다. 이처럼 생후 첫 몇 달 동안 자연스러운 주변 환경에 노출되지 않은 고양이는 그 어떤 것에도 반응할 수 없는 사실상 실명 상태에 이르게 되는 것이다. 고양이의 뇌 속 피질이 완전히 쪼그라들어 초기 발육 장애를 극복하고 정상으로 회복하기가 어려워지기 때문이다.[107]

비슷한 일이 인간에게도 벌어진다. 신경회로가 형성되는 과정에 있는 어린아이들에게 스마트폰이 내보내는 자극의 부작용은 치명적일 수 있다. 2011년 CNN 뉴스에서 처음 언급된 이른바 '팝콘 브레인popcorn brain'의 문제점이다. 밋밋한 일상적 자극에는 반응하지 않고 무감각해져서 자극추구형 뇌로 변한 것을 의미하는 팝콘 브레인은 특히 뇌 신경회로의 잘못된 사용, 잘못된 근육의 발달, 정상적 인지 능력 상실 등으로 이어질 수 있다.[108] 유아들은 수많은 정보 중에서 특정한 것만을 골라 집중한다. 신생아들은 대롱거리는 나무 블록처럼 윤곽이 뚜렷한 대상에 집중하고 움직임에 집착한다. 0~3살 아이들에게 가장 중요한 것은 두뇌 안쪽의 신경세포 핵 덩어리이다. 변연계와 연결되어 감정, 수면, 식욕, 충동 조절과 의사소통 등의 본능을 담당하는 부위다. 문제는 만 3살부터 잘 쓰지 않는 뇌신경회로가 사라지기 시작한다는 점이다. 이른바 가지치기pruning현상이 일어난다. 뇌 가소성 혹은 용불용설의 한 형태라고 할 수 있다. 갓난아기 눈을 몇 달 가려 놓으면 시력에 장애가 생긴다고 한다. 눈으로 들어오는 정보처리 신경회로가 만들어지지 않기 때문이다. 공부하는 뇌는 만 4살 이후부터 서서히 발달한다. 측두엽이 발달하여 효율적 장기기억이 가능해지기 시작하는 것이 바로 이 시기이다.[109]

이런 점을 감안하면 유아에게 스마트폰을 쥐어주는 행위는 인지 기능과 관련된 뇌의 신경회로를 일시적으로 끊어버리는 것과 같은 것이다. 이것이 반복되면 당연히 인지 기능의 저하와 뇌의 발달 저해, 더 나아가서 뇌 손상이 뒤따라온다. 결국 4~5세 무렵부터 시작하는 새로운 언어 습득, 청소년기 성에 대한 감정 발달 등 단계 마다 거치는 학습의 기회를 소셜미디어 자극이 방해하는 것이다. 물론 성인 시기에도 뇌에 대한 소셜미디어의 영향력은 사라지지 않는다. 업무 환경에서부터 데이트 상황에 이르기까지 이러한 부작용은 계속 일어난다. 직접 대면할 기회를 놓치고, 학습할 기회를 얻지 못하면, 사람을 만나고, 응대하고, 사랑하고, 용서하는 기술을 영영 놓치게 된다.

전술한 것처럼 데이비스의 병인론 모델은 증상이 아니라 원인에 초점을 맞춘 것의 의미가 매우 크며, 실제로 많은 연구자들로부터 자주 인용되는 중요한 연구이다. 그러나 이러한 데이비스의 모델 역시 중요한 요인을 몇 가지 놓치고 있다. 하나는 개인적 특성과 유전적 요인이다. 부모로부터 전해받은 개인적 기질이나 특성 등도 중독현상과 관련하여 늘 제기되는 부분이다. 중독이 부모로부터 늘 전해지는 것은 아니지만, 여타의 조건이 형성되면 쉽게 중독에 이를 수 있는 개인들도 존재한다. 이것은 마치 동성애가 후천적 호기심의 발로가 아니라 유전적 특징에서 기인할 수 있다는 과학적 연구 결과와 맥을 같이 한다. 태어날 때부터 중독에 취약한 사람들도 있다. 개인적 특성과 유전적 요인이 고려되어야 하는 이유이다.

두 번째 요인은 사회적 환경의 영향이다. 인터넷 중독은 개인만의 문제가 아니라 사회적 병리라는 점이다. 중독의 연구에 있어 사회적 분위기와 환경의 영향을 고려하지 않는다면 많은 것을 놓치고 있는 것이다. 많은 사람들이 치아 통증을 경험한다. 양치질을 잘 안 해서, 술은 많이 마셔서, 부모님도 치아가 별로 안 좋아서, 혹은 다양한 스트레스도 치주염을 일으키고 치아를 뽑게 만든다. 치료를 통해 치아를 복원하지만, 치아가 그렇게 될 때까지 개인을 몰아간 요인을 고려하지 않으면 곧 또 다시 치과를 찾게 될 것이다.

마지막은 운이다. 모든 현상이 그렇듯이 중독도 운명의 신이 부분적으로 관장한다. 중독의 중요한 원인으로 운명을 이야기하는 학자도 제법 있다. 전쟁과 같은 잘못된 환경, 원치 않는 환경에 놓이는 것도 중독과 관련이 있다. 보통의 개인이 해결할 수 있는 범위를 넘어선다. 암과 비슷하다.

개인의 문제인가 사회적 한계인가

데이비스가 제시한 다양한 근접 혹은 원거리 요인 이외에도 기술 중독에 영향을 미치는 요소가 많은 연구를 통해 발견되고 있다. 전술한 것처럼 유전적 요인도 중독 현상과 관련이 있다. 네안데르탈인은 DRD4-7R라는 유전자를 보유했다고 한다. 이 유전자는 이전 조상들과 구분해주는 행위, 즉 위험을 감수하거나 감각적인 자극을 추구하는 행위를 유발한다. 네안데르탈인 이전의 종족은 겁 많고 위험회피 성향이 높았는데, 이 유전자로 인해 끊임없이 모험을 강행할 수 있었다고 한다. 네안데르탈인이 보유한 유전자의 변형인 DRD4-4R 유전자를 지금도 보유한 사람이 전 인류의 10%에 달한다고 한다. 이들은 네안데르탈인처럼 훨씬 무모하고 중독되기 쉬운 인자를 타고 난 셈이다. 이들은 자극을 추구하는 사람으로서 '스카이다이빙을 하고 싶다', '같은 사람과의 성관계는 지루하다', '유행하는 제품을 반드시 확인한다'라는 질문에 '예' 라고 대답하는 경향이 높다.[110] 호기심이 왕성하고, 지루한 일상을 견디지 못하는 사람들이다. 자극이 필요한 상황을 항상 갈구하는 것이다. 당연히 이러한 기질을 지닌 사람들은 다양한 자극에 쉽게 노출되며, 중독 상황에 쉽게 이르게 된다. 인터넷 중독도 예외는 아니다.

행위 중독의 일종인 인터넷 중독은 개인의 성격과도 관련이 있는 것으로 나타난다. 데이비스의 모델에서 원거리 요인으로 상정된 개인적 정신질환과도 연관성이 있지만, 여기서 개인의 성격은 반드시 부정적인 특성을 의미하는 것은 아니다. 개인의 성격을 측정하는 대표적인 척도인 오션OCEAN 지표를 활용하여 개인의 성격과 인터넷 중독과의 관계를 살펴본 후세인과

폰테스의 연구를 살펴보자.

기존의 오션 지표는 디그만Digman이 1990년에 개발한 개인의 성격 구조personality structure를 설명하는 척도로서, 개방성openness, 성실성conscientious-ness, 외향성extraversion, 친화성agreeable, 신경증neuroticism 등으로 구성된다.[111] 마지막 요소인 신경증은 내적인 심리적 갈등이 있거나 외부에서 오는 스트레스를 처리하는 과정에서 무리가 생겨 심리적 긴장이나 증상이 일어나는 인격 변화를 의미한다.[112] 후세인과 폰테스의 연구에서는 기존 오션 지표에서 외향성을 외향성과 내향성으로 구분하고, 나르시시즘을 추가하였다. 연구에 사용된 구체적인 변인은 외향성, 내향성, 신경증, 성실성, 개방성, 나르시시즘 등이다. 연구 결과 개인의 성격은 결국 충동성impulsivity, 자극 추구sensation seeking, 신경증/불안neuroticism/anxiety 및 공격성-적대감aggression-hostility 등 다양한 성격 장애personality disorders를 가져오고, 결국 인터넷 중독의 중요한 변인으로 작용하는 것이 드러났다.[113] 이러한 기질은 앞서 소개한 데이비스 병인론 모델의 원거리 요인인 우울증depression, 사회불안 장애social anxiety, 그리고 물질 의존성substance dependence과 같은 정신 질환의 기저 요인으로 작용할 수 있다. 개인적 기질로 인해 우울증이나 불안 장애 혹은 약물이나 인터넷 의존성이 높아질 수 있고, 이것이 다시 인터넷 중독으로 이어지는 것이다.

케이건 커캐버런Kagan Kircaburun과 마크 그리피스Mark Griffiths는 인스타그램 중독 연구를 위해 기존 오션지표에 자기애/자신감the self-liking/self-competence을 추가하였다. 752명의 대학생들을 대상으로 자기 기록 서베이self-report survey, 인스타그램 중독 척도instagram addiction scale, 빅 파이브 지표BFI; the big five inventory▼ 및 자기애 척도the self-liking scale에 응답을 하도록 하였다. 연구 결과에 따르면 친화성, 성실성, 개방성 및 자기애는 인스타그램 중독과 부적인 상관관계를 보이는 것으로 나타났다. 즉 사람들과 친화력이 높고, 성실하고, 개방적인 사람은 자기애가 높고, 자기애가 높은 사람은 인스타그램 중독 상황에 쉽게 다다르지 않는다. 그러나 신경증과 같은 성격적 특성은 자기애 형성에 부정적 영향을 미쳐 결국 인스타그램 중독으로 이어진다. 한편 일상적 인터넷의 과도한 이용은 자기애의 유무와 상관없이 인스타그램 중독에 지대한 영향을 미치는 것으로 나타난다.[114]

▼ 명칭은 다르나 오션(OCEAN) 지표와 동일한 요소로 구성됨.

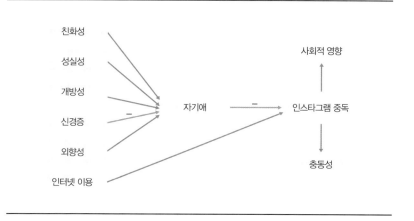

인스타그램 이용과 개인의 특성 관계: 자기애의 매개 역할을 중심으로

커캐버런과 그리피스는 이러한 개인적 특성의 영향을 부정적 기질에 초점을 맞추어 추가 연구를 진행하였다. 아래의 그림처럼 인간 내면의 어두운 심성(나르시시즘, 사디즘, 마키아벨리즘, 악의성)이 병리적 인터넷 이용에 어떤 영향을 미치는지를 검증하였다.

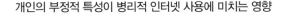

개인의 부정적 특성이 병리적 인터넷 사용에 미치는 영향

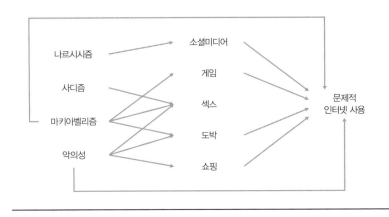

연구 결과, 나르시시즘, 사디즘, 마키아벨리즘, 악의성 등 모든 부정적 기질은 소셜미디어 이용, 섹스, 도박, 게임, 쇼핑 등의 중개 변인에 영향을 미치고, 이들 중개 변인들은 결국 병리적 인터넷 이용에 영향을 주는 것으로 나타났다.[115] 구체적으로 살펴보면, 우선 나르시시즘은 소셜미디어 이용에 영향을 주고, 결국 병리적 인터넷 사용으로 귀결된다. 나르시시즘 경향이 높을수록 소셜미디어를 많이 이용한다는 것은 피어슨과 후세인 혹은 에크시의 연구에서도 나오는 결과이다.[116] 한편 사디즘은 섹스에 영향을 주고,

목적을 위해 수단과 방법을 가리는 않는 품성을 의미하는 마키아벨리즘은 게임, 섹스, 도박에 영향을 주며, 게임과 도박은 결국 병리적 인터넷 사용에 영향을 주는 것으로 나타난다. 악의성은 섹스, 도박, 쇼핑에 영향을 주는 것으로 나타나고, 이중 도박과 쇼핑은 병리적 인터넷 사용에 영향을 주는 것으로 드러났다. 또한 마키아벨리즘과 악의성은 병리적 인터넷 사용에 직접적인 영향도 미치는 것으로 나타난다.

종합하면 부정적인 인간의 심성은 게임, 섹스, 도박, 쇼핑과 소셜미디어를 중개변인으로 하여 궁극적으로 병리적 인터넷 사용의 초기 원인으로 작용한다는 것을 알 수 있다. 연구자 자신이 세운 이론을 통해 가설을 검증한 이러한 모델은 신자유주의 시대의 다양한 소비자들의 악행들이 포함되어있고, 소셜미디어 이용이 쇼핑이나 섹스 남용 혹은 도박과 동급으로 취급되어 다양한 인간의 어두운 심성과 인터넷 중독의 사슬에서 중요한 역할을 하는 것을 보여준다.

개인의 특성만이 중독을 일으키는 것은 물론 아니다. 사회/문화적 환경도 인터넷 중독의 중요한 변인으로 작용한다. 중독 사회에서 개인은 중독된다. 많은 연구에서 개인이 지닌 정신질환이나 특정 성격과 인터넷의 병리적 사용과의 관계는 매우 밀접한 것으로 나타나고 있지만, 개인의 특성에 문제가 없다고 해서 기술 중독이 일어나지 않는 것은 아니다. 개인의 특성은 기술 중독을 설명할 수 있는 요인의 하나이지만, 모든 기술 중독을 설명할 수는 없다. 전술한 것처럼 수많은 지표에서 기술 중독은 매우 일반적인 사회적 현상으로 자리 잡아가고 있기 때문이다. 인구의 30~40% 혹은 그 이상이 어떤 질병을 앓는다면 그것은 개인의 질병이 아니라 환경의 문제이자 사회의 문제이다. 기술 중독 역시 개인이 처한 질병 문제로만 접근할 것이 아니라 사회적 병리로 인식해야 한다.

중독은 물질이나 행위 자체에서만 기인하는 것이 아니라, 심리적인 문제를 해결할 수단으로 약물이나 특정 행위를 체험하고 학습할 때 시작된다. 불안하고 우울할 때 음식이나 술 혹은 약물이 고통을 덜어주듯이, 외로울 때 소셜미디어에서 유사 게임에 의지하는 법을 학습하고 새로운 친구를 사귈 수 있는 몰입이 중독을 유발하는 것이다. 중독 전문 작가 살라비츠는 '중독은 뇌를 파괴하거나 강탈하거나 손상시키는 문제가 아니다. 사람들은 행위에, 심지어 사랑 체험에도 중독될 수 있다. 실제로 중독이란 사람과 체험 사이의 관계에 대한 문제'라고 주장한다.[117] 행위 자체가 문제가 아니라, 심리적 문제를 해소하는 데 그 체험이 효과가 있다는 사실을 학습하면서 중독이 된다. 결국 기술 중독은 행위 자체만이 아니라, 그러한 체험을 학습하는 문화가 만연되어 있는 사회의 분위기에서 배태된다.

신자유주의 문화에 둘러싸인 황폐한 세계를 살아가는 데 유용한 심리적 대응 기제로서 소셜미디어에서 제공하는 다양한 기술과 서비스는 쉽게 선택되고, 중독으로 이어진다. 사실 기술 중독은 이러한 환경에 적응한 자연스러운 현상이기도 하다. 스크린 속 세상이 더 좋을 것이라는 왜곡과 착각 속에서 스마트폰 속의 현란한 세계를 언젠가는 이용자 자신도 도달할 수 있는 유토피아로 착각하면서, 중독 시스템은 무리 없이 가동되는 것이다. 이미 중독된 사람이나 일정한 중독 시스템 안에서 움직이는 사람은 대체로 다양한 중독을 동시에 지니고 있다. 바로 이러한 다양한 중독들이 한 개인을 '중독 시스템'이라는 덫에 가둔다. 중독 시스템은 중독의 과정에서 빠져나올 수 없게 중독 행위를 부르는 환경이다.

조금 과장해서 이야기하면 현대자본주의 사회 시스템이 중독 시스템이다. 중독 시스템도 중독 행위자들과 마찬가지 방식으로 작동한다. 현대 사회의 위정자들이 알코올이나 마약 중독에 빠져 들었다는 것이 아니라, 전반적인 시스템이 알코올 중독자처럼 혼란스런 사고방식, 부정직성, 경쟁과 탐욕, 자아 중심주의 그리고 마음 깊은 곳에 자리하는 권위와 통제 욕망 등의 요소들을 그대로 갖고 있다는 점에서 문제의 심각성이 나타난다.[118] 물론 국회의원이나 장관 등 입법 행정 엘리트 집단의 심성과 도덕성 또한 문제이긴 하다. 전술한 커캐버런과 그리피스의 연구에서 등장하는 마키아벨리즘이나 악의성과 같은 인간의 어두운 심성들은 알코올 중독자가 지닌 자아 중심성, 이기심, 권위의 분출 혹은 통제 욕망과 궤를 같이 한다. 인간의 어두운 심성을 누구 못지않게 지닌 엘리트 집단의 자질은 다양한 상황과 장소에서 표출되는 추태 속에서 극명히 드러난다. 이들의 이러한 자질은 사회를 하나의 중독 시스템으로 몰고 가는 데 있어 중요한 축을 담당한다.

『중독사회When Society Becomes an Addict』의 저자 앤 윌슨 섀프Anne Wilson Schaef는 백인 남성 위주 사회에서의 중독 현상에 대해 의미 있는 메시지를 던진다. 중독은 개인의 문제가 아니라 시스템의 문제라는 것이다. 중독 시스템의 그물에 걸려드는 사람은 당연히 개인적 특성과 환경의 영향을 받기 마련이지만, 모든 중독자가 다른 사람보다 의지가 약해서 중독에 빠지는 것이 아니다. 도덕적으로 타락해서도 아니다. 전부는 아니지만 많은 중독자가 운이 나빠서 중독에 빠질 수 있다. 상황적 맥락, 예를 들면 장소는 예전보다 훨씬 더 강력한 중독 요인으로 작용하기도 한다. 환경 역시 마찬가지다. 베트남 전쟁 당시 군인들은 마약 중독될 가능성이 매우 높은 것으로 나타난 데에는 전쟁이라는 특수한 환경적 요인이 작용한 것이다. 전술한 것처럼 폭력, 테러 혹은 전쟁과 같은 환경에서 우리는 극심한 스트레스를 잊기 위해 자극을 찾아 나서게 된다. 물론 마약은 제1의 자극이고, 마약 이외에도 다양한 자극을 찾아 나서게 된다. 소셜미디어도 자극의 기제로서 손색이 없다. 이처럼 개인을 둘러싼 다양한 내외적 요인이 복잡하게 연결되어 중독 현상이 나타난다.

이러한 사회문화적 환경은 정신적 황폐화를 낳고, 결국 사람과의 관계에 대한 의미가 실종되고, 더 나아가 인간과 자연의 관계에 대한 성찰은 사라지고, 다양한 기제에 복속하고 종속되는 테크노폴리의 전형을 보여준다. 이른바 드라이 드렁크dry drunk는 이러한 시스템에서 작동한다. 드라이 드렁크는 술을 끊었지만 알코올 중독자가 지닌 특성과 행동, 태도 따위를 그대로 드러내는 사람을 일컫는다.[119] 이들의 사고방식은 아직도 술을 못 끊은 사람의 그것과 같다. 부정직함, 조작, 통제, 혼란스러움, 자아중심 등의 중독 과정의 테두리에 갇혀 있다면 개개인은 비록 알코올이나 약물 등에 직접 중독되지는 않지만 드라이 드렁크 상태에 있다고 할 수 있다. 드라이 드렁크는 개인에게서만 나타나는 것이 아니라, 통제 욕망, 부정직함, 의존성, 자기 중심성 등 중독 시스템의 과정을 고스란히 보여주는 현재의 교육이나 정치 시스템에서도 존재한다.[120] 이러한 드라이 드렁크 상황은 물론 개인으로 하여금 건전한 사고와 행동의 가능성을 낮추고, 주변 환경의 잘못된 문화와 가치를 따라갈 수밖에 없는 분위기를 조성한다.

이런 맥락에서 서로 관계 맺고 의존하는 체계로서의 규범과 문화 역시 중독 행위를 떠받치는 중요한 요소로 등장하기 마련이다. 중독을 위한 규범과 문화는 물론 다양한 기술적 장치, 특히 커뮤니케이션 기제를 통해서 형성된다. 이러한 기술적 장치들에 대한 사회 속의 부작용을 헉슬리, 오웰, 포스트만에 이르기까지 많은 이가 지적하였다. 포스트만의 TV에 의한 공공 담론, 저널리즘, 교육 등에 있어서의 부정적 변화에 대한 비판은 소셜 미디어의 환경에서도 그대로 적용된다. 모든 문화가 기술에 종속되는 환경인 테크노폴리Technopoly의 완성은 소셜미디어로 대표되는 다양한 커뮤니케이션 서비스와 상품들로 인해 더욱 빨리 다가오고 있다. 새로운 커뮤니케이션 기술과 서비스의 탄생 주기는 더욱 빨라져 소비자는 그에 맞춰 새 상품을 구입하려는 강박 관념에 사로잡히고, 일단 새 상품이 갖춰지면 또 다시 중독의 사이클은 시작된다. 이러한 문화는 교육 시스템을 비롯해서 사회 전반에 걸쳐 하나의 트렌드로 자리를 잡아 가고 있다. 실제로 사회화 과정을 배우고, 비판 의식을 키우고, 시민으로 양성되는 것을 목표로 하는 교육 시스템조차도 그 고유의 목적과 달리 테크노폴리의 하부구조로서의 역할을 톡톡히 수행해내고 있다.

이에 대한 비판은 물론 많이 제기되어 왔지만 골목 속 작은 외침에 그치고 있다. 거대 기업, 교육 시스템과 정부, 그리고 학부모의 그릇된 인식이 결합하여 기술 중독 시스템을 근간으로 하는 이른바 교육과 산업 연계 시스템이 탄생하고 유지되고 있다.[121] 2차 세계 대전 이후 미국 산업의 핵심이었던 군사 산업의 연계 시스템이 교육 산업 연계 시스템으로 이어지는 것이다.

능력주의 안에 사람은 있는가?

교육과 산업 연계 시스템에서의 핵심은 능력주의이다. 능력주의는 마이클 영Michael Young이 1958년에 발표한 풍자 소설『능력주의The Rise of the Meri-tocracy』에서 처음 소개되었다. 2034년대를 기점으로 역사를 되짚어가며 논문 형식으로 기술한 능력주의는『1984』나『멋진 신세계』와 마찬가지로 암울한 미래 사회의 모습을 그리고 있다.『능력주의』의 주인공은 영국 사회의 엘리트 집단이다. 소설 속 이들은 5세 때부터 거의 평생 IQ 테스트를 받아가면서 이른바 능력에 의해 엘리트 대열에 합류한 부류이다. 구체제의 지배자였던 귀족을 대체하는 신흥세력으로 능력과 노력을 겸비한 사람들이다. 베일에 가려진『1984』의 '빅브라더'보다 투명하게 모든 것을 독점한 상태에서 자신들만의 시스템을 구축하고 이어간다는 점에서『멋진 신세계』의 '알파' 계급과 유사하다.

> "문명은 둔감한 대중, 곧 일반적 감각을 지닌 남자에게 의존하지 않고, 창조적 소수, 곧 한 번의 손놀림으로 1만 명의 노동을 절감할 수 있는 혁신가, 경이의 눈으로 바라볼 수밖에 없는 총명한 소소, 돌연변이를 생물학적 사실만이 아니라 사회적 사실로 만들기도 한 끊임없이 활동하는 엘리트들에 의존한다. 과학자와 기술자, 예술가와 교사의 대열이 늘어나며, 엘리트들의 교육은 유전적으로 높은 자기들의 운명에 맞게 형성되고, 엘

리트들의 권력은 영원히 커지고 있다. 진보는 엘리트의 승리이며, 현대 세계는 엘리트들의 금자탑이다."[122]

마이클 영은 엘리트의 부상은 교육과 능력에서 비롯되고, 이런 사회에서 막대한 교육비용을 마련할 기회가 없는 중산층이나 하층계급은 쇠퇴할 수밖에 없어 사회는 극한 위기를 겪게 된다고 이야기한다. 이러한 마이클 영의 소설이 불평등이 점차 심화되고 있는 2020년대에 와서 능력주의meri-tocracy의 개념과 함께 재조명되고 있다. 능력주의는 개인의 장점merit을 연공 서열이나 귀족과 같은 세습 권력에 우선하는 진보와 발전의 핵심 요소로서 인정하는 체제이다. 능력주의는 구체제를 대체하는 새로운 권력의 탄생을 예고하는 선언이었다. 능력주의의 핵심은 교육을 통해 엘리트를 형성하고, 이들 엘리트가 졸업 후 다양한 분야에서 선도적 지위를 누리면서 사회를 이끌어가는 시스템의 형성이다. 이들은 많은 노력을 해야 했고, 일정 수준 이상의 이른바 지적 능력을 갖춰야 했다. 이런 점에서 능력주의의 엘리트는 세습에 의해 권력을 이어받고 노동의 수고를 거의 하지 않는 과거의 귀족과는 차별성을 지닌다. 이러한 도덕적/윤리적 우월성은 우리가 능력주의를 부담 없이 받아들일 수 있는 계기를 마련하였다.

대니얼 마코비츠Daniel Markovits는 『엘리트 세습The Meritocracy Trap』에서 이러한 능력주의가 교육 현장에 어떻게 도입되었는지를 자신이 졸업하고 교수직을 유지하고 있는 미국 예일 대학의 사례를 들어 설명한다. 예일 대학은 하버드 대학과 함께 미국 대학의 최정상에 위치한 엘리트 교육기관으로서 수많은 법조인, 과학자, 정치인 등 사회 속 엘리트들을 배출한다. 예일은 하버드처럼 교회 선교를 위한 지도자를 양성하는 대학에서 시작하였다. 이후 2세기에 걸쳐 예일대학은 여타의 아이비리그 대학처럼 모든 분야의 지도자를 양성하는 대표적인 교육 기관으로 성장하였지만, 지금처럼 지원자의 10% 미만이 입학하는 곳은 아니었다. 이러한 예일이 1960년대에 들어서면서 이른바 능력주의에 힘입어, 개인의 능력과 자질만을 위주로 신입생을 선발하기 시작하였고, 이같은 분위기는 아이비리그를 포함한 이른바 상위권 대학의 입학 기준으로 자리 잡게 된다.[123]

능력주의에 따른 신입생 선발은 1940년대 하버드 대학 총장이었던 제임스 코넌트의 장학 프로그램에서 처음 시작되었다. 세습적 엘리트 체제를 뒤집고 능력에 따라 학생을 선발하기 위해 미국 중서부 공립 고등학교 졸업생을 대상으로 하버드 장학금 제도를 마련하여 지원하도록 한 것이다.[124] 배경이 아닌 개인의 순수한 능력에 따라 학생을 선발하기 위해 당시 개발한 시험 제도가 바로 수학능력평가 시험인 SAT이다.

그러나 코넌트의 하버드 장학금 제도는 매우 제한적인 범위에서 이루어졌고, 전면적인 입시제도의 개편은 예일 대학에서 일어났다. 마치 귀족 작위를 세습하듯이 아버지가 예일을 다녔으면, 혹은 기부를 하였으면 자식들도 우선 입학 고려의 대상이 되는 기존의 입학 시스템을 예일이 지워버린 것이다. 당시 예일대 총장인 킹먼 브루스터의 지시에 따라 1965년 새로 부임한 입학처장은 입학처를 새롭게 구성하고 능력에 따른 입학 전형을 도입하였다. 물론 이러한 과격한 입학 기준의 변경은 대학 이사회의 반발을 불러일으켰지만, 능력이 있고, 노력하는 학생이 대학에 들어와야 한다는 누구도 반대할 수 없는 주장과 명분을 총장과 입학처장은 관철하였다. 덕분에 명문 사립 고등학교를 졸업한 학생이 50% 이상 입학하는 하버드나 프린스턴과는 달리 예일은 18%만을 당해 연도에 입학시켰다. 즉각적인 결과로 나타난 것은 동문 자녀나 기부자 자녀 입학 비율이 급격히 낮아짐과 동시에 능력위주의 전형을 통과한 학생들의 학업 성적은 최고를 향했다. 능력주의라는 새로운 입시 제도의 출발점인 1970년 졸업생은 예일 역사상 최고의 학업 능력을 보유한 것으로 기록된다.[125]

이 같은 예일의 입학 전형 방식은 곧 아이비리그 대학을 포함한 모든 상위권 대학의 일반적인 방식으로 자리 잡게 된다. 물론 아직도 동문이나 기부자 혹은 체육이나 예술 특기자에 대한 우대 정책은 유효하지만 기본적 골격인 능력주의 정책을 훼손할 수준에는 미치지 못한다. 부모덕에 좋은 대학에 가는 불공정을 없애는 것은 당시는 물론, 지금도 여전히 유효한 주장이다. 문제는 선의로 시작한 일의 결과가 늘 긍정적인 것은 아니라는 점이다. 대학 입학에서의 능력주의는 곧 직업 선택에서의 능력으로 이어지고, 삶의 전반에 걸쳐 능력주의가 시대정신이자 도그마로서 자리잡는다. 능력주의가 대학 입학 단계만이 아니라 유치원부터 대학원에 이르는 교육의 전 과정에 도입되면서, 전면적인 경쟁의 분위기가 조성되었다. 무엇을 얼마나 배웠느냐가 중요한 것이 아니라, 남들보다 내가 얼마나 더 좋은 엘리트 교육 기관에서 더 좋은 성적을 얻었는지가 중요한 잣대가 된 것이다.

경쟁의 분위기는 수치에 의한 계량적 평가 방법의 도입으로 한층 더 달아오르게 되었다. 모든 현상을 수치화함으로써 단순, 계량화할 수 있게 되었고, 이는 곧 평가 대상을 쉽게 비교할 수 있는 계기를 마련하였다. 물론 수치화에 따른 적지 않은 왜곡도 일어난다. 수치화의 대표격으로 우리에게 익숙한 평균은 여러모로 많은 장점을 지닌 척도이다. 집단의 성격을 한 눈에 파악할 수 있으며 집단들을 쉽게 비교할 수 있다. 이처럼 평균에 기반한 통계분포는 현대 사회의 특징과 모습을 한 눈에 파악할 수 있는 중요한 자료이기도 하다. 그러나 이러한 통계는 개개인의 능력 정도를 단순 비교하는 데도 충실한 역할을 한다. IQ, 수능, SAT 등 능력과 관련된 모든 수치는 자동으로 계산되어 서열이 매겨지고, 모든 개인은 다른 개인들과 비교된다. 경쟁은 이러한 환경의 부산물로서 자연스레 삶의 가장 중요한 가치가 되고, 각종 점수로 도배된 능력주의가 시대정신으로 탄생하는 것이다.

현대판 능력주의 결정판은 2008년 경제위기 당시 대표적인 부도덕 기업으로 몰락한 엘론의 이른바 랭크 앤 양크rank and yank 시스템이다. 엔론에서는 매년 종업원을 수치로 평가하여 하위 10%는 해고하는 식으로 모든 종업원을 능력주의 함정으로 몰아갔다. 당연히 직원들은 수치 조작을 통해 상대방보다 나은 점수를 얻으려 했고, 기업의 모든 경영 수치도 대부분 거짓으로 드러났다. 문제는 엔론의 경우가 예외적인 상황이 아니라는 점이다. 정도를 달리할 뿐 대부분의 기업이 능력주의의 함정에서 벗어나지 못하고 있다. 등급을 매겨 내쫓는 것을 의미하는 랭크 앤 양크는 현대 기업의 중요한 경영 모델로 자리 잡고 있다. 아마존 등 유수의 기업에서 매년 하위 10%는 늘 해고의 대상이다.

앞서 이야기한 것처럼 사회 전반적인 시스템에 내재되어 있는 알코올 중독자와 같은 혼란스런 사고방식, 부정직성, 자아 중심주의, 의존성 그리고 수치를 통한 통제의 전형적인 모습은 현대의 교육 시스템에서도 쉽게 찾을 수 있다. 초등학교부터 시작되는 경쟁 환경 속에서 수치로 무장한 능력주의는 개인의 처지를 한계 상황으로 몰아간다. 이러한 교육 시스템에서의 능력주의는 졸업 후 직장에서도 변함없이 나타난다. 교육 능력주의에 힘입어 최고의 대학과 대학원을 졸업했어도 경쟁은 사라지지 않는다. 승진을 위해, 더 많은 보너스를 위해, 대형 로펌의 파트너가 되기 위해 또 다른 경쟁을 시작한다. 워커홀릭이라는 현상은 직장인 전반에 해당되는 내용이지만, 워커홀릭의 정점은 엘리트 집단에서 나타난다. 상위 1% 내에서, 상위 0.1% 내에서 또한 상위 0.01% 집단 내에서도 경쟁은 사라지지 않는다.

전문의, 로펌의 파트너 변호사, 혹은 금융이나 경영 계통의 고위 임원들이 살인적인 근무 시간을 유지하는 것은 어제 오늘의 일이 아니다. 경쟁적 환경에서 이러한 노력과 능력이 없으면 현재 누리고 있는 엘리트 지위를 유지할 수 없기 때문이다. 태어나자마자 경쟁에 돌입해서 노인이 되어야만 한 숨을 돌릴 수 있는 것이 이들 엘리트 집단의 운명이다. 절대로 편안하고 안락한 삶을 유지하는 것이 아닌 것이다. 능력주의의 문제 중 하나는 능력주의를 통해 성공한 엘리트가 탄생하지만 그들도 행복하지는 않다는 점이다. 모두가 불행한 사회가 탄생한다.

한편 능력주의와 그에 따른 결과로 나타나는 불평등은 앞서 이야기한 병인론에서의 환경적 원인을 설명하는 중요한 요소이기도 하다. 기술의 발전은 인류를 기아로부터 구했고, 평균적인 삶의 질을 높였지만, 그런 대가로 환경이 파괴되었다. 그러나 환경 파괴의 대가는 모두가 치르지만, 그에 따른 이익은 소수가 독점하는 불평등 사회로 거듭나는 계기 역시 기술의 진보가 마련한다. 중세 문명의 꽃을 피웠던 르네상스 때에도 변화와 혁신의 과실은 소수 일부만이 가져갔다. 15세기부터 시작한 인쇄 혁명을 비롯한 다양한 과학 기술의 발전과 진보로 아이디어의 다양성과 이동, 교육 기회의 확대와 영양 개선, 창조에 따른 인센티브 확대 등이 이루어졌고, 이는 곧 중세 유럽이 르네상스를 맞이할 수 있는 계기를 마련하였다.[126] 그러나 이러한 문명 발전의 이익이 모두에게 골고루 나눠진 것은 아니었다. 역사 속에서 늘 벌어지는 발전 이익의 불평등한 배분이 네트워크 사회에서도 어김없이 일어나는 것이다.

영국 리처드 윌킨슨의 연구에 따르면 동일 국가 내에서의 소득 격차는 구성원들의 스트레스를 높이는 중요한 요인으로 작용한다.[127] 그리고 스트레스는 곧 건강 악화로 이어진다. 소득 격차가 건강 격차로 이어지는 현상은 히스패닉 역설hispanic paradox에서도 잘 나타난다. 히스패닉은 가난하지만 행복하다. 가난하지만 공동체를 유지하면서 소속감을 통해 만족하고 행복할 수 있는 것이다. 부유해도 친구가, 동창이, 이웃이 더 부유하면 우울해진다. 절대적 빈곤이 아니라 상대적 빈곤이 우리를 힘들게 한다. 소득의 절대적 그리고 상대적 격차 심화는 모든 건강 지표에 영향을 주고, 그 결과로서 나타나는 것이 정신 건강이 무너지는 것이다. 현대 사회에서 건강 악화의 주원인은 유년기, 공포 및 근심, 사회관계의 질, 삶의 통제력, 사회적 지위 등을 꼽을 수 있는데, 이러한 요인들에서 나타나는 부정적 영향의 핵심은 스트레스이다. 능력주의 시대에서의 경쟁과 평가는 우리 모두의 스트레스의 근원으로 작용한다.

능력주의는 1980년대 들어서 레이건과 대처로 대표되는 신자유주의 사상의 도입에 힘입어 고유의 속성을 더욱 강화한다. 개인, 조직과 집단, 그리고 국가 간의 경쟁은 20세기 말을 대표하는 하나의 이데올로기로 성장한다. 이러한 환경 하에서는 모든 것이 경쟁의 대상으로 환원되어, 서로 간의 투쟁이 일상화되면서 전쟁에서 패배한 대다수의 개인은 수치심을 느끼며 내면에 깊은 상처를 입게 된다. 파울 페르하에허Paul Verhaeghe는 신자유주의 사상이 개인의 정체성 형성과 유지에 어떠한 영향을 미쳤는지를 파고들었다. 경쟁, 성과, 수치/통계 숭배 등으로 나타나는 능력 제일주의의 환경 속에서 개인은 쪼그라들고, 파편화되면서 불안해진다.[128] 수치 위주로 비교와 평가가 쉽게 이루어짐에 따라 열등해진 대다수의 개인은 무능하고, 게으른 사람으로 국가가 보살필 필요가 없는 사람으로 탄생한다. '사회 같은 것은 없다there is no such thing as society'라는 대처의 이야기가 현실이 된 지금, 사회 안전망의 붕괴는 개인 정체성의 혼란을 가져왔고, 이러한 불안정한 상태를 유동성liquidity이라는 개념으로 지그문트 바우만Zygmunt Bauman은 설명했다. 『액체 세대liquid generation』, 『액체 근대liquid modernity』 등으로 널리 알려진 바우만은 산업시대의 그림자로 개인들이 갈가리 흩어지는 파편화, 개인화, 개체화 과정 속에서 각각의 개인이 알아서 자신의 생존을 모색할 수밖에 없는 그야말로 각자 도생의 상황을 가변적이고 유동적인 액체로 비유했다.

신자유주의 논리는 우리에게 집단보다 개인을 우선시하는 사회에서 살아가는 삶이 최고라는 지침을 주입한다. 이른바 '소확행'도 따지고 보면 자기만의 세계를 구축하려는 신자유주의적 발상에 기댄 개인들의 처절한 몸부림이다. 미국의 경우 2008년이 근래 들어서 최고의 군 입대율을 기록

하며 충원 목표를 초과 달성한 해이자 역사상 최고로 일자리가 부족했던 해라는 것은 결코 우연이 아니다. 일자리가 없는 불투명한, 불확실한 미래에 대한 보호막이 젊은이들에게 필요했던 것이다. 9급 공무원 시험에 대학 졸업생들이 몰리는 것과 같은 현상이다. 신자유주의에서의 경쟁은 개인화를 촉진하여 연대감은 상실되고 공동체는 사라진다. 대처의 이야기대로 사회는 없고 개인만 존재할 뿐이다. 이러한 신자유주의의 사상은 개인의 감정에도 영향을 미친다. 경제와 감정이 한 몸으로 엮이는 것이다.

이제 우리 모두가 경쟁 속에서 홀로 선 인간이다, 자신과 타인을 구별하고 경계한다. 이러한 환경에서는 타인, 타 인종, 타 계급에 대한 경계와 함께 누구에게 의지할 수 없고 오로지 자신만이 있다는 각자도생의 밈이 물결을 타고 퍼져 나간다. 마크 필롱이 이야기한 자아/자기 군사화이다.[129] 조직이나 기업은 인적, 물적 자원을 바탕으로 개발한 각종 기술과 서비스로 경쟁자를 물리치고 자신의 영역을 넓혀 간다. 질병의 미개척지를 끊임없이 전진하며 신약을 개발하는 제약회사도 자기 군사화 주체의 하나이고, 능력주의로 무장한 엘리트도 자기 군사화가 잘 이루어진 사례이다. 물론 모든 개인도 스펙 쌓기를 통해 자기 군사화에 열중한다. 자기 군사화의 문제는 경쟁이 극심하고 미래가 불확실한 상황에서 자신의 울타리 바깥에 있는 개인이나 조직은 모두 경쟁의 방해자로서 적으로 인식한다는 점이다. 당연히 이념이나 가치를 달리하는 개인이나 집단 모두가 적이 된다. 이러한 개인적인 처신과 행동은 결국 정치적인 의미로 발전한다. 브렉시트로 갈라진 영국, 트럼프로 쪼개진 미국, EU에서의 극우 부상 등 오늘날 세계 곳곳에서 벌어지는 불협화음의 근저에는 신자유주의로 인한 개개인의 자기군사화가 자리하고 있다. 물론 우리나라도 예외는 아니다.

좋건 싫건 제도와 규칙이 정해진 근대와는 달리 유동적 시대에서 파편화된 개인들은 다양한 상황에 맞는 규칙과 틀을 각자가 적용하면서 적자생존을 해나갈 수밖에 없다. 개인이 혼자 리스크를 감내하는 사회에서는 연대가 이루어질 수 없다. 공동체에 대한 투자와 관심 또한 사라진다. 당연히 대부분의 사람들은 안전한 선택지를 고르고, 인터넷은 안전한 의사(擬似, pseudo) 공동체의 역할을 한다. 자신의 삶을 자신이 통제할 수 없다는 불안감은 우리를 더욱 의사공동체로 몰아넣는다. 고립되었지만 연결은 원하는 것이 우리의 인간이다. 앞의 캐플런의 연구에서도 나타난 것처럼 통제력이 낮아지면 무엇인가 기댈 것을 찾는 것이 인간의 심리이고, 소셜미디어는 그러한 기대를 저버리지 않는다.

이처럼 불확실성 시대를 살아가야 하는 개인들에게 소셜미디어는 매우 가변적인 규칙과 규범 그리고 의례를 제공하는 기제로서, 또한 유동성을 강화하는 기제로서 작용한다. 어딘가에 속하고자 하는 열망은 크지만 실천 가능성은 희박하고, 자신의 정체성을 지키고자 하지만 속절없이 무너지는 자존감으로 인해 끊임없는 방황하고, 실망하고, 새로운 것을 찾아 나서려고 한다. 이러한 상황에서 공동체의 유대감과 개인의 정체성을 지키는 방법이 바로 소셜미디어에서 자기 표현을 하면서 자기 확인을 하는 것이다. 무언가에 머물러 있지 않고 끊임없이 새로운 최근의 유행을 찾아서 나 자신을 설득하고 내세우려 노력한다. 끊임없이 소비하고 끊임없이 업데이트를 하면서 유동적 소비 사회의 일원이자 테크노폴리의 충실한 종복이 되어 가는 것이다.

중독의 늪: 일상에 스며든 함정들

"중독자는 다른 사람보다 의지가 약해서 중독에 빠지는 것이 아니다. 도덕적으로 타락해서도 아니다. 전부는 아니지만 많은 중독자가 운이 나빠서 중독에 빠진다."

『멈추지 못하는 사람들』

자꾸만 손이 가는 유혹, 소셜 스낵킹과 퍼빙

스낵을 시도 때도 없이 먹는다. 짭짤한 스낵은 중독성이 강해 과자 봉지를 한 번 열면 멈출 수가 없다. 늘 건강을 염려를 하고 살고 있지만, 봉지를 여는 순간 고소한 냄새와 맛에 이끌려 경계심은 허물어진다. 한 번 맛을 보는 순간, 뇌의 중추는 쾌감으로 춤을 춘다. 출출할 때 식사의 대용으로 스낵은 그만이지만, 스낵을 자주 먹으면 당연히 건강에 좋을 리가 없다. 인간관계도 마찬가지다. 다양한 이유로 우리는 온라인 상호작용을 하지만, 끊임없이 먹게 되는 스낵처럼 온라인 접촉에는 많은 함정이 도사리고 있다. 이 책에서 주목하는 소셜미디어 중독도 이러한 온라인 접촉에서 시작한다. 소셜 스낵킹의 시작이다.

허기가 져서 스낵을 찾듯이, 소셜 스낵킹은 허전함과 외로움을 달래기 위해 발동한다. 외로움은 모두가 연결되는 네크워크 사회에 나타나는 역설이다. 서로가 연결은 되지만 마음을 터놓고 이야기할 사람은 점점 줄어드는 것이 네트워크 사회의 현실이다. 혹자는 사회적 병리로 접근하기도 한다. 이러한 사회적 관계의 공백을 채우기 위해 인생 코치 등 다양한 직종이 탄생할 정도이다. 인생 코치나 가족 상담사 혹은 심리 치료사를 방문하는 것 이외에 외로운 인간이 손쉽게 할 수 있는 것이 온라인에 접근하는 것이다. 소셜미디어 활동을 통해 외로움을 극복하는 것은 정도의 차이일 뿐 이제 모든 사람에게 보편화된 생활 습관이기도 하다. 주머니 속 스마트폰은 외로운 우리에게 언제든 봉사할 준비가 되어 있다. 페이스북 업데이트를 하는 정도에 따라 외로움의 정도가 달라진다는 연구 결과도 있다.[130] 페이스북 업데이트를 많이 하면 덜 외로워진다는 것이다. 소셜미디어를 통해 외로움을 해소하는 것이다.

소셜 스낵킹social snacking이란 오프라인 접촉 대신 온라인을 통해 끊임없이 사회적 교류를 지속하는 것을 의미한다.[131] 스낵이 정상적 식사를 대신하는 것처럼 소셜 스낵은 오프라인 만남을 대신하는 온라인 상호작용이다. 오프라인에서의 만남이 어려울 경우 온라인으로 대체하여 접촉을 갖는 것은 네트워크 사회에서 자연스러운 일이다. 실제로 온라인 교육이나 재택근무 등 다양한 상황에서 온라인 접촉을 통해 교육 서비스를 제공받고 업무를 수행한다.

문제는 온라인 상호작용에만 의지하는 삶의 방식이다. 오프라인에서의 만남이 가능하고, 또한 필요함에도 불구하고 과도한 온라인 상호작용만을 추구하는 것은 결국 기형적인 인간관계를 낳는다. 스낵의 과도한 섭취가 영양에 불균형을 가져오듯이 온라인에서의 과도한 활동, 즉 과도한 소셜 스낵의 섭취는 다양한 인간의 상호작용을 방해하여 왜곡된 삶을 초래한다. 삶의 필요에 의해 온라인에서 접촉하지만, 때론 그 접촉이 삶의 모든 것이 되어버리는 것이다. 한 번 시작한 스낵은 봉지 바닥이 보일 때까지 멈출 수가 없는 것처럼, 온라인상에서의 대화가 없으면 공허하고, 자신감을 잃으며, 삶의 의미를 찾지 못해, 끊임없이 스마트폰을 들여다보는 것이다.

앞 장에서 논의된 것처럼 스마트폰에는 사람들의 주의를 끌고 결국 중독으로 가게 하는 다양한 장치들이 깔려있다. 가장 손쉬운 스마트폰 조작 장치로 알림 기능이 있다. 알림 정보의 대부분은 사실 나중에 알아도 되거나 전혀몰라도 되는 별 볼일 없는 정보이지만, 우리를 일상의 패턴에서 끌어내어 삶의 리듬을 방해한다. 현란하고 대단하지도 않지만 은밀하게 다가오는 이러한 사소한 기능은 결국 우리로 하여금 하루에 평균 150회 스마트폰을 들여다보게한다. 시간으로는 145분에 해당하는 동안 우리는 끊임없이 확인하고, 연결된 것을 느끼면서 하루를 보내는 것이다.▼

▼ 로젠스타인: 윤리 철학자 해리스가 구글을 떠난 것처럼 로젠스타인 역시 페이스북을 떠나 건전한 스마트폰 사용을 위한 앱 개발을 위해 새로운 회사를 차렸다.

스마트폰에 내재된 다양한 소프트웨어와 인터페이스는 감정적, 본능적 소구를 동원하여 결국 인간 관계의 새로운 모습을 이끌어 낸다. 이러한 기술 중독의 결과로 대인간 혹은 작은 집단 간의 새로운 의례도 탄생한다. 기술 중독으로 나타나는 대표적 대안 의례로 퍼빙을 들 수 있다.

퍼빙phubbing은 전화기phone와 냉대, 무시라는 뜻을 지닌 스너빙snubbing의 합성어로 상대방을 앞에 두고도 스마트폰에만 집중하는 무례한 행위를 뜻한다. 예컨대 스마트폰을 계속 응시하면서 상대방과 대화를 이어가거나, 메시지가 올 때마다 바로 답장을 보내는 등의 행위를 계속 하는 것을 의미한다.[132] 스너빙은 내적으로는 끊임없이 무엇인가를 먹으려는 욕구 그리고 외적으로는 상대방에 대한 배려가 전혀 없는 태도로써, 불안에 기인한 섭취 장애를 의미한다. 이러한 스너빙과 스마트폰과 결합되어 폰스너빙, 즉 퍼빙이 일어난다. 퍼빙은 데이트 상황, 가족들과 저녁 식사 혹은 대학 강의실에 이르기까지 다양한 환경에서 일어난다.

기존 규범이 붕괴되고 새롭게 등장한 소셜미디어 의례의 하나인 퍼빙은 사회관계를 망치는 주요 원인으로 『워싱턴 포스트』에서도 다루었던 주제이기도 하다. 많은 연구에서 퍼빙은 스마트폰의 중독 현상과 연관되어 삶의 방해자로 인식되고 있다. 브래드 포드의 연구에서는 스마트폰 중독 증상이 과잉행동hyperactivity와 관련이 깊고, 명상 혹은 마음챙김과는 부정적인 관계인 것으로 나타난다.[133] 모든 정보가 긴밀하게 연결되어 있는 하이퍼텍스트, 하이퍼미디어의 상황은 원하는 정보를 쉽게 검색할 수 있는 장점이 있지만, 그러한 서비스의 대가로 우리의 뇌는 산만함을 경험한다. 특정한 목적으로 인터넷에 접속하지만, 한 곳에 집중하지 못하고 끊임없이 이곳저곳을 기웃

거리다가 결국 엉뚱한 곳에 다다르는 우리 자신을 종종 발견한다. 특정 정보를 찾으려다, 정치 사이트에 열을 올리고, 때론 상품 광고로 이어져 물건을 사기도 한다. 이처럼 산만한 인터넷에서의 활동은 결국 오프라인에서 과잉행동으로 나타난다. 무례함을 무릅쓰고 끊임없이 정보를 찾아 헤매는 퍼빙도 결국 뇌의 산만함과 과잉행동의 동기이자 결과이다.

퍼빙 현상이 일어나는 경우를 압둘라지즈 이드리스[Abdulazeez Idris]는 17~25세의 학생을 대상으로 한 심층 인터뷰 연구에서 다음과 같이 일곱 가지 상황으로 구분해 제시한다.[134]

1. 퍼빙을 설득적이라 생각하는 사람이 퍼빙을 실행한다. 퍼빙 현상은 일상적인 규범으로 모두가 하고 있으니 나도 한다고 생각하는 것이다.

2. 스마트폰을 자신과 연결된 하나의 파트너라고 인식하는 경우에 퍼빙이 일어난다. 스마트폰을 일생 생활의 동반자로서 여기면서 언제든지 지니고 있어야 한다고 생각하는 경우이다. 스마트폰을 통한 친구와 가족의 연결은 삶의 필수라고 여긴다.

3. 스마트폰을 학습의 도구로 생각하는 경우에 퍼빙이 일어난다. 스마트폰을 통해 정보를 얻고, 문제를 해결하는 것이 중요하다고 생각하는 경우이다. 이를 통해 중요 문제를 해결하고 걱정을 줄일 수 있다. 이런 경향의 사람들은 퍼빙 행위가 충동적이고 즉각적으로 이루어진다.

4. 대화가 지루하고 흥미를 잃을 때 퍼빙 현상이 나타난다. 퍼빙을 하는 행위가 의도적이고 충동적이지 않다. 그냥 심심해서 스마트폰에 손이 가는 경우이다.

5. 퍼빙 현상이 도처가 퍼져 있고 자신도 하지만, 퍼빙은 교양이 없는 행위
   라고 생각한다. 따라서 자신이 퍼빙 당하는 것을 싫어한다.

6. 사람들은 부모, 연장자, 존경하는 사람 앞에서는 퍼빙을 잘 하지 않는
   다. 문화적 요소가 고려되면 퍼빙 현상에 대한 차이와 이해가 가능해진
   다. 이럴 경우 스마트폰 중독의 부분적 치유도 가능해진다.

7. 퍼빙을 하는 사람은 퍼빙의 공식, 비공식 규칙을 잘 알지 못한다. 현상
   이 시작된 지 얼마 안되었기 때문에 규칙이나 제도 혹은 가치가 없는
   것은 당연하다.

이처럼 퍼빙은 소셜미디어가 널리 퍼진 모든 환경과 문화에서 존재하고, 각각의 문맥에 따라 다양하게 해석할 수 있다. 퍼빙 현상의 다양한 성격은 다음 세 가지로 정리할 수 있다. 첫째, 사회적 요소social factor이다. 퍼빙을 사회적 규범으로 받아들이는 것이다. 중요한 메시지 때문에 혹은 지루하고 대화가 흥미 없을 때 퍼빙을 하지만, 퍼빙에 대한 규제는 없다고 생각한다. 퍼빙을 하나의 새로운 대인 의례로 이해하는 경우이다. 둘째, 인지적 요인cognitive factor이다. 퍼빙을 하는 인지적, 기능적 이유이다. '강의를 듣거나 대화 중 중요한 정보를 찾을 때 퍼빙한다'와 같이 퍼빙은 살아가는 데 있어 기능적으로 필요하다고 생각한다. 셋째, 문화적 요인cultural factor이다. 퍼빙에 영향을 주는 상황적 요인이다. '상관이나 윗사람과 이야기할 때는 퍼빙을 안 한다'와 같은 사례처럼 상황과 문맥에 따라 퍼빙 현상의 변이 가능성을 포함한다.[135] 이러한 특성을 바탕으로 퍼빙은 하나의 의례로 자리를 잡아가면서, 소셜미디어 중독 현상은 더욱 넓게 퍼져 나간다.

퍼빙과 인터넷 중독의 관련성을 조사한 연구를 살펴보자. 벤베누티 등은 640명의 이탈리아 성인을 대상으로 퍼빙, 인터넷 중독 그리고 개인의 특성과의 관계를 온라인 설문을 통해 조사하였다. 로젠버그 자긍심 척도the rosenberg self esteem scale, 자기통제 척도BSCS: the brief self-control scale, 충실도 척도the flourishing scale, 인터넷 중독 척도the internet addiction scale, 퍼빙 척도phubbing scale 등을 사용한 이 연구에서 자기 통제력이 낮으면 인터넷 중독이 늘어나며, 인터넷 중독이 늘면 퍼빙을 할 가능성을 높아지는 것으로 나타났다. 한편 자긍심self-esteem과 웰빙은 퍼빙에 영향을 미치지 않는 것으로 나타났다. 성별의 차이는 존재하는데, 남성의 경우에만 자존감이 퍼빙에 영향을 미치는 것으로 드러났다.[136] 대체적으로 인터넷 중독에 취약한 소질의 사람이 퍼빙도 많이 하는 것으로 나타난다.

한편 더글라스 등은 퍼빙을 일으키는 다양한 선행요소에 대해 검증하였다. 퍼빙의 선행요소와 매개변인 그리고 후속 결과를 아우르는 경로분석을 통해 퍼빙 현상의 전반적인 모습을 이해하고자 하였다. 연구결과는 다음 그림처럼 인과관계 모델로 설명된다. 우선 인터넷 중독, 포모 그리고 자기 통제는 스마트폰 중독에 많은 영향을 주는 요인으로 나타났다. 인터넷 중독과 포모의 정도가 높을수록 그리고 자기 통제력이 낮을수록 스마트폰에 중독될 가능성은 높아진다.

매개변수로서 스마트폰 중독이 퍼빙에 결정적인 역할을 하는 것으로 나타났다. 즉 스마트폰 중독은 퍼빙의 선행 요인이자 어떤 사람들이 퍼빙하는지를 예측할 수 있는 변인으로 작용한다. 한편 퍼빙을 하면 퍼빙을 당할 가능성도 높은 것으로 드러난다. 특정한 사람이 일방적으로 퍼빙을 하는 것이 아니라, 우리 모두가 서로 퍼빙을 하고 당하는 일종의 습관과 규칙으로 고착되고 있음을 알 수 있다. 남성의 경우 퍼빙을 당하면 퍼빙을 사회적 규범으로 인식할 가능성이 있는 것으로 나타났다. 대체적으로 어느 정도 퍼빙을 당하는지, 혹은 퍼빙을 하는지의 정도에 따라 사람들이 퍼빙을 하나의 규범으로 인정하는 수준이 결정된다는 것을 알 수 있다. 즉 퍼빙을 더 많이 하면 할수록, 퍼빙을 더 당하면 당할수록 사람들은 퍼빙을 하나의 규범으로 인식하게 된다.[137]

퍼빙의 인과모델

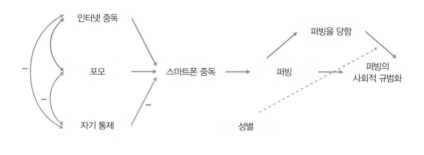

앞의 두 연구 모두 퍼빙의 선행 요인으로 인터넷 혹은 스마트폰 중독이 자리하며, 그러한 중독은 개인의 특성이나 포모의 여부처럼 개인이 처한 다양한 상황에 따라 결정된다는 것을 보여주고 있다. 한편 더글라스 등의 후속 연구에서도 퍼빙의 문제점은 여실히 드러난다. 그들은 사회적 상호작용의

상황에서 퍼빙의 영향으로 나타나는 커뮤니케이션 질과 상호관계 만족도를 조사하였다.[138] 실험을 위해 참가자들은 세 종류의 만화를 시청하였다. 만화 속 주인공이 대면 커뮤니케이션을 하는 상황에서 상대방이 완전한 퍼빙을 하는 경우, 부분 퍼빙을 하는 경우 그리고 전혀 하지 않는 경우로 구분하였다. 연구결과는 아래 그림에서처럼 퍼빙이 늘어남에 따라 주인공과 상대방 간의 커뮤니케이션 질과 상호관계의 만족도가 모두 떨어지는 것을 보여주고 있다. 왼쪽 그림은 커뮤니케이션 질에 대한 결과로서, 퍼빙을 많이 하면 점수가 높아 질이 떨어지는 것을 알 수 있다(측정 점수가 낮을수록 커뮤니케이션의 질은 좋아진다). 오른 쪽 그림은 상대방과의 관계에 대한 만족도 측정 결과로서, 점수가 높을수록 만족도가 높은데, 퍼빙을 하면 할수록 만족도는 떨어지는 것을 보여주고 있다. 이 연구에서는 퍼빙의 영향으로 소속감, 자존감, 통제, 존재의 의미 등 매개변인의 지수가 낮아지고, 이것이 결국 부정적인 커뮤니케이션의 질과 관계 만족도로 이어지는 인과관계를 보여준다.

퍼빙과 커뮤니케이션 질과 관계 만족도

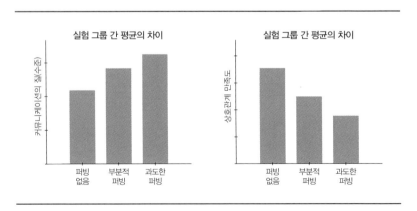

퍼빙 문화는 당연히 기업의 관심을 끌고 있다. 특히 어떻게 사람들을 스마트폰에 매달리게 할지를 디자인하는 주목 경제 하에서 퍼빙 현상은 기업에게 중요한 실마리를 제공한다.[139] 주목 경제는 그야말로 수요와 공급 모델의 함의를 충실히 보여주는 개념으로,[140] 주목을 많이 하면 광고의 폭과 범위가 넓어지고, 그만큼 경제성을 보장한다. 당연히 주목을 하지 않으면, 수요가 떨어지고 경제성이 사라진다. 이제 인간의 주목은 슈퍼마켓의 치약처럼 경제 활동의 대상으로 상품재의 역할을 충실히 수행하고 있는 것이다. 퍼빙은 이러한 주목의 연속을 의미한다.

신체의 일부가 된 기계, 노모포비아

스마트폰 확산에 따라 소셜미디어 활용의 가능성도 극대화되고 있다. 그러나 스마트폰의 다양한 인터페이스를 통한 상호작용의 편리함과 활성화 이면에는 중독 현상이 자리하고 있다. 스마트폰 '과의존' 사례가 자주 등장하면서, 이러한 현상은 개인 문제를 넘어서 사회 문제로까지 확산되고 있다. 스마트폰 중독은 이제 약물이나 도박, 그리고 게임 중독을 넘어서는 하나의 팬데믹 현상으로 나아가고 있다. 노모포비아의 등장이다. '노 모바일 폰'과 '포비아'의 합성인 노모포비아는 기술 중독의 대표적인 징후 이자 스마트폰 중독의 결과이다.

다음 그림처럼 스마트폰을 잃어버리면 미국인의 94%는 패닉 현상을 일으키거나 절망하고, 아픔을 느낀다. 오직 6%만이 안도감을 느끼는 것으로 조사되었다. 스마트폰 분실로 인해 대부분이 절망하는 것이다. 나이가 어릴수록 이런 경향은 더욱 심해진다.

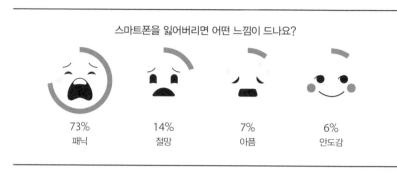

스마트폰이 없어지면[141]

스마트폰을 잃어버리면 어떤 느낌이 드나요?

73%	14%	7%	6%
패닉	절망	아픔	안도감

한편 스마트폰과 하루 동안 떨어져 있을 경우 연령이 낮을수록 불안 감이 커지는 것을 알 수 있다. 2019년에 YouGov에서 실시한 RealTime Re-search 결과에 따르면 특히 젊은 층은 다른 연령에 비해 2배까지 불안, 초조, 걱정을 더 하는 것으로 나타난다.

스마트폰이 없으면 얼마나 견딜 수 있는지에 대한 연구에서는 응답자의 11%가 1시간도 못 버틴다고 답한다. 다음 그림에서처럼 24시간을 버틸 수 있다고 응답한 사람은 33%, 일주일은 24%였다. 응답자의 21%만이 스마트폰이 없어도 영원히 버틸 수 있다고 대답한다. 밀레니얼 세대와 X 세대에서도 약간의 차이점이 있지만 유의미한 차이를 보여주지는 않는다. 또한 응답자의 23%는 2~3분 마다 스마트폰을 들여다보는 것으로 나타났다. 응답자의 83%가 최소 30분마다 스마트폰을 체크하는 것으로 드러났다.

스마트폰을 잃어버리면[142]

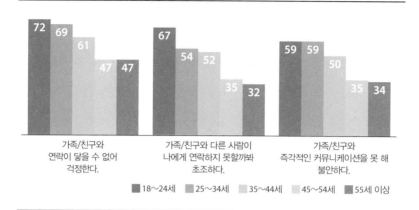

| | 가족/친구와 연락이 닿을 수 없어 걱정한다. | 가족/친구와 다른 사람이 나에게 연락하지 못할까봐 초조하다. | 가족/친구와 즉각적인 커뮤니케이션을 못 해 불안하다. |

18~24세 ■ 25~34세 ■ 35~44세 ■ 45~54세 ■ 55세 이상 ■

스마트폰 없이 얼마나 견딜 수 있는가

스마트폰 없이 견딜 수 있는 시간 응답 결과

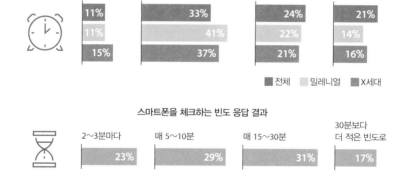

전체 ■ 밀레니얼 ■ X세대 ■

열 명 중 한 명(11%)은 한 시간도 버티지 못한다.
이들 중 절반 이상(52%)이 최소 5~10분마다 스마트폰을 체크한다.

스마트폰이 없으면 불안과 공포감을 느끼는 노모포비아 현상을 이해하기 위해서는 앞 장에서 언급한 것처럼 기술에 대한 의존성과 중독에 대한 이해가 우선한다. 특히 노모포비아 현상의 기저에 깔린 인간의 심리와 사고에 대한 성찰이 필요하다. 주Xu와 탕Tan은 소셜 네트워크에 접속하는 가장 큰 이유가 스트레스와 부정적인 기분을 해소하고 외로움을 이겨내기 위한 경우라면 정상적이 아닌 병적인 사용으로 넘어갈 확률이 커진다고 주장한다.[143] 마리화나가 본격적인 마약 중독의 초기 약물gateway drug로 작용하듯이, 스마트폰에 자주 접촉하는 것이 본격적인 인터넷 중독으로 가는 과정에 있어 일종의 디딤돌stepping stone 역할을 하는 것이다. 앞 장에서 소개한 데이비스의 병인론 연구 결과와 다르지 않다.

전술한 것처럼 인터넷 중독에 대한 원인은 아직 명확하게 밝혀지지 않은 상태이다. 스마트폰 중독 혹은 노모포비아에 관한 연구도 제법 많이 진행되고 있지만, 이 역시 명쾌한 해답을 제시할 수 있는 수준은 아니다. 아카데미아Academia에 따르면 2020년 상반기까지 스마트폰에서 비롯된 사회적 중독social addiction, 혹은 노모포비아 관련 논문이 1500편에 이르는 것으로 나타났다. 이러한 연구의 갈래는 다음과 같이 세 분야로 나누어 설명할 수 있다.[144]

첫 번째 접근은 누가 중독되는지, 심리적 특성과 성격에 따른 중독 그룹을 발견하는 것이다. 대다수 연구의 결과를 종합하면, 스마트폰 중독은 개인의 특성에 기인하는 바가 크다. 스마트폰 사용 정도는 인지 건강을 악화시키고, 다시 이러한 심리적 기질을 강화한다. 구체적으로 개인의 특성,

외로움, 소속감, 결핍 등의 특성이 스마트폰 중독을 가져오는 것으로 나타난다. 앞 장에서 소개된 데이비스의 연구 결과와 일치한다. 노모포비아들은 고독solitude을 두려워한다. 물론 고독은 인간이 인간다운 삶을 살아가는데 반드시 필요한 과정이요 순간이다. 고독이 결핍되면 새로운 아이디어가 떠오르지 않으며, 자신에 대한 이해를 할 수 없고, 더욱이 친구와의 유대감도 소중히 생각할 수 없게 된다.[145] 그러나 우리는 조금만 고독하거나, 우울하고 심심하거나, 혹은 소외당하고 있다고 느낄 때마다 스마트폰을 찾는다. 스마트폰의 이메일과 문자를 통해 우리는 불안을 잠시 해소한다. 자신을 필요로 하는 사람이 없는지, 또한 세상이 자신에게 관심을 갖고 있는지를 끊임없이 체크함으로써 자신의 존재를 확인하는 것이다.

다양한 커뮤니케이션 기제를 이용한 고립과 불안의 해결책이 일시적인 심리적 안도감을 제공할 수 있지만, 이면에는 또 다른 역설이 담겨있다. 카티카라 푸디 등은 자발적으로 참여한 216명의 재학생을 대상으로 인터넷 활동 기록을 추적하여 스마트폰 사용과 우울증의 관계를 조사하였다. 구체적으로 온라인에서의 활동 및 인터넷 사용빈도 등을 조사하였고, 연구 말미에 우울증 치료를 위해 대학 건강 센터에 방문한 학생들의 진료 데이터와 비교 분석하였다. 분석 결과, 인터넷 사용과 우울증 사이에는 높은 상관관계가 있는 것으로 나타났다. 우울증 증상이 있는 학생들은 이메일 사용 빈도가 높고, 동영상 시청, 게임, 채팅도 많이 하는 것으로 나타났다. 또한 우울증에 걸린 학생들은 일반인들 보다 부정적 감정을 더 자주 경험하고, 그러한 기분을 전환하고 고양하기 위해 스마트폰과 같은 첨단 기기에 좀 더 다가가고, 거기에서 무엇인가 위안을 찾고자 한다.[146] 스마트폰을 이용함으로써 우울증의 감정이 일시적으로 완화 될 수는 있지만, 이러한 습관적 사용이 장기적으로는 중독 현상을 일으킬 수 있다는 것이다. 앞에서 이야기한 초기 약물의 효과처럼 통증을 위해 진통제를 자주 맞았던 환자가 종종 약물 중독에 빠지듯이, 소셜미디어의 습관적 사용 또한 비슷한 결과를 낳을 수 있다.

후세인과 그리피스의 나르시시즘, 불안 및 개인 특성에 관한 연구도 비슷한 결과를 보여주고 있다. 이들은 인터넷 게임 질환 연구에서 사용된 DSM-5 항목을 활용하여 불안의 정도를 측정하는 스필버거 척도[spielberger state-trait], 나르시시즘 척도 그리고 10개의 항목으로 구성된 개인특성 척도 간의 관계를 조사하였다. 연구결과 스마트폰의 남용은 불안감, 성실성, 개방성, 안정감 등과 관련이 있는 것으로 나타났다. 불안할수록, 성실하지 않을수록, 개방적일수록 그리고 안정적이지 못할수록 스마트폰에 집착한다. 또한 연령도 스마트폰 사용과 관련이 있어, 나이가 낮을수록 스마트폰에 집착하는 것으로 나타났다.[147]

한편 스마트폰에 누가 더 중독되는지에 대한 연구는 개인만이 아니라 문화 간 차이를 염두에 두고 진행된 것들도 있다. 대표적으로 파넥 등이 진행한 미국과 한국 대학생들의 스마트폰 중독 비교 연구이다. 연구결과 대체적으로 양국 모두 낮은 자기 통제력과 높은 소속감을 지닌 사람들이 스마트폰 중독에 걸리는 것으로 나타난다. 구체적으로 살펴보면 한국의 경우 자기 통제와 소속감이 중독과 관련이 있고, 미국은 자기 통제, 소속감 이외에 마음챙김[mindfulness]도 중독과 관련이 있는 것으로 나타났다. 중독이 수면의 질이나 양 혹은 성적에 미치는 영향은 양국 모두 없는 것으로 나타났다.

연구의 중요한 목적 중에 하나인 스마트폰 중독에 있어서 문화 간의 차이점은 발견하지는 못했다.[148] 이러한 연구 결과는 스마트폰 중독이 나라 혹은 문화를 불문하고 전 세계에 만연된 하나의 팬데믹 현상으로 진행되고 있음을 보여주는 작은 사례라고 할 수 있다.

두 번째 연구 동향은 스마트폰 중독의 결과는 어떠한지를 밝혀내는 것이다. 개인의 인지적, 심리적, 육체적 대가는 무엇이고 사회문화적 맥락에서의 의미는 무엇인지를 밝혀내는 것이다. 앞에서 논의한 벤베누티나 더글라스의 퍼빙 관련 연구가 스마트폰 남용으로 인한 폐해의 대표적인 연구들이다. 대체적으로 스마트폰 남용은 퍼빙이라는 원치 않는 새로운 의례를 생산하고 있다는 데 의견을 같이 한다. 또한 스마트폰 중독은 스트레스나 수면 부족 등 심리적, 육체적 문제와 밀접하게 연결되어 있는 것이 여러 연구 결과에서 드러난다.

청소년들의 스마트폰 중독을 포모, 소셜미디어 사용 습관, 나이, 수면 시간 그리고 스마트폰 소유 기간과의 관계를 검증한 연구를 살펴보자. 데니스 게즈긴Deniz Gezgin은 스마트폰 중독 척도와 포모 척도를 이용하여 나이가 적을수록, 일일 사용 정도가 많을수록, 그리고 불안감이 높을수록 스마트폰 중독의 수준이 높아지는 것을 보여주었다. 예상대로 스마트폰 중독과 수면은 부정적 관계인 것으로 나타났고, 스마트폰 사용 정도는 스마트폰 중독의 강력한 예측 기제로 나타났다. 또래 집단으로부터 배제 당할 수 있다는 불안감은 청소년들을 소셜미디어 중독으로 내모는 가장 중요한 요인으로 작용한다.[149] 스마트폰 중독이 개인의 육체적, 심리적 문제와도 관련이 깊다는 것을 잘 보여주는 연구이다.

사이버로핑과 스마트폰 중독 그리고 스트레스

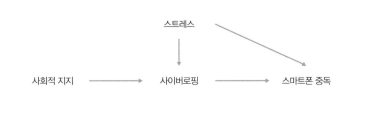

스마트폰 중독으로 인해 나타나는 사이버로핑 현상에 대한 연구도 두 번째 연구 갈래에 포함시킬 수 있다. 사이버로핑cyberloafing이란 근무 시간 중 인터넷에서 하릴없이 시간을 보내거나 개인적 업무를 처리하기 위해 서 핑을 하는 것을 의미한다. 위 그림에서처럼 게체슬라나 등은 터키 대학생 885명을 대상으로 진행한 온라인 설문 조사연구를 통해 스마트폰 중독과 사이버로핑, 스트레스 그리고 사회적 지지 간의 관계를 검증하였다.[150] 연구 결과 스트레스는 사이버로핑과 스마트폰 중독에 영향을 미치고, 사이버로 핑은 다시 스마트폰 중독에 영향을 미치는 것으로 나타났다. 사회적 지지 역시 사이버로핑에 크지는 않지만 일정 영향을 미치는 것으로 나타났고, 스트레스에는 아무런 영향을 주지 못하는 것으로 나타난다. 고립의 공포인 포모 현상이나 능력주의 환경에서의 경쟁 등의 사회적 분위기는 개인들에 게 다양한 스트레스로 작용하면서 업무 환경에서 사이버로핑과 같은 부작 용을 일으킨다는 것을 알 수 있다. 한편 사회적 위치나 계급, 수입, 거주 지

역 등 경제적 요인은 중독과 상관이 없는 것으로 나타났다.

마지막 셋째는 중독의 상황으로 이용자를 내모는 기술적 측면에 대한 접근이다. 다양한 기술적 장치에 의해 소셜미디어 이용자는 설득 기제의 포로가 되어 중독의 상태로 나아간다. 왜 스마트폰에 중독되는지를 다양한 인센티브에 대한 연구를 통해 밝히는 것이다. 고객들이 카지노의 환경에서 떠나지 못하도록 고안된 물리적, 심리적 디자인이 어떻게 소셜미디어에서 활용되는지를 설명한 이얼의 연구가 대표적인 사례이다.[151] 앞서 설명하였 듯이 소셜미디어 서비스 제공자는 경제적 이윤을 고려하여 좀 더 중독적인 다양한 설득 기제를 스마트폰 앱 곳곳에 숨겨놓고 심리적 약체들만이 아니 라 보통의 사용자들도 겨냥한다. 중독성이 가득한 설득 기제는 인간의 태 생적 한계와 본능을 교묘히 파고들기에 아무리 정신적 혹은 육체적으로 건 강한 사람이라도 이러한 기술적 장치 앞에서는 속수무책으로 당할 수밖에 없다.

기술 중독과 관련하여 영국 정부에서는 스마트폰의 위험성을 알리는 소책자를 발간하기도 하였다. 『기술 중독: 관심, 논란 그리고 균형 찾기TECH-NOLOGY ADDICTION: CONCERN, CONTROVERSY, AND FINDING BALANCE』이라는 제목으로 발간 된 책자의 간략한 내용을 소개하면 다음과 같다.[152]

· 인터넷 중독은 심각하고 명확한 이해와 진단이 필요하다. 특히 어린이들 의 육체적, 인지적, 사회적 그리고 정서적 발달에 미치는 영향에 대한 추

가 연구가 필요하다

· 멀티태스킹을 요구하는 우리들의 라이프스타일은 우리가 집중할 수 있는 능력과 계기에 해를 끼친다.

· 미디어와 다양한 기제의 사용은 가족 간의 긴장을 부추기는 재료이다.

· 미디어의 문제적 사용은 낮은 감정이입과 사회적 웰빙과 관련이 있다.

· 기술은 청소년기에 필요한 다양한 표현의 방법을 용이하게 해준다. 가령 연결의 필요성과 동료로부터의 인정 같은 것이다.

· 미디어와 기술에 대한 균형 잡힌 접근과 잘못된 미디어의 이용을 방지하기 위해 성인들의 모범이 필요하다.

인터넷 중독과 관련하여 많은 논란이 있음을 인정하면서 소셜미디어를 포함한 기술 중독에 대한 다양한 경고가 눈에 띈다. 멀티태스킹과 같은 기술 자체에서 오는 부작용만이 아니라 기술 중독을 둘러싼 사회 문화적 환경에서 오는 영향에 많이 주목하고 있음을 알 수 있다. 특히 '감정이입'이나 '사회적 웰빙' 혹은 '연결의 필요성'과 '동료의 인정' 등 현실 세계에서 필요하지만 얻을 수 없는, 그래서 소셜미디어에 다가갈 수밖에 없는 현재의 삶의 양태에서 오는 영향의 중요성을 강조한다. 미시적으로 개개인이 처한 다양한 문제의 해결에 있어 소셜미디어가 일정 역할을 하지만 그 결과는 긍정적이지 못하다는 것이고, 거시적으로는 사회 전체가 앞 장에서 이야기한 것처럼 중독 시스템의 하나로 구동되고 있음을 보여준다. 이러한 환경에서 개인 스스로가 중독 문제를 해결할 가능성은 점점 사라지게 된다.

소책자의 제목처럼 온라인 상황에서 균형을 유지하기 위해서는 오프라인에서의 건강함이 중요하다. 온라인 문제의 뿌리는 오프라인에 있기 때문이다. 가령 어린이와 여학생들은 사회적 접촉으로 보내는 시간이 대개의 경우 적고, 따라서 직접적인 상호작용을 더 어색해 한다고 한다. 신경학자 아비가일 베어드Abigail Baird는 사람들과 상호작용을 하는 방식을 학습 할 때 사람들과 직접 부딪치는 것이 가장 좋다고 하지만, 현실은 그런 상황을 만들어주지 않는다. 운동 잘하는 사람이 운동을 더 하듯이, 남과 교감을 잘하는 사람이 남들과 더 자주 교감한다. 소셜 네트워크의 크기가 사회적 인지/공감 능력을 통해 결정됨을 보여준다. 신경학자 카나이의 연구는 온라인 소셜 네트워크는 기존 오프라인 인간관계를 유지하는 데 사용되고 있다는 주장을 뒷받침 해준다. 료타 카나이Ryota Kanai는 페이스북 친구 수와 같은 온라인 소셜 네트워크와 생일 때 초대할 수 있는 일상생활에서의 친구 수와 같은 오프라인 네트워크의 크기 등 아홉 가지 소셜 네트워크의 관계를 조사하였는데, 연구 결과 뇌의 크기, 오프라인 소셜네트워크 그리고 온라인 소셜 네트워크의 크기 사이에는 일정한 상관관계가 있다는 것을 보여주었다.[153]

전술한 연구들이 의미하는 바는 오프라인에서의 대인 관계와 관련된 다양한 능력과 특성은 온라인에서도 유지되고 강화된다는 점이다. 거꾸로 오프라인, 즉 일상생활에서는 인간 관계가 적절하게 유지되지 못하는데, 온라인에서만 소셜 네트워크가 풍성하고 다양하다면 자연스럽지 못한 상황이라 할 수 있다. 이럴 경우, 온라인에서의 관계는 매우 피상적이고 깊이가 얕아 관계가 쉽게 끊기는 등 부작용이 더 많은 불안정한 상황으로 진행될 가능성이 높아진다.

개성 없는 전력 질주, 포모

소셜미디어는 공포심과 불안감을 자양분 삼아 성장한다. 앞장에서 소개한 것처럼 같은 장소에 마주하고 있지만 상대방을 무시하는 퍼빙 현상이나 스마트폰으로 연결되지만 오히려 유대감이 약해지는 소외와 고립의 상황은 일상적으로 벌어지고 있다. 이러한 현상의 기저에는 사회로부터 내쳐질 수 있다는 현대인의 불안과 공포가 자리하고 있다. 제외됨의 공포인 포모FOMO가 발현하는 것은 모든 것이 연결되는 네트워크 사회의 아이러니라할 수 있다.

다양한 소셜미디어 기제를 통해 우리는 끊임없이 모든 네트워크 구성원들과 연결되고 있다. 그러나 이러한 연결과 연결의 가능성이 있다고 해서 사회로부터 언제든 고립될 수 있다는 개인의 불안감을 지울 수는 없다. 미래에 대한 불확실성과 흔들리는 정체성 그리고 실체 없이 다가오는 외로움이 더욱 불안을 조장한다. 각종 언론에서도 장수의 비결로 친구나 가족 혹은 타인과의 연결을 중요한 요인으로 꼽는다. 우리 모두가 크고 작은 각자의 사회 관계망을 기필코 유지하는 이유이다. 이러한 불안감을 해소하기 위해 우리는 친구나 이웃과의 손을 놓지 않는다. 일 년에 한 번도 연락을 취하지는 않는 지인의 연락처를 스마트폰에서 지워버리지 않고, 소셜미디어에서 끊임없이 무의미한 대화를 하는 이유이다. 포모는 소셜미디어 중독의 결정적인 출발점이다.

포모는 주변으로부터 소외 혹은 배제에 대한 공포fear이자 불안감anxiety

이다. '자신은 배제된 상태에서 다른 이들은 무언가 귀중한 경험을 얻을 수 있다는 우려'로, 늘 다른 사람들과 연결되어 있기를 갈망하는 것'을 의미한다.▼154 아이들이 해리포터를 읽는 것은 다른 아이들이 모두 읽기 때문이다. 물론 해리포터는 아이들이 주인공이고, 전개가 빠르고, 결말이 드라마틱하며, 호소력이 있는 훌륭한 소설이지만, 이것만으로는 해리포터 열풍을 설명할 수는 없다. 이 책은 청소년 사회에서 정체성을 확인해주는 문화적 장치가 되어 특별한 사회적 의미를 축적했기 때문이다.155 독서는 혼자서 하는 행위이지만, 해리포터를 읽는 동기의 상당 부분은 또래와의 유대 관계 형성에 있다. 등장인물을 모르면 대화를 할 수 없고, 게임도 할 수 없다. 해리포터 읽기는 일종의 사회적 관문이자 문화적 통과 의례인 셈이다. 현대 사회에서 사회적 관문의 모습은 연령, 인종, 계층, 문화에 따라 다양한 모습으로 나타나지만, 네트워크 사회에서 서로의 관계를 정립하는 데 반드시 필요한 소셜미디어에서의 행동 양식이야말로 결정적인 사회적 관문의 역할을 하고 있다.

『불안Anxious』의 저자 조지프 르두Joseph LeDoux에 따르면 공포와 불안에 대한 현재의 견해와 정의는 대부분 프로이트와 키에르케고르Kierkegaard의 영향을 받았다고 한

▼ 'a pervasive apprehension that others might be having rewarding experiences from which one is absent' and 'adesire to stay continually connected with what others are doing'.

다. 프로이트와 키에르케고르 모두 공포와 불안은 정상적인 상태이지만, 불쾌한 정서로 생각했다. 프로이트는 불안의 감정을 느끼는 것은 모든 인간에게 자연스러운 현상이지만, 불안이 지나치면 걱정, 두려움, 번민, 근심 등의 마음 상태에 도달하게 되어 모든 정신적 문제의 뿌리로 자란다고 생각했다. 한편 키에르케고르는 불안을 삶의 원동력으로 여겼다. 불안의 감정이 너무 적으면 동기 유발이 일어나지 않고, 창의력도 감소한다고 주장한다. 삶의 과제를 수행하는 데 있어 적당한 불안감은 적절한 불쏘시개 역할을 한다는 것이다.[156] 이처럼 불안의 의미는 두 학자에게 서로 다르게 다가오지만, 불안이라는 감정은 우리 모두의 삶에서 떼어 놓을 수 없는 숙명적인 정신적 활동임에는 틀림이 없다.

일반적으로 불안과 공포의 차이는 실체를 알고 있는 것과 없는 것에 있다고 한다. 눈앞의 좀비는 공포로 다가오지만, 불확실한 미래는 불안감을 키운다. 웅크린 뱀의 모습은 공포의 감정으로 연결되고, 정확히 상황 파악은 안 되지만 정신적 안정을 이룰 수 없는 상황은 불안이다. 그러나 프로이트와 키에르케고르 모두 불안과 공포를 자세히 구별하지 않고 논의하였고, 이 책에서의 논의도 불안과 공포를 유사한 속성으로 접근한다. 일반적으로 공포와 불안은 보통 불안 장애anxiety disorder의 커다란 범주에 넣어 설명한다. 불안 장애에는 범불안 장애, PTSD, 특정 공포증, 사회공포증 그리고 공황 장애를 포함한다. 범불안 장애는 일반적으로 나타나는 긴장과 걱정을 느끼고 이완과 집중이 불가능한 상태이고, PTSD는 공포, 분노, 죄책감, 수치감 소외감, 정적 정서상실 등의 증상으로 나타난다. 특정 공포증은 특정 대상이나 상황에 대한 두려움과 걱정이고, 사회공포증은 부끄럽거

나 거부당하는 느낌 또는 관찰 당하는 느낌을 지닌 경우
이다. 공황 장애는 자신을 통제할 수 없고 정신을 잃거나
죽을 것 같은 느낌이 드는 경우이다.[157]

불안 혹은 불안 장애의 개념은 2차 세계대전 후 각종
문학작품, 영화, 음악의 주제로도 등장하는 등 시대를 반
영하는 문화코드가 되기도 했으며, 불안 장애를 극복하
기 위한 치료제도 본격적으로 개발되기 시작하였다. 실제
로 우리 모두 범불안 장애의 경험을 다소간 겪는 것으로
알려져 있으며[158] 현재 미국에서 가장 널리 처방되는 약
제 중 하나가 바로 항불안제이다. 클로노핀, 발륨, 아티반,
자낙스 등 벤죠디아제핀 계열의 항불안제 약제들은 2019
년 한 해 동안 미국에서 9천 200만 건 처방 되었고 미국
FDA는 이러한 항불안 약품의 남용, 오용, 중독, 신체 의
존성, 금단 증상을 이른바 최고 수준의 경고인 '블랙박
스▼' 형태로 경고하고 있는 실정이다.[159]

▼ 특별한 주의를 기울여야 한
다는 의미로, 심각한 위험을 초
래할 가능성이 있는 약품의 경우
포장이나 설명서의 가장 잘 보이
는 곳에 검은색의 큰 박스 안에
경고문을 의무적으로 삽입하도
록 미국 FDA가 강제한 사항.

불안은 생존 불안과 존중 불안으로 나눌 수 있다. 살
기 위해 끊임없이 주변을 살피는 원시인의 불안은 생존
불안이다. 뉴스의 기원도 이런 생존 불안에서 시작했다.
뉴스news의 어원이 동서남북의 첫 글자에서 나온 것인데,
사방에서 오는 정보를 취합해 자신의 안전을 지키고자
했던 인류의 원시적 감정이다. 생사를 가를 정보는 삶을

영위하는 데 매우 중요한 요소이고, 이러한 정보를 얻을 수 없으면 인간은 불안해질 수밖에 없다. 물론 기아와 질병 또한 생존 불안을 일으키는 중요한 요인이었다. 현대에 다가가면서 이러한 생존 불안과 함께 존중 불안이 새로운 요인으로 등장한다. 남들이 나를 무시하지 않는지, 더 나아가서는 사회가 나를 배척하는 것은 아닌지 본능적으로 끊임없이 주변을 살피게 된다. 이러한 상황에서 자신에 대한 부정의 느낌과 징후는 이러한 불안감을 더욱 격화 시킨다. 자존감이 있어 상대의 무시를 가볍게 넘길 수 있는 사람도 있지만 배척당하는 상황에서는 대개의 경우 자존감이 약해지기 마련이다. 이런 경우 무언가 돌파구를 찾아 기댈 수밖에 없게 된다. 이처럼 우리의 마음속에 늘 상존해 있는 불안의 감정은 우리가 소셜미디어를 찾는 주요한 원인으로 작동한다.

불안의 두 가지 특성인 생존 불안과 존중 불안을 바우만은 안전과 자유에 대한 욕구로 설명한다. 자기 혼자 두드러지게 되는 상황에 대한 두려움과 함께, 자기 자신이 소멸될 수도 있다는 공포가 공존하는 상황이다. 자유가 없는 안전이 노예 상태라면 안전 없는 자유는 불안의 극대화인 셈이다. 우리는 공동체에 의지해서 안전을 추구하지만, 동시에 그러한 공동체에서 자신만의 자율감을 지키려는 충동이 동시에 존재한다. 삶을 살아가는 데 기댈 수 있는 공동체가 필요하지만, 그것에 구속되고 싶지는 않은 그 무엇이 있는 것이다.[160] 지멜도 사회적 상호작용에 있어 소속되고자 하는 욕망과 홀로 개인의 특별함을 유지하고자 하는 본능 사이를 오가는 인간의 이중적 특성을 이야기했다. 이처럼 드러나는 것이 두렵지만 잊히는 것도 두려운 현대인의 이중적 특성을 바우만은 흔들리는 유동성 liquidity으로 표현한다. 이러한 개인적 불안은 자신이 속한 집단의 미래에 대한 불안으로도 이어진다. '내 자식의 미래를 생각하여 이러는 것입니다.' 어느 좌담회에서 좌파 성향의 패널이 내 자식이 살아갈 세상을 걱정해서 자신이 이런 주장과 활동을 한다고 하자, 우파 토론자도 '나도 마찬가지다'라고 응대한다. 국가와 상관 없이 집단 차원의 불확실성은 정치 집단이 극우나 극좌로 쏠릴 수 있는 계기가 된다.

배제와 고립에 대한 불안은 이전부터 논의되어 왔던 중요한 주제이다. 커뮤니케이션 분야의 중요한 이론 중에 하나인 침묵의 나선spiral of silence도 배제와 고립의 공포에서 출발한다. 여러 사람이 모인 상황에서 소수 의견을 지닌 사람은 원치 않아도 다수 의견에 따를 수밖에 없다. 이러한 상황에서 매스미디어는 파편화된 개인들에게 다수의 의견이 무엇인지를 알려줌으로써, 그것이 진실이든 아니든 상관없이, 영향력을 확대하고, 개인들은 실제의 다수 의견이 무엇인지, 또한 그러한 다수 의견이 실제로 존재하는지도 모른 채 그대로 따라갈 수밖에 없다. 매스미디어의 영향력을 보여주는 이론으로, 언제든 사회로부터 배제, 배척, 고립되는 것에 대한 인간의 불안한 특성을 간파하고 있다.

사회적 거세 혹은 아웃캐스팅의 불안과 공포는 네트워크 사회에서 더욱 증가한다. 연결이 되면 될수록, 온라인에 접촉하면 할수록, 그 연결에서 떨어져 나갈 수 있다는 불안은 더욱 커져간다. 사회적 고립의 공포에서 벗어나고자 하는 인간의 심리는 네트워크 시대에서도 여전히 막중한 자리를 차지한다. 모든 사람들이 연결되어 있는 네트워크 환경에서 혼자 떨어져 나간다는 것은 더욱 큰 공포로 다가올 수밖에 없다. 연결되지 않으면 소외감을 느끼고, 피드백이 없으면 불안한 심리는 사회성에 기초한 우리의 본능이라 할 수 있다. 심리학자 매튜 리버먼은 자신의 저서 『사회적 뇌social brain』에서 뇌의 디폴트 네트워크default network 기능을 설명한다.[161] 우리가 사회적 현상에 관심을 갖는 이유는 뇌가 자유 시간에 디폴트 네트워크를 활성화하도록 만들어졌기 때문이다. 디폴트 네트워크는 사회적 인지와 관련이 깊다. 사회적 인지는 다른 사람이나 자기 자신 혹은 둘 다에 대한 생각을 의미하는 것으로, 우리의 뇌는 휴식 시간이 주어지면 기본적으로 사회 생활을 생각한다. 인간의 오래된 심리적 경향인 사회적 인정 욕구drive for social approval가 발동하는 것이다.

온라인 상의 각종 사진에 태그tag를 다는 사례를 살펴보자. '태그를 하시겠습니까'에서 '예'라고 답하는 것은 아무런 노력과 시간이 필요치 않아 대부분 사람이 '예'라고 한다. 태그가 달린 콘텐츠를 올린 사람은 알림을 받으며 태그 한 사람이 자신을 생각하고 있다는 사회적 만족감을 얻게 된다. 이처럼 사회적 검증을 위한 피드백 고리로 태그는 작용한다. 서로가 많은 노력을 들이지 않고 다수로부터 소외되지 않고 있다는 생각을 쉽게 할 수 있는 분위기가 형성된다. 물론 이러한 연결의 의미에 대해서는 좀 더 숙고할 필요가 있지만, 내용물에 꼬리표를 다는 태깅tagging은 소셜미디어 환경에서 매우 중요한 역할을 하는 장치이다. 태킹을 함으로써 서로 연결될 수 있기 때문이다. 북마킹bookmarking처럼 추후에 개인적 활용을 위해 표시를 하는 행위도 네트워크 기술의 발전에 따라 모든 콘텐츠가 유기적으로 연결될 수 있는 가능성을 열어놓았다. 나만을 위한 북마킹이 소셜 북마킹social bookmarking으로 진화하면서 콘텐츠의 연결은 물론 그러한 행위의 주체자 역시 다른 이용자와 쉽게 연결된다. 개인의 작은 행위이지만 사회적 함의를 내포한다. 때로는 이러한 태깅이나 소셜 북마킹은 걷잡을 수 없는 연결의 불길로 번져간다. 생활 아이템의 홍보에서부터 정치적 구호에 이르기까지 순식간에 모든 이의 관심을 끌어 모으는 계기를 마련하는 것이다.

이처럼 태킹이나 북마킹은 불안을 탈출할 수 있는 계기를 만들지만, 태깅의 이면에는 사회로부터의 인정 욕구가 자리하고 있어, 만약 그것이 여의치 않을 때는 더욱 증폭된 불안감을 수반한다. 불안과 공포를 제거하려는 노력이 오히려 불안과 공포를 증가시키는 것이다. 잠이 안 올 때 잠을 자려고 노력하면 더 잠이 안 오는 것과 마찬가지다. 고립의 공포를 없애기 위해 소셜 미디어에 접속하지만 그러한 공포는 없어지지 않고 오히려 증가한다. 친구의 '좋아요'가 별로 없고, 반응이 시원치 않으면 더욱 좌절하게 되는 것이다.

사회적 인정 욕구가 포모 현상에 어떻게 영향을 미치는지는 베이언 등이 402명의 성인을 대상으로 한 서베이 연구에서 잘 보여주고 있다. 사회적 인정 욕구라 할 수 있는 소속 욕구와 인정 욕구는 포모 형성에 많은 영향을 주고, 이는 결국 페이스북 이용을 불러일으키는 일련의 인과관계가 형성된다.[162] 아래 그림에서처럼 인정 욕구need for popularity와 소속 욕구need for belonging는 포모에 강한 영향을 미치고 있으며 포모는 다시 페이스북 이용에 강한 영향을 준다. 포모의 감정은 또한 페이스북에서의 평판에 대한 걱정과 페이스북 공동체에 소속되지 못하고 있다는 걱정 모두에 영향을 주는 것으로 나타난다. 포모를 중심으로 스트레스가 형성되고 결국 페이스북을 이용할 수밖에 없는 상황을 잘 제시하고 있다.

사회적 욕구, 포모, 페이스북 이용 및 페이스북에서의 평판에 대한 걱정

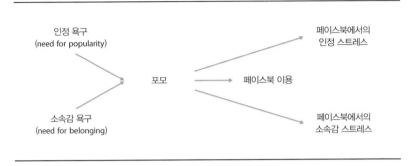

사회적 호혜에 따른 피드백을 하지 않으면 상대방도 이에 준하여 무시할 것이고, 결국 관계가 끊어질 것이라는 불안감으로 소셜미디어에서의 의미 없는 접촉은 계속 이루어진다. 앞에서 소개한 것처럼 상대방을 무시하고 스마트폰에 집중하는 퍼빙의 선행 요소를 검증한 더글라스의 연구에서도 포모는 스마트폰 중독을 설명하는 중요한 요소로 드러났다. 이처럼 포모는 모든 것이 연결되는 네트워크 환경에서 일어나는 부작용이자 역설이다. 포모가 심하면 불안의 늪 속에 빠지게 되고, 결국 소셜미디어에 집착하게 된다.

이러한 심리적 납치 현상의 바탕에는 사회적 호혜성이 깔려있다. 누가 당신의 등을 두드려주면 당신 또한 상대방에게 따뜻한 말을 건네는 것이 호혜성이다. 페이스북은 바로 이러한 심리를 이용하여, 누군가가 당신의 메시지를 읽으면 바로 당신에게 알려줘서 읽은 사람으로 하여금 사회적 호혜성이 발동하도록 한다. 메시지가 읽힌 것을 서로가 알기 때문이다. 카톡을 생각하면 된다. 이런 식으로 서로에 대한 끊임없는 호혜적 상호작용이 일어나게 모든 소셜미디어 기제들은 고안되고 서비스된다. 당연히 누군가가 답을 보낼 것이라 예상하면 우리는 그러한 상황을 기대하면서 빠져들 수밖에 없고, 설사 그 상황에서 잠시 벗어나더라도 곧 다시 돌아갈 수밖에 없게 된다. 여기서의 핵심은 뭔가를 이어간다는 것이다. 즐거움보다는 관여 기제가 이러한 상황에서 더 효율적으로 작동하는 것이다. 슬롯머신 앞에서 무언인가를 기대하며 무의식적으로 아무 의미 없이 레버를 계속 당기는 것과 다를 것이 없다.

네트워크 시대에는 소셜미디어를 비롯한 수많은 매체의 넘쳐나는 콘텐츠도 상황을 더욱 복잡하게 만든다. 과거에는 초기 단계의 교통과 통신 자체가 한 사람이 다룰 수 있는 정보의 양을 걸러내는 일종의 칸막이 구실을 하였지만, 현재에는 감당하기가 버거워지는 세상으로 바뀌었다. 너무 많아서 선택할 수 없는 상황에 이른 것이다. 정보의 홍수 속에서 아이러니하게 나타나는 정보 부재에 따른 불안이다. 패리서가 필터버블이란 개념으로 설명하듯이[163] 우리는 무한한 정보 속에서 이리저리 표류하면서 무엇이 진실인지 가짜인지, 중요한지 불필요한 것인지 구분하지 못하는 상황에 빠져들게 된다. 한마디로 수많은 외부의 자극에 내부의 수용 기제는 형편없이 무너져 버리고, 우리는 상황이 어떻게 돌아가는지 분간도 못하고, 점점 메마르면서 자아를 잃어가는 상황이 된 것이다.

이러한 환경에서 루이스 멈포드Lewis Mumford가 『기술과 문명』에서 인용한 빅터 브랜포드의 혼란스러운 주관성addled subjectivity도 나타난다. 혼란스러운 주관성은 수많은 외부의 기제에 대해 어떠한 이해도 하지 못한 채 수동적으로 받아들이지만, 본인은 자신의 주관 하에 상황이 이루어진 것이라고 착각하는 상황을 의미한다. 아래 그림에서처럼 영혼 없이 시간과 정보는 쪼개져서 분배되고 복사된다. 당연히 정보는 고유의 의미를 잃을 것이고, 쪼개진 시간은 정보를 제대로 해독할 여유를 주지 않는다. 자신이 지금 무엇을 하고 있는지 인지하지도 못한 채 표류하는 삶을 이어가는 우리의 모습이기도 하다.

쪼개진 시간과 쪼개진 주목[164]

견고한 정신의 감옥, 수치심

혼란스러운 주관성이 일어나는, 즉 수동적 흡수가 일어나는 근본적인 이유는 인간은 기본적으로 공동체의 일원으로서 뒤쳐지거나, 제외되거나,

인정받지 못할 수 있다는 불안감을 지니고 있기 때문이다. 전술한 베이언즈 등의 연구에서도 검증되었듯이 소속감과 인정욕구는 인간의 가장 근본적인 욕구로서, 삶의 안정감을 제공한다. 소속감과 인정 욕구에 문제가 생기면 이질감, 무능, 열등감 그리고 수치심이 뒤따라온다. 특히 수치심이 만성화되면 정체성이 흔들리고, 삶을 즐기는 능력도 퇴화한다. 모든 중독의 바탕에는 이러한 수치심이 자리잡고 있다. 수줍음과 당혹감, 모욕감, 죄책감 등의 다양한 감정의 뿌리에는 열등한 느낌이 자리하는데, 이것이 바로 수치심이다. 수치심이 내면화 되면 불안의 감정이 떠나지 않고, 이러한 '수치심 불안'은 결국 타인에 대한 경계심과 함께 현실과 자기 자신에 대한 의미와 관계를 스스로 왜곡하고 제한한다.[165]

대개의 경우 사회적 계급이나 지위에서 오는 열등감 혹은 사회적 배제나 거부와 같은 위협적인 상황의 정보를 처리하는 과정에서 수치심을 느끼게 된다. 심리학자 토마스 세프는 수치심을 사회적 감정으로, 타인과의 관계 속에서 자신을 끊임없이 감시하면서 형성하게 되는 중요한 감정이라고 설명한다.[166] 우리가 다른 사람에게 어떻게 보이는지에 대한 주관적 경험의 영향이 수치심으로 나타난다. 또한 자신에 대한 믿음이 약할 때, 그리고 약해질 때 강화된다. 결국 수치심은 자아 실현을 방해하고 자존감을 낮춘다. 자존감의 유무는 세로토닌 분비와도 연관이 있듯이 건강과 직결된다. 영국에서는 환자의 수치심이나 자존감을 일깨우는 정책을 실시하여, 질병 치료를 위한 입원 기간을 대폭 감소시킨 사례도 있다.[167] 수치심의 영향은 개인의 정신적, 육체적 건강만이 아니라, 집단에서도 나타난다. 집단밀집효과 group density effect가 이를 잘 보여준다. 사회적 소수자들은 자신과 같은 사람들이 적은 지역에 살 때 정신 건강이 나빠진다. 당연히 종교나 민족 등 같은 집단 속에서 살면 정신적 문제에 빠질 위험이 적다.[168] 수치심을 느낄 상황적 요인이 적을 때 인간은 건강을 유지할 수 있는 것이다.

수치심의 방어 기제는 투사에서 중독까지 매우 다양하게 나타난다. 달린 랜서는 수치심을 막으려는 대응 기제로서 부정, 틀어박히기, 공격, 투사, 오만과 경멸, 유머, 시기심, 자기 연민과 희생자 역할, 그리고 회피 등 매우 다양한 요소를 꼽고 있다.[169] 부정, 틀어박히기, 자기 연민과 희생자 역할, 회피 등을 통해 수치심을 느끼지만 주변에 순응하기도 하고, 또 한편으로는 수치심이 느낄 때 공격, 투사▼, 오만과 경멸, 시기심의 감정을 통해 주변에 과민, 과잉 반응을 하기도 한다.

수치심을 느끼면 대체로 두 가지 상반되는 반응으로 우리는 대처를 한다. 우선 주변에 동화되려고 노력한다. 환경에 순응하는 것이다. 이러한 대응의 수위와 방법은 주변의 의견을 동조하는 것에서부터 권위에 복종하는 등 다양하게 나타난다. 솔로몬 애쉬Solomon Asch의 직선 길이 실험에서처럼 명백히 틀린 답안이지만 주변의 의견에 따라 정답이라고 하는 것은 주변에 순응하고자 하는 좋은 예이다. 침묵의 나선 이론도 주변을 의식하는 인간의 심

▼ 무의식적 방어 기제로서, 타인에게 자신의 죄의식이나 수치심을 귀속시키는 것. 수치심에 억압된 감정과 욕구를 타인에게 전가함으로써, 자신을 정당화하는 무의식적인 행위이다. 소시오패스에게 자주 나타나는 감정의 한 모습이다.

리를 잘 보여준다. 잘못된 의견을 내놔서 혹시 창피를 당하지는 않을까 하는 수치심의 대응 방법이다.

권위에 복종함으로써 수치심을 모면하는 것은 스탠리 밀그램의 권위복종 실험에서 잘 드러난다. 하얀 가운을 입은 실험자(권위자)의 비인간적인 요구와 명령에 복종하여 다른 실험자에게 무자비한 전기 충격을 가하는 피실험자의 모습에서 인간이 자주 겪는 수치심의 반응이 어떤 식으로 잘못 전개될 수도 있는지 잘 나타난다. 실제로 나치 전범으로 이스라엘 모사드에 의해 아르헨티나에서 붙잡혀온 아이히만은 재판에서 수치심 반응의 극단을 보여주었다. 그는 유대인 학살의 실무 책임자였는데 국가 공무원으로서 맡은 바 임무를 성실히 수행했을 뿐이라고 재판에서 강변한다. 자신이 저지른 죗값을 피해 아르헨티나에 숨어 살며 국가에 충성했을 뿐이라고 자신을 세뇌시키며 자기 연민과 회피를 통해 수치심을 피해 갔다. 악의 평범성이 자주 벌어지는 이유는 수치심이 인간을 극단으로 몰아가기 때문이다. 수치심을 느낀다고 모두가 이러한 극단적인 행동을 하는 것은 아니지만, 누구라도 특정한 상황과 분위기의 영향으로부터 자유롭지 못한 것은 명백하다. 짐바르도의 교도소 실험 연구 결과가 이를 잘 보여준다.[170] 이처럼 상황적 요인으로 인한 극단적 행위의 기저에는 인간의 수치심이 깔려 있다.

수치심의 또 다른 대응의 형식은 상대방의 주장이나 무시에 대해 민감하게 반응하는 것이다. 수치심이 자기중심적 감정의 몰입을 가져오면서 타인에 대한 적의를 불러일으키는 것이다.[171] 불필요한 과민 반응은 주변의 모두를 불편하게 만든다. 건전한 의견 교환과 비판이 불가능해지면서, 모두가 참여하는 공론장 형성도 어려워진다. 확증편향도 나타나며, 반대 의견을 지닌 사람은 적으로 간주한다. 수치심을 느끼고 자기존중감이 손상된 사람은 대개의 경우 사회적 약자나 취약 집단보다 자신이 더 우월하다는 사실을 보여줌으로써 자존감을 찾으려고 한다. 실업률이 높아지고 불경기가 확산되면 상대적 빈곤으로 지위나 존엄성을 위협받게 되고, 이런 시기에 다양한 형태의 인종차별이나 인종주의 공격이 많이 일어난다. 각국에서 벌어지는 현재의 상황이 그러하다.

자존감이 무너져 내리고 정체성이 흔들리는 상황에 대한 대응이 이성이나 욕구/본능이 아닌 이른바 투모스에서 분노와 수치감의 모습으로 나타나는 것이다. 투모스는 격정 혹은 기개라는 의미의 그리스어 'thymos'에서 기원한 것으로, 자기 자신을 향한 분노와 수치심이 일어나는 부분이라고 후쿠야마는 설명한다.[172] 투모스는 이성도 욕구도 아닌 또 다른 부분으로, 분노와 수치심/자부심의 원천이다. 기본적으로 인간은 자신의 가치나 존엄에 대해 긍정적인 평가를 받고 싶어 하며, 이에 대한 가치 판단이 투모스에 일어난다는 것이다. 대개의 경우 사회 구성원에 의해 평가가 내려지는데, 평가가 낮을 경우 무시당한다고 생각하여 분노가 일어나고 기대에 못 미친다고 생각하여 수치심을 느끼게 된다.[173] 정체성의 형성, 유지, 강화에 매우 중요한 역할을 하는 수치심과 분노의 근원인 투모스는 이성이나 본능을 빗겨가는 제 3의 영역인 셈이다. 과거에는 대학을 안 가도 적당한 일자리와 가족의 생계를 유지할 수 있었던 미국의 저학력 백인들이 세계화의 물결에 따라 이른바 유색 인종들에 의해 일자리를 빼앗기고 중산층에서 빈곤층으로 추락하면서 느끼는 수치심으로 인해, 국회 의사당 난입 무법자로 내몰리게 되는 것이다.

불안과 수치심은 자존감을 낮추는 중요한 요소로서, 관계 중독의 중요한 요인으로도 작동한다. 남들에게 인정받아 자존감을 높이고 안정된 소속감 속에서 자아 실현을 하고 싶지만 현실의 세계에서 가능하지 않을 경우 온라인 세계에 집착하게 되고, 그러한 집착은 결국 온라인 관계 중독으로 이어진다. 동반 중독이라고도 불리는 관계 중독은 의미 없는 관계에 집착하는 것에서부터 특정 관계에 과잉 의존하고 그 관계에 구속되어 있는 상태를 의미하는 공의존co-dependency에 이르기까지 다양한 모습으로 나타난다.

거리 두기의 재발견, 공의존과 자아정체성

소셜미디어를 통한 피상적 습관적 연결은 우리의 삶에 많은 영향을 미친다. 일차적으로 관계 중독에 빠지게 된다. 관계 중독은 공의존의 가장 중요한 특징의 하나이다. 상호의존 혹은 공동의존共同依存이라고도 불리는 공의존은 '보살핌을 필요로 하는 사람과 그것을 베푸는 사람 사이의 지나친 정서적 의존성'을 의미한다.[174] 이 용어는 약물에 의존하는 사람과 관계를 맺은 사람을 지칭하기 위해, 또는 그로 인해 자신의 생활이 지장을 받는 현상을 설명하기 위해 사용되었다. 동반중독자로 표현되기도 하는 공의존자는 알코올 중독자와 연인 혹은 혼인 관계에 있거나, 한 명 이상의 알코올 중독자 부모나 조부모를 두었거나, 정서적으로 억압적인 가정에서 자란 사람으로 정의한다.[175] 약물 의존자와 관계를 맺은 공의존적인 가족의 구성원들은 가족의 약물이나 알코올 남용 때문에 건강하지 못한 생활 패턴을 감당해야 한다. 미국 간호사의 83%가 알코올 중독자의 자녀라고 한다. 동반 중독자로 자라나서 남을 위해 희생하는 것이다. 왜그샤이더-크루제에 따르면

미국 인구의 96%가 동반 중독 상태에 있다고 한다.[176]

당연히 동반 중독은 개인만이 아니라 가족, 기업, 정부 등 나라 전체에 해를 끼친다. 『2단계 회복Stage II Recovery』의 저자 어니 라슨Earnie Larsen은 미국 사회에 대략 1,000만~1,500만 명의 알코올 중독자가 존재하고, 이들 개개인이 부정적 영향을 미치는 사람의 수를 20~30명이라고 가정하면, 미국 전체 인구를 넘어설 정도라고 주장한다.[177] 과장된 측면도 있지만 결코 가벼운 사안은 아니라는 것을 알 수 있다(우리나라의 동반 중독 통계는 아직 나오지 않았다).

이처럼 알코올 중독 남편과 그러한 남편을 보살피는 아내 관계에서 공의존 현상이 주로 발생한다. 이때 자아가 상실되고 자기를 잃어버리면서 불안과 초조함이 나타나고, 이를 극복하기 위해 어느 때보다 내가 아닌 외부로 관심을 돌리며 외부와의 다양한 연결을 시도한다. 공의존을 끊임없이 추구한 나머지, 결국 관계 중독이 일어나는 것이다. 안타깝게도 이러한 행위는 고통을 일시 줄여주지만 동시에 자기 소외를 더욱 강화시킨다. 주변에서 가끔 볼 수 있는 친구의 좋은 학벌이나 사회적 지위를 훈장처럼 여기며 입에 달고 사는 사람들도 자신이 아니라 외부의 관계 속에서 자신의 위치를 찾으려는 공의존의 불행한 사례이다.

공의존이라는 용어가 사용되기 시작한 1970년대 후반에는 공동 의존자에 대해 '알코올 의존자와 헌신적인 관계를 맺음으로써 그 결과 자신의 삶을 제대로 관리하지 못하는 사람'으로 인식했다.[178] 그러나 알코올 의존 외에도 폭식증, 거식증, 도박 중독, 특정한 성적 행위와 같이 자신이나 타인에게 폐해가 되는데도 그것을 조절하지 못하고 강박적으로 하는 행위 중독에서도 공의존 환경에서 나타나는 구동 메커니즘이 발견되었다.[179] 이로 인해 행위 중독은 알코올 의존과 같은 물질 중독과 유사한 원리로 작동하며, 그들의 가족 역시 알코올 중독자의 가족이 대처하는 방식과 유사하게 반응한다는 사실이 드러났다.

한편 권혜선, 김경빈, 최은영은 휘트필드가 개발한 공의존 선별 검사인 '공의존 회복가능 지수Co-dependency Recovery Potential Survey'를 차용하여 공의존의 구성 요인으로 대인관계의 어려움, 감정 표현의 어려움, 비난과 거절에 대한 두려움, 지나친 책임감 그리고 낮은 자존감을 제시했다. 이러한 특성은 앞 장에서 소개한 병리적 인터넷 사용의 원인이 되는 다양한 개인적 특성과도 매우 유사하다. 특히 대인 관계가 원만하지 못하고 자신에 대한 감정 표현도 서투른 사람일수록 자존감는 낮아지기 마련이고, 더욱 기존의 내적 관계, 즉 공의존에 의존하게 된다. 이것이 바로 관계 중독이다. 이들에게 소셜미디어는 좋은 대안으로 다가온다. 알코올 중독인 배우자를 매일 보살피고 다가가듯이, 소셜미디어를 인생의 동반자로 여기고 사는 것이다.

관계 중독으로부터 벗어날 수 있는 힘을 제공하는 자존감은 타고난 소질에서부터 자라온 환경에 이르기까지 다양한 자극과 영향으로 형성된다. 또한 자존감의 상당 부분은 타인에 의해 결정된다. 우리는 성장 과정을 통해 타자와 끊임없이 상호작용하면서 자신의 정체성만이 아니라 자존감을 키워왔다. 타인의 신뢰가 없는 환경에서는 자존감이 형성될 가능성이 높지 않다. 모든 사람이 거짓말을 하는데 나 혼자만 진실되고, 자존감을 높일 수는 없는 노릇이다. 타인이 나에게 보여준 신뢰는 나의 자존감을 키워주고,

다시 타인에 대한 신뢰 형성으로 이어진다. 사회자본의 형성 과정이라 할 수 있다. 사회자본이 풍부한 사회에서는 대인 신뢰와 제도 신뢰의 수준이 높을 뿐 아니라 개인의 자존감 역시 매우 높다.

언론이나 학교 혹은 법률 시스템 등에 대한 믿음을 의미하는 제도 신뢰가 없으면 사회자본을 구축하기가 힘들어 진다. 사회자본이 형성되지 않는다는 의미는 구성원 간의 신뢰가 없다는 이야기이고, 이러한 환경은 사회 구성원이 끊임없이 주변을 경계하고 의심하게 만든다. 누구도 믿지 못하는 것이다. 특히 사람들 앞에서 당황스러운 경험을 겪거나 사회 전반에 대한 신뢰가 낮게 되면 타인과의 상호작용은 어려워진다. 이러한 상황에서 사회불안 장애나 사회공포증이 쉽게 나타난다. 다른 사람과의 상호작용이 어렵고 불안하여 회피하는 경향은 누구에게나 조금씩은 있게 마련이지만, 정도가 심하면 자존감 저하와 함께 불안, 공포의 심리적 장애로 나타나는 것이다.

그래서 데시는 자기결정이론을 통해 삶을 영위하는 데 있어 내재적 동기와 보상의 중요성을 강조한다. 지위나 계급 혹은 월급과 같은 외재적 보상이 아니라 자아 실현과 같은 내재적 동기가 삶의 진정한 가치를 담보한다는 것이다. 특히 자율성autonomy, 능력competence, 관계relatedness에 대한 욕구가 만족되어야 내재적 동기가 완성되고, 결국 완성된 인격체로 거듭나게 된다고 설명한다. 중요한 일을 스스로 판단하여 실행할 수 있는 '자율성'과 주어진 과제를 능숙하게 처리할 수 있는 '능력'은 우리로 하여금 자존감을 높여 자아 실현의 가능성을 높여준다.

한편 '관계'는 네트워크 사회에서 타인과의 유기적인 상호작용을 통해 공동체의 구성원으로서 소속감을 지닐 수 있게 하는 중요한 요소이다. 특히 '관계'라는 개념은 모든 것이 연결되는 네트워크 사회에서 중요한 함의를 지닌다. 타인과의 긍정적인 관계 속에서는 우리 모두는 공동체의 구성원으로서 자리매김하고, 유기적으로 연결되어 공동체를 계속 유지해간다. 문제는 이러한 사회적 관계가 원만하지 못한 경우, 또한 타인으로부터 지지를 받지 못하는 경우에는 스스로에 대한 평가도 낮아지고 공동체 내에서의 위치 설정도 어려워진다. 이러한 사람들은 당연히 고립된 채로 엉뚱한 것을 탐닉하거나, 또 다른 버팀목에 의지할 수밖에 없게 된다.

소셜미디어가 이들에게는 생명줄로 다가온다. 오프라인 환경에서는 얻을 수 없지만, 온라인에서 익명의 타인으로부터 오는 피드백은 일종의 의사擬似 사회적 지지로써 중요한 버팀목이 된다. 결국 병리적 인터넷 이용자는 오프라인 환경에서 얻을 수 없는 지지와 인정을 얻기 위해 '좋아요'를 누르고, 자신의 콘텐츠를 올리면서 끊임없이 인터넷에 접근을 반복하다 결국 중독 상태에 이르게 된다. 소셜미디어가 자기결정이론의 핵심 요소인 자율성, 능력 혹은 관계의 결핍으로 인한 심리적 불안을 일시적으로 해결해주는 것 같지만, 결국 집착과 중독의 부작용으로 귀결된다.

이러한 상황에서 외적 동기가 늘어나면 내적동기는 사라진다는 데시의 주장은 의미가 크다. 인터넷에서 얻을 수 있는 지지나 보상은 대개의 경우 일회적이며 피상적인 외적 보상이라 할 수 있다. 이러한 외적 보상이나 동기가 늘어나면, 그러한 상황을 벗어나기가 힘들어지며 내적동기는 줄어들 수밖에 없게 된다. 주지하다시피 내적동기는 금전적 보상과 같은 외적 보상을 추구하는 것이 아니라 자존감을 높이고 자아를 실현할 수 있는 삶의 목표를 세우는 것으로, 인터넷에서의 다양한 활동들, 예를 들면 소셜미디어에서 자신의 여행 후기를 끊임없이 올리고, 다른 사람들이 이에 대해 '좋아요'를 누르기를 바라는 감정과는 정반대의 현상이다. 결국 인터넷의 병리적 사용은 외적 보상을 극단적으로 추구한 나머지 진정한 삶의 에너지라 할 수 있는 내적동기를 송두리째 없애버리며 결과를 낳게 된다. 나아가 내적동기가 사라진 상황에서 자신의 정체성을 지키기는 더욱 어려워지면서 유동적 정체성이 탄생할 수 있는 공간이 생겨난다. 다양한 상황에서 오는 불안감은 유동적 정체성을 더욱 흔들어대는 자극이다. 이러한 상황에서 확고한 신념과 가치를 기반으로 한 정체성은 흔들릴 수밖에 없고, 자존감은 저하되고 자아 상실이 일어난다.

자존감이 극도로 낮아지면 자아 상실로 이어진다. 사실 자아 상실은 온라인에서 일어나는 피상적 연결의 또 다른 후유증이다. 자아 상실은 공의존과 함께 중독의 핵심 징표로 나타난다. 자아 상실의 반대편에 위치한 자아 실현은 의식과 무의식을 통합해 온전한 하나를 이루는 것이라고 융은 설명한다. 이러한 자아 실현 과정은 온갖 위험과 굴곡으로 가득 차 있다. 자아 실현이 지나치면 자신이 신이 된 것 같은 착각을 하는가 하면, 또 한편으로는 세상의 쓰레기에 지나지 않는다고 자신을 비하하기도 한다. 자아 팽창과 자아 상실의 양 극단을 끊임없이 오가는 것이다. 이처럼 높은 신과 밑바닥 쓰레기 사이를 오가는 것이 인간의 정신 운동이다. 융은 이렇게 극단으로 가는 정신의 동요를 '에난티오드로미enantiodromie: 대극의 반전'로 설명하

였다.[180]

소셜미디어를 포함한 인터넷의 환경도 '대극의 반전' 기제로 작동한다. 한 순간 자신은 온라인 세계에서 신이라고 생각했다가, 어느 순간에는 벌레로 여기는 감정의 반전이 수도 없이 일어난다. 최악의 범죄로 인정되는 n번방의 사례에서 갓갓은 자신을 신으로 칭하며 자아 팽창을 했지만, 지금은 벌레가 되어 감옥을 기어 다니는 것이다. 이러한 파괴성과 극심한 반전은 중독이 지닌 핵심 특징이다. 물론 모든 사람이 대국 반전의 양극단을 오가는 것은 아니지만, 소셜미디어라는 롤러코스터는 이러한 대극 반전의 중요한 장치를 가득 품은 채 우리에게 다가온다. 타인의 지지와 인정을 받으며 나의 자존감을 높여주는 '좋아요'가 바로 대극의 반전 장치이다. 어제의 사진은 수많은 '좋아요'로 자아 팽창의 계기가 되었지만, 오늘의 글은 아무도 관심을 두지 않아 자아 상실의 기분을 조성하는 것이다. 이처럼 예상치 못한 자극의 반복은 도파민을 과다 분출시키면서 과잉 사고와 과잉 행위로 연결된다.

보통 사람들의 소셜미디어 활동은 평판 자아reputation self의 확장을 가져온다. 온라인의 이미지는 분명 자신과 다르지만, 그것조차 자신의 일부이니 자기 자신, 즉 또 다른 자아인 셈이다. 가짜와 실제가 불분명한 포스트모던 시대에서 나타나는 다양한 페르소나의 탄생이다. 페르소나의 어원인 연극 상황에 맞춰 가면을 바꿔 쓰듯이 외부의 환경에 맞춰 상대하는 대상에 따라 새로운 페르소나가 등장하는 것이다. 취업 대상자의 78%가 미래 고용주에게 어떻게 보일지 걱정한다고 한다.[181] 잠재적 고용주에게 긍정적 모습을 보여주기 위해 포스팅하는 모습에서도 새로운 페르소나가 등장한다.

점차 소셜미디어 활동은 소셜 게임의 하나로 전환되고 우리 모두는 롤플레잉 게임을 하는 주인공이 된다. 실제로 소셜 네트워크의 다양한 서비스는 점점 더 게임적 요소가 가미되고, 반대로 온라인 롤플레잉 게임은 소셜 네트워크의 특성을 십분 활용하는 소셜 게임의 하나로 진화하고 있다. 언젠가는 이용자들의 정체성과 사회적 관계를 마음대로 지정할 수 있는 소셜 롤플레잉 게임이 인터넷 전체를 지배할 것이다. 롤플레잉의 목표인 더 나은 평판 자아를 위해서는 능력주의 환경에 맞는 다양한 자질의 수치적 향상이 필요하다. 이른바 3C$^{craft, cultivate, curate}$ 마케팅 캠페인도 득세하게 된다. 바우만의 이야기처럼 유동적 현대$^{liquid modernity}$에서 나타나는 유동적 정체성$^{liquid identity}$을 임시 부표로 고정시키려는 눈물겨운 노력들이다.

유동적 정체성$^{liquid identity}$은 신뢰 형성이 제대로 이루어지지 않고, 자존감이 흔들리는 환경에서 나타나는 부표처럼 흔들리는 정체성이다. 끊임없이 주변을 둘러보고 SOS를 보내지만 확실한 피드백이 없을 때 우리의 감정은 요동치며 자리를 잡지 못한다. 유동적 정체성이 지배하는 사회에서 누군가가 친절하게 손길을 내밀면 당연히 다가갈 수밖에 없다. 어렵고 힘든 환경에서 교회를 찾듯이 구원의 손길을 염원한다.

불행인지 다행인지 소셜미디어는 우리 곁에서 늘 존재한다. 개인 정체성의 상당 부분은 개인이 구성하는 것이 아니라 사회가 구성하는 것이다. 사회라 함은 개인을 둘러싼 모든 환경을 의미한다. 소셜미디어와 같은 다양한 자극과 설득 기술 장치가 듬뿍 내재된 테크노폴리 환경이다. 유동적 정체성이 만연하는 사회에서는 사회자본 구축이 더욱 어려워지고, 개인의 파편화와 공동체 붕괴가 뒤따른다. 주목해야 할 것과 주목하지 말아야 할 것을 구별하지 못하고, 사고가 마비되고, 사유는 실종되어 개인과 집단의 행위는 엉뚱한 결과를 초래한다. 소프트 전체주의의 조건이 갖춰지는 것이다. 스탈린과 히틀러가 눈앞의 공포심을 유발하여 전체주의를 가동하였다면, 소프트 전체주의에서는 보이지 않는 불안과 수치심으로 사회가 구동된다.

3장.　중독 사회 처방전

처방을 위한 준비

    기술 중독이나 소셜미디어 중독과 관련하여 적지 않은 연구에서 해결책을 제시하였지만, 그 실효성에 대해서는 많은 의문을 자아낸다. 공허한 담론에 그치거나 실천 불가능한 것들이 대부분이기 때문이다. 이 책에서의 처방은 기본적으로 증상에 집착하기보다는 중독의 원인에 대해 총체적으로 살펴야 한다는 입장을 견지한다. 해열제는 열을 내리게 하지만 열이 나는 원인을 치료할 수는 없다. 중독에 대한 처방은 대증요법이 아니라 병인론의 시각에서 접근해야 한다. 증상이 아니라 원인을 찾아야 하고, 국소 치료가 아니라 총체적 문제 해결을 위해 다가가야 한다.

    어찌 보면 너무나도 당연한 이야기이지만 현실에서는 그렇지 못하고, 소셜미디어 중독 해결을 위한 논의도 예외는 아니다. 혹자는 너무 세부적으로 분류된 진료 과목에 대해 문제를 제기하기도 한다. 어느 한 쪽에서만 진료해서는 해결되지 않는 질병이 많기 때문이다. 예를 들어 치과 진료는 20세기 초반만 해도 수술을 담당하는 외과의사가 담당했다. 실제로 현대

치의학의 아버지로 프랑스 외과의사 페이르 포사르를 꼽는다.[182] 치아 문제는 수술의 문제이기도 했기 때문이었다. 이러한 통합적인 관점은 의학 기술이 발전함에 따라 사라지고 점차 세부적이고 전문적인 분류 체계로 변하게 되었고, 치과는 기존의 진료 과목에서 아예 분리 독립하여 독자적인 시스템을 구축하게 된다.

문제는 우리가 치통을 느낄 때 그 증상과 관련하여 매우 다양한 원인이 있다는 점이다. 어쩌다 오는 치통은 충치 등과 같은 치아 자체의 문제가 아니라 스트레스나 피곤할 때 다가오기도 한다. 이럴 경우 치과 진료에서 기대할 수 있는 것은 대증요법일 뿐이다. 내과, 외과 혹은 신경외과와의 협진 정도가 아니라 병원 시스템을 건너뛰는 체계가 아니고는 해결할 수 없는 상황이 자주 벌어진다. 신경이나 혈관 등 모든 것이 연결되어 있는 생체의 본질을 고려하면 총체적으로 바라보는 것이 정답이다.

중독도 같은 접근이 필요하다. 소셜미디어 중독을 개인의 잘못된 습관이나 특성에만 기인하는 것으로 접근하는 것은 대증요법에 지나지 않는다. 증상에 대한 논의가 아니라 개인의 전반적인 상황을 고려해야 한다. 또한 개인만을 바라보는 것을 넘어서는 총체적holistic 접근이 필요하다. 한 개인을 넘어서 가족, 공동체 그리고 사회/문화적 환경을 동시에 살펴보아야 할 것이다. 개인의 중독을 치료하기 위해서는 개인을 둘러싼 맥락의 이해가 필요한 것이다. 신자유주의, 능력주의, 경쟁 그리고 수치에 대한 집착과 편향 등 현 사회가 지니고 있는 병리적 현상을 함께 고려해야 중독의 문제도 해결할 수 있다.

개념 세우기

최근 들어 인터넷 중독 혹은 스마트폰 중독을 '스마트폰 과의존'으로 용어를 변경하여 사용하는 경우가 많다. 특히 언론에서 중독과 과의존을 동일시하거나, 그렇지 않은 경우도 있어 용어의 통일이 필요하다. 대개의 경우 중독을 과의존보다 좀 더 부정적 측면이 드러나는 용어로 인식하지만, 실제 사용에 있어서는 과의존을 중독과 동일한 의미로 사용하는 경우가 많다.

인터넷 중독을 포함한 인터넷/스마트폰과 관련된 국내 최대 연구 및 진흥 조직이라 할 수 있는 한국지능정보사회진흥원(구 한국정보화진흥원)의 자료에 따르면 과거에는 스마트폰 중독을 인터넷 중독의 하나로 접근하여 금단, 내성, 일상생활 장애를 일으키는 현상으로 설명하였다. 영어 표기로는 '인터넷 중독Internet addiction▼' 혹은 '인터넷 중독 장애IAD: Internet addiction disorder'라고 하며, '문제적 인터넷 사용problematic internet use' 혹은 '병리적 인터넷 사용pathological internet use'이라는 표현도 쓴다. 앞 장의 병리적 인터넷 사용도 이러한 명칭을 차용한 것이다. 인터넷 중독 장애는 '문제적이고 충동적인 인터넷 이용으로 인해 일상생활에서 개인의 활동에 장기간 지장을 주는 상황'을 의미한다.▼▼

진흥원은 '스마트폰 중독'이라는 용어를 2016년까지

▼ 1995년 이반 골드버그가 정신병의 일종으로 처음 제시하였으며, 미국 『정신질환 진단 및 통계 편람』에 포함되어 있지는 않다.

▼▼ (…) is generally defined as problematic, compulsive use of the internet, that results in significant impairment in an individual's function in various life domains over a prolonged period of time.

사용하였고, 2017년부터는 '스마트폰 과의존'이라는 용어로 대체하여 사용 습관에 초점을 두고 '스마트폰에 대한 현저성이 증가하고, 이용 조절력이 감소하며, 문제적 결과를 경험하는 상태'라고 설명하고 있다. 구체적으로 '조절실패self-control failure는 이용자의 주관적 목표 대비 스마트폰 이용에 대한 자율적 조절능력이 떨어지는 것이고, 현저성salience은 개인의 삶에서 스마트폰을 이용하는 생활 패턴이 다른 행태보다 두드러지고 가장 중요한 활동이 되는 것을 의미하며, 문제적 결과serious consequences는 스마트폰 이용으로 인해 신체적 · 심리적 · 사회적으로 부정적인 결과를 경험함에도 불구하고 스마트폰을 지속적으로 이용하는 것'으로 정의한다.[183]

한국지능정보사회진흥원에서는 2004년부터 인터넷 중독 실태조사를 실시하고 있다. 2014년까지는 '인터넷 중독' 실태조사, 2015년과 2016년에는 '인터넷 과의존' 실태조사, 2017년부터 2019년까지는 '스마트폰 과의존' 실태조사로 명칭을 변경하여 연구보고서를 발간하였다. 보고서를 담당하는 부서 역시 '미디어중독 대응센터'에서 '스마트쉼 센터'로 2015년 명칭을 변경하였다. 용어의 변경이나 담당 부서의 명칭 변경은 차별에 대한 문제의식에서 시작된 것으로 보이지만, 중독의 일상화가 급격히 퍼져가는 상황에서 이러한 명칭 변경은 자칫 문제가 해결되고 있다는 인식을 심어줄 수도 있다.

한편 중독 혹은 과의존에 대한 개념 정의도 시간이 지남에 따라 변화된다. 2014년 인터넷 중독 실태조사에서는 인터넷 중독 개념을 '인터넷(혹은 스마트폰)을 과다 사용하여 이에 대한 금단과 내성을 지니고 있으며, 이로 인해 일상생활의 장애가 유발되는 상태'라고 정의하였다. 2015년 실태조사에서도 인터넷 스마트폰 과의존 개념을 2014년의 인터넷 중독 개념과 동일하게 정의하고 있다. 그러다 2016년 인터넷 과의존 실태조사에서는 2015년에 사용되었던 용어인 '인터넷 스마트폰'에서 인터넷을 제외하고 '스마트폰'만을 남기면서 스마트폰 과의존 개념을 정의하였다. 스마트폰 중독 문제가 커지는 상황에서 연구의 초점이 인터넷에서 스마트폰으로 옮겨간 것을 알 수 있다. 여기서는 스마트폰 과의존 개념을 '과도한 스마트폰 이용으로 스마트폰에 대한 현저성이 증가하고, 이용 조절력이 감소하여 문제적 결과를 경험하는 상태'로 '조절 실패, 현저성, 문제적 결과' 등의 세 가지 요인으로 구성된다고 정의한다.

이러한 개념 정의는 2020년에 발간된 2019 스마트폰 과의존 실태조사에서도 동일하게 사용된다. 다만 2016년의 개념 정의에서는 구조모형이라는 다소 모호한 명칭 하에 스마트폰 과의존이 조절실패, 현저성 및 문제적 결과를 이끄는 인과 관계로 설명하지만, 2017년 스마트폰 과의존 실태조사부터는 스마트폰 과의존 개념 정의를 하는 데 있어 2016년과 같은 어색한 구조모형을 제시하고 않고 있다. 이러한 상황은 스마트폰 중독 혹은 과의존 현상의 정확한 인과관계를 아직까지 파악하지 못하거나 안 하고 있으며, 따라서 관련 인과 모델도 제시하지 못하고 있다는 것을 의미한다.

관련하여 질병관리청 산하 국가건강정보포털^{cdc.go.kr} 의학정보에서는 인터넷 중독이란 표현을 사용하면서 '인터넷을 과다 사용하여 인터넷 사용에 대한 금단과 내성이 생겨, 이로 인해 일상생활의 장애가 유발되는 상태'로 정의하고 있다. 아래 그림은 국가건강정보포털에 '인터넷 중독 구조 모형'이란 제목으로 제시된 것으로 출처가 한국정보화진흥원으로 되어있다.[184] 전술한 것처럼 인과관계가 매우 모호한 진흥원의 과거 모델을 그대로 사용하고 있으며, 이러한 모델을 보건복지부와 대한의학회에서 아무런 비판이나 검증 없이 사용하는 것으로 보여진다. 결론적으로 수많은 부작용과 악영향이 나타남에 따라 중독 혹은 과의존에 대한 문제의식은 높아지고 있는 것으로 나타나지만, 인터넷 중독에 대한 통일된 명칭이나 개념정리 혹은 인과관계에 대한 설명이나 결론은 아직 제대로 이루어지지 않고 있다고 할 수 있다.

인터넷 중독 구조모형(수정)

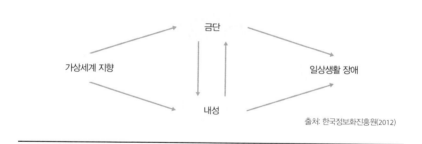

출처: 한국정보화진흥원(2012)

치료를 위한 한 걸음

다음으로 인터넷 혹은 스마트폰 중독해소 방안을 살펴보자. 기본적으로 국내외를 막론하고 충분한 연구가 진행되어 있지 않은 상태이다. 당연히 해소 방안에 대한 구체적인 내용도 찾기가 쉽지 않다. 정부의 입장이라

할 수 있는 한국지능정보사회진흥원에서는 2016년 보고서부터 해소 방안에 대한 논의를 시작했다. 그러나 전국 표본을 대상으로 진행한 설문지 응답에 기초한 보고서의 결과인 만큼 해소 방안도 적절한 이론이나 모델의 검증 방식이 아니라, 설문 결과를 바탕으로 특정 문항의 답변을 %(퍼센트) 등의 간단한 기술통계치를 제시하는 데 그치고 있다.

우선 설문 결과에서 제시된 척도와 과의존에 대한 정의를 먼저 살펴보자. 2016년 보고서에 따르면 2002년 한국정보화진흥원이 개발, 고도화한 표준화된 한국형 인터넷 과의존 척도[K-척도]와 2011년 개발한 스마트폰 과의존 척도[S-척도]를 기반으로 2016년 '스마트폰 과의존 통합 척도'를 개발하였다. 척도에 대한 총점을 산출 후 각 대상별 기준 점수에 따라 고위험군, 잠재적위험군, 일반사용자군의 3개 유형으로 분류하였고, 이 중 고위험군과 잠재적위험군을 스마트폰 과의존 위험군으로 구분하였다. 한편 유아동용(관찰자용) 스마트폰 과의존 척도는 총 9문항으로 구성되며, 4점 만점 척도를 사용했다.[▼] 과의존 위험군에 대한 정의는 다음과 같이 내리고 있다. 고위험군은 '스마트폰 사용에 대한 통제력을 상실한 상태로 대인관계 갈등이나 일상의 역할 문제, 건강문제 등이 심각하게 발

▼ 합계 점수가 28점 이상이면 고위험군으로, 27~24점이면 잠재적위험군으로 의존 유형을 구분한다(1~3번 문항은 역척도로 ①: 4점, ②: 3점, ③: 2점, ④: 1점으로 변환하여 결과를 산출하였다).

생한 상태'로, 잠재적 위험군은 '스마트폰 사용에 대한 조절력이 약화된 상태로 대인관계 갈등이나 일상의 역할에 과의존 현상'이 있는 경우로 정의하고 있다.▼

▼ 스마트폰을 이용하는 시간이 과도하다고 응답한 비율은 36.6%로 전년 대비 3.2%p 증가. 과의존 위험군이 72.7%, 일반 사용자군이 27.5%로 과의존 위험군이 자신의 스마트폰 과사용에 대한 인식이 높음.

2016년에는 인터넷(스마트폰) 과의존 해소를 위한 적절한 수단으로 28.0%의 응답률을 보인 '예방교육'을 가장 먼저 제시하였다. 그 다음으로 '상담기관 운영 및 지정', '상담치료 프로그램 운영' 등이 뒤를 잇고 있다.

2016년 인터넷(스마트폰) 과의존 해소를 위한 방안(%)

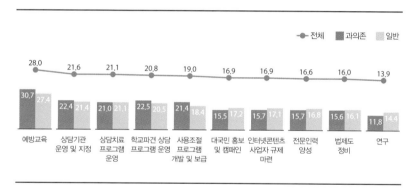

2017년 스마트폰 과의존 실태조사에서는 과의존 해소 방안이라는 타이틀 아래 이를 위한 개인적 노력과 정책 요구사항으로 구분해서 제시하고 있다.

2017년 과의존 해소를 위한 방안(%)

개인적 노력(1+2순위)

■ 과의존 ■ 일반

45.1	대체 여가 활동의 활용	42.6
42.2	교육 및 상담	37.7
36.4	대체 여가 활동의 활용	34.2
28.4	가족 및 친구의 조언과 협조	29.6
25.0	전문기관을 통한 치료	32.0
21.3	사용조절 프로그램 등 기술적 지원	22.0

정책 요구사항(1+2순위)

■ 과의존 ■ 일반

38.9	예방교육 및 상담기관의 확대	33.2
34.6	스스로 대비할 수 있는 교육프로그램 이용 확대	32.8
34.1	홍보와 정보제공	40.1
28.9	법제도의 마련과 시행	22.5
24.4	가족 및 주변 사람들의 공동대처	33.9
21.3	사용조절 앱 개발 및 보급	20.3
17.7	과의존의 심각성과 폐해에 대한 사례연구	16.8

과의존 해소를 위한 개인적 노력 방안으로는 대체 여가 활동의 활용이 가장 높게 나타났다. 이어서 교육 및 상담, 대체 여가 활동의 활용 순으로 이어진다. 이러한 경향은 과의존군이나 일반군에서 동일하게 나타난다. 한편 정책 요구사항의 경우에는 과의존과 일반군의 응답이 다소 엇갈린다. 과의존군의 경우에는 예방교육 및 상담기관의 확대가 가장 높고, 일반군은 홍보와 정보제공이 가장 높은 것으로 나타났다.

2018년부터는 스마트폰 과의존 해소 방안을 개인, 정부, 기업 등 주체별로 나누어 제시하였다. 2018년과 같은 방식으로 진행된 2019년 스마트폰 과의존 실태조사에서 밝힌 해소 방안을 살펴보자. 개인의 경우에는 해소 방안과 장애 요인으로 나누어 접근하였는데, 해소 방안으로 대체 여가 활동, 가족 및 친구의 조언과 도움, 개인의 사용 조절 의지, 사용조절 앱 등 기술적 지원 순으로 나타난다. 개인의 장애 요인으로는 재미, 습관적 스마트폰 이용, 친구 및 지인들과의 소통, 학습 또는 업무상 불가피한 이용 순이다.

2019년 스마트폰 과의존 해소 방안과 장애요인(%) – 개인

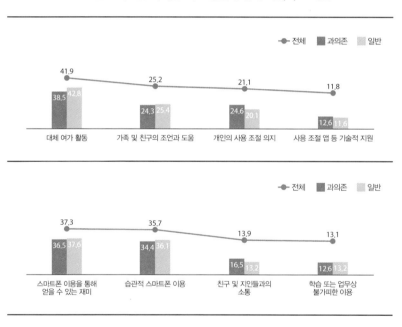

기업의 해소 방안으로는 과다 사용에 대한 안내문이나 경고문 제시, 이용시간에 대한 인식제고 캠페인, 기술적 조치 순으로 나타났다.

2019년 스마트폰 과의존 해소 방안(%) – 기업

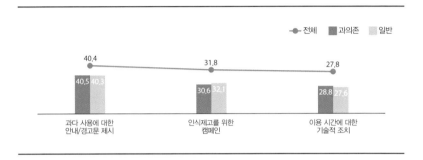

정부의 해소 방안으로 스마트폰 과의존 해소를 위한 교육, 인식제고를 위한 캠페인, 법 · 규제, 전문기관을 통한 상담 · 치료 순으로 나타났다.

2019년 스마트폰 과의존 해소 방안(%) – 정부

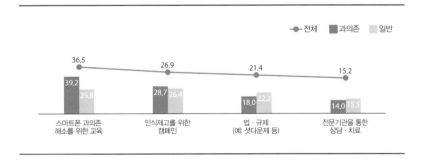

앞에서 자세히 제시한 것처럼 2019년까지 이어져 온 보고서는 가장 높은 응답률을 높인 항목을 인터넷 과의존의 원인 및 해결 방안으로 제시하고 있다. 보고서에 나온 과의존 원인 및 영향 요인을 종합하면 과의존 위험군은 일반군보다 '게임/인터넷 검색'을 여가활동으로 선호하고 희망한다는 설명으로 대신하고 있다. 구체적으로 과의존 위험군과 일반사용자군 모두 'TV 시청'이 가장 많이 하는 여가활동으로 나타났지만, 다음으로 많이 하는 여가활동으로 과의존 위험군은 '게임/인터넷 검색', 일반사용자군은 '휴식'이라고 응답하여 차이를 보인다고 설명한다. 한마디로 과의존 위험군은 인터넷 게임 등 인터넷에 더 다가가고 있으니 이러한 상황을 타개해야 한다는 것이다. 다만 이러한 결론은 원인과 결과가 뒤섞여 인과관계가 매우 모호하고, 사실상 원인이나 영향 요인을 제시하지 못한 것으로 파악된다.

한편 과의존 문제해결 방안 역시 대체 여가 활동(문제 해결 주체 '개인' 응답자), 과다 사용에 대한 안내/경고문 제시(기업 응답자), 교육(정부 응답자)을 각각 1순위로 답했다는 결과의 제시로 대체한다. 또한 자녀 스마트폰 사용에 대한 부모의 중재 활동(예를 들면 '특정 스마트폰 앱이나 사이트 제한')에 대한 응답이 가장 많았다고 서술한다. 이와 관련하여 자녀의 스마트폰 사용 지도를 위한 정보습득처 1순위는 '본인의 경험', 필요한 정보 1순위는 '자녀에게 유용한 스마트폰 앱이나 사이트 정보'라고 밝히고 있다.

마음챙김 가이드라인

앞에서 언급한 내용을 종합해보면 정부 보고서의 결론은 인터넷 혹은 스마트폰 중독에 대한 현상을 진단할 뿐, 그 원인이나 대처방안에 대한 과학적 연구결과가 없을 뿐만 아니라, 이에 대한 고민조차 하지 않는 것으로 보여진다. 원인과 대처방안을 구하기 위해서는 단순한 설문조사에 그칠 것이 아니라 현상을 설명할 수 있는 이론과 방법론을 적용, 검증하여 결과를 도출해 내야 할 것이다. 특히 대처방안을 설문으로 대체하는 것은 해결의 실마리는 제공할 수는 있어도, 의미 있는 해결책이라 할 수 없다.

스마트폰 혹은 소셜미디어 중독에 대한 논의는 아직 초기 단계에 머무르고 있다. 개념 정의에서부터 해소 방안에 이르기까지 모든 부분에서 합의된 결론을 내리지 못하는 정도를 넘어서, 현상 파악을 더 어렵게 하는 혼란스러운 수준이라고 할 수 있다. 이 같은 상황은 스마트폰 혹은 소셜미디어의 부작용이 여타의 약물 복용처럼 즉각적인 문제를 일으키지 않는다는 점, 부작용의 효과가 장기적으로 서서히 나타난다는 점, 대부분의 사람들이 부작용 자체를 인지하지 못하고 있다는 점, 장점이 훨씬 더 부각될 수밖에 없는 뉴미디어로서 산업과 정부의 보호막이 있다는 점 등 다양한 이유로 인해 계속 지속될 것으로 보인다. 당연히 한 편의 논문이나 보고서로 모든 것을 해결할 수는 없는 상황이며, 수많은 연구를 거쳐 어느 정도 시간이 지난 후에야 일정한 수준의 결론에 도달할 수 있으리라 여겨진다.

본 장에서는 이처럼 혼란스러운 상황 속에서 중독이라는 현상이 현 사회에서 갖는 의미가 무엇인지, 그리고 그러한 현상과 관련된 개인 및 사회/문화적 요인에 대한 논의를 통해 중독의 대처방안을 얻고자 한다. 총체적 접근에 앞서 기존 연구에서 제시한 몇 가지 조언을 먼저 살펴보기로 하자.

디지털 미니멀리즘

디지털 미니멀리즘digital minimalism은 늘 제시되는 현실적 방안의 하나이다. 우리들 스스로 깨어나야 한다는 것이다. 기술 기업들의 다양하고 은밀한 자극에 기반한 서비스 개발 경쟁은 마치 군비 경쟁처럼 강화되면 되었지 약화되지 않는 상황에서 상대방에게 무엇을 요구할 것이 아니라 우리 스스로가 깨우치고, 기술 활용에 있어서도 철학이 필요하다는 것이다. '온라인에서 시간을 보낼 때 자신이 소중히 여기는 것들에 도움이 되며, 신중하게 선택한 소수의 최적화된 활동에 초점을 맞추고, 다른 모든 활동은 기꺼이 놓치는 기술활용 철학'을 구사할 것을 주문한다.[185]

칼 뉴포트Cal Newport가 『디지털 미니멀리즘Digital Minimalism』에서 제시하는 세 가지 원칙을 먼저 살펴보자.[186] 첫째, '잡다함은 대가를 수반한다'. 잡다함을 피하고 단순함을 추구해야 한다. 스마트폰과 같은 수많은 커뮤니케이션 기제에 둘러싸여 시간과 주의가 분산됨으로써 나타나는 손실에 대해 고민을 해야 한다. 데이비드 소로의 실천사례를 참고할 필요가 있다. 소로는 살아가는 데 많은 돈이 필요하지 않고, 따라서 그 돈을 벌기 위한 노동도 최소한으로 하면 상당한 자유를 누릴 수 있다고 생각했다. 소로의『월든』이 경제 원리로 시작하는 이유도 이런 것을 실제로 보여주기 위함이었다. 소로는 주변의 콩코드 주민들이 의미 없는 활동(가령, 창문을 예쁘게 꾸미고, 좀 더 좋은 마차를 사는 것)을 위해 많은 땅을 경작하면서 쉬지도 못하고, 과도한 노동을 하는 것에 대해 비판을 가한다. 페이스북이나 트위터 역시 활발히 사용하면 새로운 사람도 만나고 사업에 도움이 될 수도 있다. 그러나 한정된 시간을 희생한 대가로 얻는 결과는 삶의 참된 의미를 생각할 때 너무 빈약할 뿐만 아니라 독이 되어 돌아오는 경우도 많다. 주목을 강요하는 사회이지만 균형을 유지할 필요가 있다.

특히 이러한 소로의 주장은 주장 자체보다 주장하는 형식에서 의미가 있다. 물질적 소유에 대한 비판은 과거 로마 시대에도 있었다. 다만 소로는 계산을 통해 정확히 무엇을 잃고 무엇을 얻는지를 설명한다.『월든』에는 수많은 영수증과 대차대조표가 등장한다. 마치 다윈이 사촌과 결혼할 때 대차대조표를 만들어 결혼하면 얻는 것과 잃는 것을 비교한 것처럼 말이다. 아무 근거 없이 그냥 소비하지 말자라는 논의는 아니라는 점이다.

둘째, '최적화는 중요하다'. 특정 기술을 단순 선택하는 것을 넘어서서 그 기술을 어떻게 활용할지 신중하게 생각해야 한다. 이러한 고민을 통해 기술의 혜택과 장점을 온전히 누릴 수 있을 것이다. 또한 수확체감의 법칙에 의하면 시간이 지날수록 기술 사용에 대한 보상도 줄어든다. 적절한 사용과 절제를 통해서 최적화의 노력을 기울이면 보상 곡선의 초반에 머무를 수 있지만, 대다수의 사람은 이런 최적화에 노력을 쏟지 않는다.

유혹을 떨쳐낼 수 있는 환경을 설계하는 것도 최적화를 위한 하나의 방법이다. 이른바 행위 설계behavioral architecture를 하는 것이다. 행위 설계는 잘 때 스마트폰을 침대 머리맡에 두지 않도록 스마트폰의 위치를 설정하는 것과 같이 우리 주변 환경을 적절하게 조성하여 최적화된 행위가 가능하도록 만든다. 물리적 공간이라는 환경적 요소를 통해 우리의 습관이나 태도 혹은 감정을 제어할 수 있다. 대학 신입생들의 친구 사귀기 연구에서 물리적 공간은 아주 중요한 요소로 나타난다. 기숙사 방을 마주보고 있는 친구는 그 반대편 복도에 위치한 방의 친구보다 훨씬 사귀기가 쉽다. 네덜란드 디자인 회사 헬데르그로엔heldergroen은 오후 6시가 되면 사무실 가구들이 자동으로 천장으로 올라가게 사무실 환경을 구축하였다. 다소 강압적이라 할 수 있는 이 방법은 단점도 있지만 정시에 업무를 마치라는 중요한 원칙을 지키게끔 한다.

기술의 폐해는 기술로 고친다. 물론 문제점이 있지만 현실적으로 부분적인 해결책이 될 수 있다. 예를 들면, 유익한 앱들을 사용하는 것이다. 가령 리더 모드reader mode는 읽고자 하는 글과 관련한 사건이나 동영상 외에 다른 요소들은 사라지게 만드는 기능을 갖고 있다. 기능 플래그feature flag도 활용 가능하다. 한 기능을 켜거나 끄는 기능이다. 가장 쉬운 방법은 스마트폰에 설치된 수십 개의 알림 기능을 해제하면 사용자가 통제권을 어느 정도 되찾을 수도 있다. 디폴트를 우리 것으로 전환하여 시스템 환경을 우리

스스로 설계하는 것도 행위 설계에 포함된다. 사용자가 최종 결정권자가 되는 구조, 즉 옵트 아웃^{opt out}▼이 아니라 옵트 인^{opt in}▼▼ 구조로 소셜미디어 서비스 환경을 조성하는 것이다. 물론 이것은 사용자가 원한다고 되는 것은 아니다. 정부, 기업, 사용자 모두가 힘을 모아야 가능한 것으로, 사용자 개인만으로는 쉽지 않은 해결책이다.

셋째, '계획성은 만족감을 안긴다'. 계획에 따라 특정 기술에 접근하는 것은 사용 목적 이외의 만족감을 사용자에게 제공한다. 디지털 미니멀리즘이 큰 의미를 지닐 수 있는 중요한 이유이기도 하다. 이 원칙은 이른바 '아미쉬 해킹^{Amish hacking}'를 통해서 이루어질 수 있다. 아미쉬라고 해서 무조건 기술을 배척하는 것은 아니다. 도입하려는 기술이 도움이 되는지 해가 되는지, 아미쉬 공동체를 뒷받침하는지 아닌지를 기술 도입 전에 고민한다. 가령 신기술이 등장하면 아미쉬 공동체의 알파 긱^{alpha geek}▼▼▼이 시험 사용해 봐도 되는지 사제에게 묻는다. 대개의 경우 사제는 시험 사용을 허락하고 기술의 영향을 체크한다. 긍정적 영향이 있으면 받아들이고, 그렇지 않으면 금지한다. 긍정적 요소를 극대화하고 부정적 요소를 최소화하는 것이다.

아미쉬 철학은 근대성을 거부하는 것이 아니라 다른 형태로 근대성을 구축해 나가는 것이다.[187] 이런 식

▼ 제공하는 측에서 서비스 환경을 임의로 구축하고 이용자가 거부하는 것.

▼▼ 사전동의. 사용자가 유리한 환경이 디폴트인 경우.

▼▼▼ 특정 그룹 내에서 기술에 가장 정통한 사람을 이르는 말.

의 근대성을 참고할 필요가 있다. 실제로 아미쉬는 16살이 되면 집을 떠나 바깥세상을 체험한다. 그런 체험을 거쳐 아미쉬 세례를 받을 것인지를 결정하는데rumspinga, 80~90%가 아미쉬 체류를 선택한다고 한다. 기술을 무조건 배척하는 것이 아니라 개인과 공동체의 심사숙고 아래 기술의 도입을 결정하는 것이다.

위에서 제시한 세 가지 원칙 이외에 저정보 다이어트low information diet도 디지털 미니멀리즘의 한 갈래라고 할 수 있다. 팀 페리스가 유행시킨 저정보 다이어트는 미국에서 주로 선호한다. 유럽인들이 미디어 소비에서 양질의 경험을 추구한다면, 저정보 다이어트는 뉴스와 정보의 접근을 줄여 다른 활동에 쓸 시간을 되찾는 것이 목적이다. 좋은 음식을 먹기보다 나쁜 음식을 줄이는 데 집중하는 것이다. 타임 웰 스펜트Time Well Spent에서 벌이는 '두 살 전에는 화면에 노출시키지 말자'와 같은 운동이 대표적인 저정보 다이어트다.▼ 앞 장에서 언급된 트리스탄 해리스는 2013년부터 저정보 다이어트 운동을 벌여왔으며, 테드TED 등 다양한 자리에서 수많은 청중을 대상으로 뉴미디어 오남용의 심각성을 이야기하고 있다. 타임 웰 스펜트는 2021년 현재에는 인간과 기술센터center for humane technology에서 관장하고 있다.[188]

▼ The Center for Humane Technology (formerly known as Time Well Spent) is a nonprofit organization which seeks to reverse what it calls "human downgrading" and the "digital attention crisis", caused by technology companies designing mobile devices and social media features in order to capture as much attention as possible, regardless of their impact on users' quality of life.

슬로우 미디어slow media라는 개념도 디지털 미니멀리즘의 한 부류이다. 슬로우 미디어는 뉴스 생산과 소비 모두에 초점을 맞춘다. 디지털 미니멀리즘의 구체적 실현으로 나타난 슬로우 미디어는 1980년대 로마에서 시작한 슬로우 푸드slow food 운동과 유사하다. 슬로우 미디어는 2000년대 초반부터 『허프 포스트』, 『아틀랜틱The Atlantic』, 『월스트리트 저널』 등 각종 언론에 등장하기 시작하였고, 2010년에 퀼러, 데이비드, 블룸트릿 등 3명이 슬로 미디어 매니페스토manifesto를 온라인에 올리면서 본격적으로 시작되었다. 14개 항목으로 구성된 매니페스토는 모든 미디어 콘텐츠의 생산과 이용에 있어 철학적이고 윤리적인 생산과 소비에 초점을 맞추고 있다. 슬로우 미디어는 높은 수준의 품질을 모든 콘텐츠 생산에 적용함으로써 빠르게 생산되어 금방 사라지는 다른 미디어 콘텐츠와는 차원을 달리한다. 슬로우 미디어 이용은 많은 집중력을 요구하며, 가볍게 소비하는 것이 아니라 신중하게 경험하는 것이다. 패스트푸드 음식을 정신없이 먹어치우는 것이 아니라, 유기농 재료로 마련한 식단을 시간을 들여 편안한 마음으로 감사하며 먹는 것과 같다. 조금 더 품이 들고, 서비스 가격도 높고, 선택의 폭도 좁지만 건강한 콘텐츠를 소비하는 것이다.

미디어 리터러시

소셜미디어 중독 해결을 위해 미디어 리터러시를 적극 활용하자는 의견도 많다. 기존의 미디어 리터러시 개념을 활용하여 복잡한 인터넷 기술과 미디어에 대해 잘 이해하고 부작용도 인식하며 소셜미디어를 이용하자는 이야기이다. 미디어 교육을 의미하는 미디어 리터러시 개념은 매스미디어의 역기능을 해소하기 위해 주로 TV 시청자를 대상으로 실시한 미디어 바로알기 운동에서 유래되었다. 이와 함께 뉴스를 포함한 다양한 미디어 콘텐츠의 제작, 유통, 소비 등 전 과정의 이해와 감시를 통해 건강한 미디어 이용을 촉진하는 것을 목적으로 널리 퍼져 나갔다. 어린이나 노인 등 특정 계층을 위한 리터러시 프로그램도 있다.

인터넷, 컴퓨터 혹은 스마트폰은 이제 단순한 오락 매체가 아니라 삶을 영위하기 위한 필요 불가결한 대상이 되었다. 교육, 직업, 친교 등 삶의 모든 부분에서 이러한 커뮤니케이션 기제를 이용하지 않고는 생존할 수 없는 시대가 된 것이다. 당연히 컴퓨터 기술에 대한 기본적인 이해는 물론이고, 인터넷이나 스마트폰의 활용은 네트워크 사회를 살아가는 모든 이가 깨우쳐야 하는 과제이다. 네트워크 사회에서는 글자를 못 깨우쳐도 스마트폰은 다룰 줄 알아야 생존할 수 있다. 당연히 인터넷 리터러시와 컴퓨터 리터러시가 필요하다.

인터넷 사상가 더글라스 러시코프Douglas Rushkoff는 컴퓨터 프로그래밍의 이해를 강조한다. 무엇을 어떻게 프로그래밍을 하는지를 알아야 컴퓨터 이용자들이 따라갈지 말지를 결정할 수 있기 때문이다. 프로그램을 배워서 노예가 아니라 마스터가 되라는 이야기이다. 물론 모두가 프로그래머가 될 수는 없는 노릇이다. 하지만 시스템이 어떻게 구축되었고, 어떤 방향으로 흘러가고, 그 와중에 이익을 보는 자와 손해를 보는 자 혹은 내쳐지는 자가 누구인지를 판단할 수는 있어야 한다. 그런 의미에서 최소한의 코딩coding 리터러시의 필요성이 제기된다. 어떤 운동장에서 어떤 룰이 적용되는지를 알아야 탈진하지 않고 뛸 수 있을 것이다. 코드^{code}를 배우지 않고 프로그래밍에 대한 이해가 없으면 우리는 우리 삶의 주인이 될 수 없다. 심하게 이야기하면 그저 공짜 사료에 만족하는 도살장의 돼지와 다를 바가 없다.

다양한 저작물을 기존의 법 체계 안에서 자유롭게 공유할 수 있는 시스템인 크리에이티브 커먼스^{creative commons}를 소개한 로렌스 레식^{Lawrence Lessig}이 미래의 네트워크 사회를 움직이는 근본적인 틀인 코드의 중요성을 설명했다면, 러시코프는 그러한 코드를 작성하는 법을 배우기를 주장한다. 코드의 학습 여부는 쉽지 않은 선택이지만, 선택을 안 하면 주인이 아니라 노예로서 살아갈 가능성이 높을 수밖에 없다. 거대한 물결을 돌리는 일은 쉽지 않을뿐더러 성공 가능성도 높지 않지만, 최소한 물결의 방향은 이해해야 휩쓸리지 않는다.

물론 컴퓨터 프로그래밍을 배운다고 해서 모든 것이 해결되는 것은 아니다. 더 큰 문제는 미디어 교육이 지니고 있는 내재적 모순에서 나온다. 미디어의 부작용을 극복하기 위해 미디어 교육을 받지만 추구하는 목표는 달성하지 못한 채 미디어의 굴레에서 벗어나지 못하고 오히려 미디어에 종속되는 상황이 벌어지는 것이다. 과거 매스미디어 시대에서의 미디어 교육을 한번 생각해보자. 당시 시민단체와 함께 미디어 관련 학과 등을 중심으로 많은 노력을 하였고, 부분적으로 미디어 교육의 소기 목적을 달성하였지만, 매스미디어 이용과 관련한 다양한 개인적, 사회/문화적 차원에서의 문제점을 해결했다고 보기는 어렵다. 미디어 리터러시라는 것 자체가 문자 그대로 리터러시처럼 배우고 나면 깨우치는 것이 아니기 때문이다. 글자를 배우면 리터러시의 목표는 달성되고 그것으로 상황이 종료되지만, 미디어 리터러시는 미디어에 대한 이해가 높아졌다고 해서 부작용이 완전히 해결되는 것은 아니다.

특히 미디어 콘텐츠 생산자 측에서의 노력과 협조가 없으면 이용자가 아무리 미디어 리터러시를 높여도 소용이 없기 때문이다. 저질 막장 드라마나 뉴스의 선정성은 늘 제기되는 문제점이고, 이러한 문제의 해결은 생산자는 물론 소비자도 같이 거들어야 하는 공동의 과제이다. 막장 드라마에 환호하는 소비자들이 있는 한 생산자는 비슷한 저질 콘텐츠를 계속 만들어 낼 것이고, 이러한 악순환의 고리는 계속 이어지게 된다. 미디어 리터러시의 한계를 보여주는 대목이다. 앞서 이야기한 슬로우 푸드 운동이 소비와 생산 모두에 초점을 맞추는 이유이기도 하다.

소셜미디어 환경에서 미디어 리터러시는 훨씬 더 복잡해진다. 우선 소셜미디어는 선택이 아니라 정도의 문제인 것도 리터러시의 효과를 얻기 힘든 측면이다. 모두가 하는 카톡과 페이스북을 자기 혼자 안한다는 것은 일상생활에서 커뮤니케이션의 중요한 축을 빠트리는 것과 같다. 카톡을 사용하지 않으면 왕따 당하기 십상인 것이 네트워크 사회의 특성이다. 소셜미디어를 이용하되 적절히 활용하는 균형의 미를 갖추어야 하는데, 그것이 쉽지 않은 일이다.

소셜미디어 리터러시가 효과를 얻기 힘든 또 다른 이유는 부작용을 눈치 챌 겨를 없이 은밀히 퍼져 나간다는 점이다. 막장 드라마를 보고 난 후 즉각적으로 느끼는 찝찝함을 소셜미디어를 통해서는 느낄 수 없다. 오히려

'좋아요'를 누르고, 덧글을 달고, 사진을 올린 후에 무언인가 임무를 완수했다는 느낌마저 들 정도이다. 온 몸에 스며드는 독의 기운을 느끼지 못한 채 소셜미디어에 빠져드는 것이다. 이런 측면에서 소셜미디어는 중독성이 매우 강하고 발을 한 번 들여놓으면 빠져 나오기가 쉽지 않다. 선의를 위해 시작한 소셜미디어 교육이 파멸의 문을 열 수 있는 기회를 제공할 수도 있다. 마치 큰 수술 후 통증 완화를 위해 진통제를 복용한 환자가 가끔 마약에 빠져드는 것과 유사하다.

소셜미디어 리터러시는 기술과 미디어에 대해 잘 알고 부작용도 인식하며 이용하자는 이야기인데, 그런 과정에서 다시 그 기술과 미디어의 포로가 될 수도 있다. 문제는 역시 이중 효과이다. 앞에서도 언급하였듯이 수많은 격찬과 환호 속에 취학 전 아동의 학습을 선도했던 프로그램이 십수 년이 지나 스크린 중독의 주범으로 비판 받는다는 사실에 주목해야 한다. 한편 소셜미디어 서비스 제공자라면 리터러시 프로그램을 적극 지원할 것이다. 공익적으로도 좋아 보이지만, 무엇보다 매출 증대, 홍보, 인지도 상승 등 얻는 것이 잃는 것보다 많기 때문이다. 최소한 주목 경제의 핵심인 이른바 '주목'을 얻을 수도 있다. 미디어 리터러시의 궁극적인 목적인 부작용을 없애고 순기능만을 얻는 것은 쉽지 않은 작업이다. 미디어 리터러시의 핵심은 개인의 통제력인데, 그러한 통제력은 리터러시 교육을 통해 얻어지는 것은 아니다. 미디어를 잘 다루는 것과는 상관없는 기본적인 성향, 자존감과 효능감, 회복탄력성과 육체적 건강함이 미디어를 통제한다.

미디어를 잘 이용한다고 해서 미디어 리터러시가 높아지는 것도 아니다. 디지털 네이티브digital native라고 해서 우리가 기대하는 리터러시 기준을 충족하는 것은 아니다. 1995년에서 2012년 사이에 태어난 젊은이들, 이른바 아이 세대i-generation라고 불리는 집단은 이전 밀레니엄 세대와는 다른 모습을 보인다. 우울증에 걸리고 자살하는 비율이 급증하는 등 아이 세대들의 정신 건강이 매우 나빠진 것이다. 불안 장애도 늘어났다. '아이 세대가 수십 년 이래 최악의 정신건강 위기에 처했다고 해도 지나친 말이 아니다'라고 이야기한다. 미국의 경우 스마트폰이 일반화 된 시기와 십대들의 정신건강에 이상이 생긴 시기가 정확히 일치한다는 연구 결과도 있다.[189] 정신건강이 악화된 주된 원인이 스마트폰이라는 것이다.

아이폰 부작용 관련 CNN 뉴스 보도 중에서

외로움을 느낄 가능성

소외되었다고 느낌
외롭다고 느낌

아이폰 출시(2007년)

　　위 그림들은 CNN에서 다룬 청소년들의 아이폰 사용으로 인한 부작용을 고발하는 뉴스 클립이다. 아이폰이 출시되면서 친구들과의 어울림은 줄어들었고, 외로움을 호소하는 청소년들이 증가하고 있음을 보여준다. 특히 바로 위 그림은 청소년들의 외로움 증가 시기와 아이폰의 출시 시기가 정확히 일치하는 것을 보여준다. 물론 십대들의 정신건강 악화의 모든 원인을 스마트폰 탓으로 돌릴 수는 없지만, 스마트폰이 십대들의 정신건강 악화 현상에 일정 부분 기여했다는 것에는 이론의 여지가 없다.

　　'담배를 잘 알고 피우자'. '알코올에 대해 잘 알고 마시자'. 그럴듯한 이야기지만 문제가 있다는 것을 우리 모두 인지하고 있다. 소셜미디어도 예외는 아니다. 문명의 이기가 항상 모든 사람에게 이익으로 돌아가지 않는다는 것은 역사가 보여준다. 소셜미디어도 예외는 아니다. 누구에게는 약이지만 또 다른 이에게는 치명적인 독이 되기도 한다. 이러한 독이 모든 이용자에게 은밀하고 너무 쉽게 퍼져 나가는 것도 문제이다. 미디어 리터러시를 통해 무언가를 이해하고 깨우치기에는 우리를 둘러싼 소셜미디어 환경이 너무나도 많은 설득 알고리즘으로 둘러싸여 있다. 당연히 미디어를 잘 이용한다고 해서 미디어 리터러시가 높아지는 것도 아니다. 소셜미디어 환경에서는 책을 읽음으로써 얻을 수 있는 무한 상상력의 가능성을 거의 찾을 수 없다. 멀티미디어, 즉 수많은 미디어가 온갖 자극으로 무장한 채로 끊임없이 설득과 주목의 임무를 밤낮으로 수행하기 때문이다. 상상과 해석과 몽상의 기회를 우리로부터 빼앗아가는 것이다.

지옥으로 가는 길은 항상 선의로 포장되어 있다는 경구를 잊지 말아야 한다. MIT 미디어 랩의 초대 소장인 니콜라스 네그로폰테Nicholas Negroponte가 추진했던 '모든 어린이에게 랩톱을One Laptop per Child' 프로젝트는 엄청난 실패를 경험했다. LA학교 시스템에서 2010년 추진했던 65만 명의 학생에게 아이패드를 지급하고자 했던 계획도 1년 만에 수포로 돌아갔다. 디지털 혁명을 알리는 베스트셀러 『디지털이다being digital』의 저자이기도 한 네그로폰테는 디지털 전도사로서 현재의 다양한 융복합 소셜미디어 서비스를 개발하고 주도했던 MIT 교수이자 최고의 디지털 전문가라는 점에서 시사하는 바가 크다. 돌이켜보면 에디슨 등 많은 과학자들이 기술은 교육을 좋은 방향으로 크게 바꿀 것이라 예측했지만 결과는 그렇지 못했다.

토드 오펜하이머Todd Oppenheimer는 미국에서 실패한 다양한 교육 테크놀로지 활용 사례를 상세히 들려준다. 그는 인터넷이 본격적으로 보급되기 시작할 무렵인 1997년부터 컴퓨터 교육의 망상에 대해 이야기하였다. 한마디로 인터넷은 교육에 아무런 도움을 주지 못한다는 것이다. 오히려 해를 끼치고 있다는 사실에 주목해야 한다고 오펜하이머는 주장한다.[190] 이러한 기술 패러독스와 관련하여, 『흔들리는 정신 The Flickering Mind』에서 인터넷 기술과 매체를 활용한 교육의 실효성 부재를 다양한 사례를 통해 적나라하게 보여준다.[191] 그는 인터넷 등 커뮤니케이션 기제를 통해 단순히 지식과 정보를 전달하는 과정으로는 참 교육이 일어나기 힘들다는 것을 히든 커리큘럼 hidden curriculum이란 개념으로 우리에게 고발한다.

> "만드는 과정에서는 지식만 전달되지 않는다. 직접 함께 만드는 과정에서는 상호작용이 필수적으로 일어나며, 만드는 것 자체 이외의 지식과 경험이 전달된다. 무엇인가를 만들면서 서로 잡아주고, 움직이지 않게 받혀주는 과정, 재료를 직접 손으로 만지면서 느끼게 되는 물성에 대한 감각, 생각을 실현하면서 경험하게 되는 생각과 현실의 차이에 대한 조정. 이들은 결코 온라인 콘텐츠만으로는 배울 수 없는 경험이다."[192]

인터넷 교육의 허상을 히든 커리큘럼의 부재로 설명한다. 히든 커리큘럼은 가시적으로 기술되어있지는 않지만 교사의 가치나 이데올로기 등 무의식적으로 전달되는 과정을 의미하는 것으로, 학교 교육에서 벌어지는 다양한 암묵적 지식과 정보 그리고 가치의 전달을 포함한다. 히든 커리큘럼은 대개의 경우 교육의 부작용 사례(예를 들면 특정 이데올로기를 주입하는 것 등)로서 언급되지만, 반드시 부정적인 내용이 아니더라도 암묵적으로 학습되고 전이되는 모든 부분을 포함한다.

교육 현장만이 아니라 모든 사람들이 사용하는 구글 환경에서도 지식과 정보 전달 과정의 부작용이 나타난다. 『사이언스』에 발표된 '기억에 미치는 구글의 영향google effects on memory'연구에서 디지털미디어가 우리의 정신 능력에 장기적으로 어떠한 부정적 영향이 있는지를 극명히 보여주고 있다.[193] 우리는 풀기 어려운 문제에 부딪쳤을 때 컴퓨터와 인터넷을 가장 먼저 생각한다. 또한 나중에 문제 해결을 위해 해당 정보를 기억하고자 할 때도 해당 정보 자체가 아니라 정보를 얻은 곳(예를 들면, 구글)을 먼저 생각한다. 이제 정보는 우리 머릿속이 아닌 인터넷과 같은 외부 세계에만 쌓여 간다. 일반적으로 인지 비축분이 많을수록 정신적 퇴화가 늦게 일어나는데, 구글에서의 활동은 이러한 인지적 비축분을 쌓을 기회를 주지 않는다.

또한 평생 신경세포가 자라나는 해마 자체에도 문제가 생긴다. 해마가 손상되면 신경세포가 자라지 않고 새로운 정보를 더 이상 저장할 수 없어 과거의 것은 기억하지만 어제 먹은 저녁 메뉴는 기억하지 못 한다. 이 같은 매체로 인한 부작용은 과거 매스미디어 환경에서도 자주 벌어졌고, 인터넷의 시대에도 늘 일어난다. 하루 2시간 이상 텔레비전을 시청하는 사람은 우울함과 두려움을 느끼는 비율이 평균보다 높다고 한다. 같은 식으로, 집에만 머무르면서 다른 사람과 현실에서의 만남을 피하고 스마트폰과 인터넷에만 더 의존하는 사람이 병들 확률도 더 높아진다.

그렇다면 미디어 리터러시는 효과 없는 과대포장 선전문구인가. 당연히 아니다. 미디어 교육은 반드시 교과 과정에 포함시켜야 한다. 과거 매스미디어 시대에도 그랬고, 지금도 여전히 미디어 교육은 정규 교과 과정에 포함되지 않고 있다. 포함되지 않는 이유는 물론 미디어 리터러시의 효용성에 대한 문제제기와 함께 기존 교과목과의 자리 싸움에서 밀려나기 때문이다. 모든 것이 연결되는 네트워크 사회에서 커뮤니케이션의 의미는 그 무엇보다 중요하다. 나아가 그러한 커뮤니케이션을 관장하는 다양한 미디어에 대한 이해는 네트워크 사회 구성원에게 한글 혹은 영어의 알파벳만큼이나 중요하다. 당연히 정규 교과목에 편입되어야 할 것이다. 물론 지금처럼 학교 밖 교육기관에서 알고리즘만을 익히고 활용하는 기술만을 가르쳐서는 안 된다. 이중 효과의 장기적 부작용을 항상 염두에 두고 교육에 임해야 한다. 통증 환자가 마약중독자로 변할 수 있다는 사실을 항상 기억해야 한다. 취업이나 비즈니스만을 위한 것이 아닌 깨달음이 동반되는 리터러시 교육이 되어야 한다. 당연히 교육 환경을 둘러싼 맥락에도 관심을 기울여야 한다. 마치 도덕과 윤리 과목을 이수한다고 우리가 도덕적인 삶을 살아갈 수 있는 것이 아니듯, 교육만으로 모든 것을 해결한다는 생각을 버려야 한다.

이런 점에서 각종 설득 기술로 무장한 미디어 환경에 대항하기 위해 오델Odell은 모든 것을 중지하고 아무것도 하지 말라고 조언한다.[194] 아무것도 안 하는 것은 어렵다. 아쉬운 대로 몇 가지 방법을 생각해볼 수는 있다. 우선 생각의 전환을 통해 포모fomo를 노모nomo: necessity of missing out로 치환하는 것이다. 고립의 공포가 아니라 홀로움의 필요성을 느껴보는 것이다. 외로움^{loneliness}이 아니라 고독^{solitude}을 느끼고 한 걸음 더 나아가 혼자 있음을 즐길 수 있는 마음의 상태를 만들어보는 것이다. 사고실험을 해보자. 실내 상하수도 시설이 없는 세계와 페이스북이 없는 세계 중 어디를 택할 것인가? 물론 화장실보다 페이스북이 더 중요하다고 생각하는 사람도 있을 것이다. 이것이 너무 과하다면 노스모^{nosmo: ne-cessity of something missing out}▼로 강약을 조정할 수도 있다. 무언인가 조금 없어도 사는 데 지장은 없다. 때로는 조금 모자는 것도 필요하다. 매일 카톡으로 안부를 주고받지 않아도 진정한 인간관계는 훼손되지 않는다.

　두 번째는 잘 듣고 귀 기울이는 것이다. 아무것도 안하는 것은 호흡을 멈추고, 주변에 귀 기울여보고, 무엇이 존재하는지를 살펴보는 것이다. 네트워크 사회에서 벌어지는 일들을 이해하기 위해서는 우리 스스로 긴장감을 갖고 주변을 둘러보아야 한다. 소셜미디어 서비스가 어떻게 생산되고 활용되는지에 대한 기본적 이해 없이 그냥 소비를 하는 것은 인간 감각의 확대가 아니라 족쇄를 거는 행위에 지나지 않는다. 알고리즘이 어떻게 구축되어 어떤 자극에 의해 우리가 온라인에서 활동하는지에 대한 이해가 없으면 우리는 결국 기술 기업에 종속되고 기술 자체에 굴복하는 것이다.

▼ 조금 부족함의 필요함. 너무 나 많은 뉴미디어 서비스에서 아주 중요하지 않은 몇 가지는 버려도 좋다는 것을 의미한다.

생태론자 고든 헴프톤의 경구를 떠올려보자.

"silence is not the absence of something but the presence of everything."
"침묵은 무엇이 없는 것이 아니라 모든 것이 존재하는 것을 되새기는 것
이다."

우리는 상존하는 실체 자체와 싸우는 것만으로는 변화를 가져올 수 없
다. 무언가를 바꾸려면 기존의 모델을 낡은 것으로 만들 수 있는 새로운 모
델을 만들어야 한다.

2020년 정부는 5차 학교 스마트단말기 사업을 취소하였다. 미디어 리
터러시의 역기능을 우려해서가 아니라 우선 협상자의 단말기가 입찰 제안
서 내용과 다른 점을 들어 취소한 것이다. 코로나19로 인해 이른바 언택트
시대가 도래하였고, 기업은 이러한 기회를 놓치지 않는다. CEO 직속 조직
으로 스마트교육 사업단을 출범하여 본격적으로 원격 교육 시장에 뛰어들
기도 한다. 물론 접촉할 수 없는 상황에서 비대면 교육의 필요성은 누구나
가 인지, 수긍하는 바이지만, 원하지 않는 방향으로 진행될 수 있다는 점에
서 매우 신중한 접근이 요구된다. 단말기를 제공하고 전자 칠판을 설치한
다고 교육이 완성되는 것은 아닐뿐더러, 거꾸로 우리를 테크노폴리의 가두
리 속에 몰아넣을 수 있는 계기가 될 수도 있다.

병인론적 치유

인터넷 중독의 해소는 인터넷 중단이라는 단순한 기술적 처방이 아닌 병리적 인터넷 이용자의 주변 환경 체크에서부터 시작되어야 한다. 앞에서 논의한 것처럼 사회로부터 제외될 수 있다는 불안의 감정이 나타나고 노모포비아 현상이 생기는 주변 상황을 살펴야 한다. 개인의 성격이나 특성만으로 암이나 천식이 생기지 않듯이, 개인의 소질만으로 중독이 생기는 것도 아니다. 중독이 쉽게 조성될 수 있는 삶의 환경과 유전적 취약성을 함께 고려해야 한다. 환경적 요인은 스트레스, 건강에 안 좋은 음식, 아동기 방임과 학대, 불안정한 가정환경 등 매우 다양하다. 당연히 유해한 음식과 환경을 피하고 진짜 음식을 먹는 것도 우리를 노모포비아의 공포에서 일정 부분 해방시킬 수 있다. 이것은 삶의 방식과 관련된 것으로, 우리 스스로 자신이 살아가는 방식에 대해 진지하게 되돌아볼 수 있는 계기를 마련해준다. 또한 개인만의 문제가 아니라 지난 100~200년간 산업시대에 인류가 살아온 방식에 대한 성찰이기도 하다.

이쯤 해서 데이비드 소로나 스콧 니어링 혹은 존 라빈스▼를 적극적으로 소환할 필요가 있다. 특이해서, 기인이라서, 훌륭해서가 아니라, 우리가 이제는 실천해야 할 삶의 방식을 그들이 보여주었기 때문이다. 이들의 공통점은

▼ 배스킨라빈스의 유일한 상속자이지만 거대 기업의 비윤리적 행위를 고발하고 환경운동가로 돌아섰다.

한 마디로 멈춤과 고독에서 찾을 수 있다. 이들은 경쟁을 멀리하고, 자연과 가까이 하는 삶의 방식을 유지했다. 당연히 기술을 추구하지도, 숭배하지도 않았다.

고독은 시끄러움과 혼란스러움, 번잡함과 어수선함, 경쟁과 모함, 시기와 질투에서 벗어나 자신을 되돌아 볼 수 있는 기회를 제공한다. 링컨의 고독은 그가 남북전쟁을 끝내고 전후 불안했던 미국을 안정시키는 데 큰 도움을 주었다고 한다. 그는 근무가 끝나면 사람들이 득실대는 백악관이 아니라 이웃 별장으로 퇴근하였다. 혼자 있음을 통해 생각을 정리하고 새로운 대안을 마련할 정신적 휴식처를 마련하기 위한 것이었다.[195] 신기술이 혼자 생각하는 시간을 없애는 문화를 만든다고 주장한 마이클 해리스는 『잠시 혼자 있겠습니다solitude』에서 고독이 주는 세 가지 혜택을 새로운 아이디어, 자신에 대한 이해, 그리고 타인에 대한 친밀감으로 이야기한다.[196] 혼자 있는 것은 친밀한 유대를 거부하는 것이 아니라 그것을 뒷받침한다. 차분하게 혼자 있는 시간을 경험하면 다른 사람과 나누는 유대를 더욱 소중히 여기게 되고, 타인에 대한 친밀감이 더 일어난다. 웬델 베리는 '우리는 고독 속으로 들어설 때 외로움도 떨쳐낸다'고 이야기한다.[197]

고독은 정신이 외부에서 입력되는 정보로부터 자유로운 주관적 상태이다. 붐비는 카페에서도 고독은 충분히 느낄 수 있다. 고독은 관련된 환경이 아니라 뇌에서 일어난다. 가장 좋은 두뇌 조깅은 그냥 조깅이라고 한다. 육체적 운동이지만 정신적으로 영향을 미친다. 앞서 이야기한 것처럼 인터넷 중독의 선행 요인 중에 하나는 우울증, 나르시시즘 등과 같은 개인의 정신 상태로서, 단순히 컴퓨터를 멀리한다고 해서 인터넷 행위 중독을 치료할 수는 없다.

개인의 심리나 정신적 상태는 늘 우리 몸의 모든 세포에 영향을 미치며, 물리적 행위에도 상당 부분 관여하고 있다. 예를 들어 외롭다는 감정은 마음을 아프게 할 뿐만 아니라 온몸의 모든 세포도 힘들게 한다. '외로움은 뇌에만 영향을 미치는 것은 아니라 DNA 전사 전 과정에 지대한 영향을 미친다. 외롭다는 것은 몸 전체가 아프고 외롭다는 것이다.'[198] 뇌신경과학자 카시오포와 패트릭의 이야기이다. 감정의 반응이라고 생각되는 스트레스로 인해 치통이 오고 잇몸이 시큰거리는 경험은 누구나 다 겪어본 적이 있을 것이다. 우리의 뇌는 모든 장기와 연결되어 있어 상황에 따라 적절한 반응을 하기 때문이다. 대표적인 이론으로써 장-뇌 축gut brain axis을 들 수 있다.

장-뇌 축 이론의 시작은 뇌가 장기에 영향을 주는 뇌-장brain-gut이었지만, 현재는 장이 뇌에 거꾸로 영향을 주는 장-뇌gut-brain이론에 대한 논의도 활발하다. 뇌-장 이론의 대표적인 사례가 먹이를 보면 침을 흘린다는 파블로프의 조건반사이다. 먹이를 보면 뇌와 연결된 장이 운동을 하고 입안에 침이 고인다. 이 이론은 곧 정신적 불안, 슬픔, 긴장이 장에 어떠한 영향을 미치는지에 대한 연구로 이어진다. 실제로 수많은 실험이 이어지고, 가짜 자극, 예를 들어 가짜로 병이 생겼다고 환자에게 이야기하면 환자의 장이 이상을 일으키는 경우도 발견하게 된다. 대장에 직접적인 자극을 주는 것이 아니라 뇌의 자극을 통해 장이 반응하는 것이다. 뇌와 장은 한 몸이라는 것이 증명된 것이다.

이러한 이론은 2000년대 들어오면서 장-뇌gut brain 이론으로 초점이 바뀌며, 장내 세균의 역할에 주목하게 된다. 미생물-장-뇌microbiota–gut–brain MGB or BGM 축 이론이다.[199] 장내 세균은 세로토닌을 다량 분비한다고 한다. 뇌에서 분출되는 호르몬으로 알았던 우울증과 불안감의 방어기제 세로토닌이 장에서 다량으로, 그것도 뇌에서보다 더 많이 방출된다고 한다. 이러한 이론적 논의를 통해 장은 제2의 뇌라는 이야기가 나오게 되는 것이다. 요즈음 많은 사람들이 애용하는 장내 세균 관련 건강보조 식품이 바로 이러한 논리에 근거하여 개발한 것이다.

앞의 논의에 비추어 보면 사촌이 땅을 사면 배가 아프다는 것도 과학에 근거한 속담이다. 사촌이 땅을 사니 세로토닌이 분비 안되고 우울해지는 것이다. 실제로 불안, 감정 장애mood disorders 혹은 자폐 등도 장에 영향을 주는 대표적인 정신 질환이다. 이러한 기질이 있으면 당연히 좋은 호르몬이 장에서 방출이 안 되고 몸에 악 영향을 주는 것이다. 오마호니 등은 세로토닌이 장-뇌 축 이론의 가장 중요한 신경전달물질neurotransmitter로 작용하는 것을 밝혀내기도 하였다.[200] 다음 그림처럼 미주신경, 교감/부교감 신경을 관장하는 신경정보교환neural communication을 통해 뇌와 장이 커뮤니케이션을 하고 있으며, 박테리아, 사이토 카인즈, 호르몬 등을 관장하는 상박골/휴먼 커뮤니케이션을 통해서도 장과 뇌는 연결되어 있다.

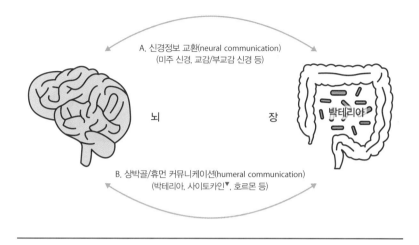

A. 신경정보 교환(neural communication)
(미주 신경, 교감/부교감 신경 등)

뇌 　　　 장 　　 박테리아

B. 상박골/휴먼 커뮤니케이션(humeral communication)
(박테리아, 사이토카인▼, 호르몬 등)

장-뇌 축 이론에 따르면 병인론의 시각에서 데이비스가 제시한 불안이나 우울증과 같은 인터넷 중독의 선행요인이 바로 장에 직접적인 영향을 미쳐 세로토닌 형성을 막게 되고, 정신적, 육체적으로 건강이 손상되는 것을 의미한다. 결국 개인 혹은 사회가 인터넷 중독에서 벗어나는 길은 인터넷이라는 기제 자체의 문제를 넘어서 우리 모두의 살아가는 방식에 대한 근본적인 문제제기와 치유에 있다고 할 수 있다.

앞 장에서 이야기했듯이 금전적 보상이나 지위 혹은 유사 사회적 지지와 같은 외적 동기가 늘어나면 내적동

▼ 혈액 속에 함유되어 있는 면역 단백의 하나.

기는 줄어든다. 인터넷 상에서 얻는 외적 동기 역시 삶의 내적동기를 감소시키는 데 중요한 역할을 한다. 문제는 우리 삶의 상당 부분이 이미 온라인과 뒤섞여 있기 때문에 인터넷 중독 치료를 위해 약물이나 알코올 중독처럼 단숨에 인터넷 사용을 중단하는 것은 쉽지 않다는 점이다. 인터넷을 통해서 얻는 외적 동기의 결과물을 줄이기는 쉽지 않다. 이처럼 외적 동기와 내적동기간의 제로섬 게임에서 외적 동기를 줄이는 것이 현실적으로 가능하지 않다면 내적동기에 초점을 맞추는 것이 타당한 접근일 것이다. 인터넷을 사용하지 말라고 할 것이 아니라 인터넷이 아닌 다른 것에 관심을 두어 내적동기를 늘려가게 만드는 것이다. 내적동기의 강화는 교육 현장에서도 같이 고민해야 하는 부분이다. 교육의 목적이 무엇인지, 오로지 상급 학교 진학을 위해서거나 좋은 직장을 얻기 위함은 아닌지, 다시 한번 생각해야 한다.

산책과 독서, 기본으로 돌아가는 삶의 양식

스마트폰의 남용은 퍼빙과 같은 부작용과 함께 사회적 교류의 장애를 가져왔다. 사람들은 직접 만남보다 문자나 카톡을 통해 대화하기를 선호하고,[202] 스마트폰 사용에 있어서는 어른 아이 할 것 없이 사탕을 눈앞에 둔 어린애와 똑 같은 모습을 보인다. 앞 장에서도 언급되었지만 감정적 스트레스로 인해 아이폰을 늘 끼고 사는 아이 제너레이션은 밀레니얼 세대보다 훨씬 연약하다. 이들의 우울증과 자살률은 2010년 전후로 급증하고 있어, 많은 학자들이 주목하고 있다. 물론 인과관계에 대한 과학적 검증이 완벽하게 이루어진 것은 아니지만 관련성이 존재한다고 추측하는 데는 무리가 없다. 2010년 전후는 아이폰이 2007년 처음 시장에 선을 보인 이후, 삼성, 노키아 등 수많은 회사가 스마트폰을 뒤따라 개발, 양산하기 시작한 시점이기도 하다. 실제로 이 세대는 유사 이래 가장 심한 정신건강 위기에 놓여 있는 세대라고 한다.[203] 2013년의 한 실험 연구에서는 실험 대상자를 한밤중 2시간 동안 아이패드를 사용하게 한 후 멜라토닌 분비량을 측정하였더니 분비량이 많이 감소되는 것을 발견하였다.[204] 숙면을 위한 호르몬이 분출되지 않아서 잠잘 준비가 되지 않고, 결국 밤새 잠을 설치고 이튿날은 피로해질 수밖에 없는 상태가 된다는 것이다. 자기 전 스마트폰 사용은 카페인이 듬뿍 담긴 커피를 몇 잔 마시는 행위와 똑같다.

현재는 스마트폰을 이야기하지만 가상현실의 가공할만한 자극과 체험이 제공되면 문제의 심각성은 더욱 커진다. 이것은 어쩌면 기제 자체의 문제가 아니라 우리 인간의 문제이다. 개인 스스로가 기술을 얼마나 통제할 수 있는 가의 문제를 넘어서, 기술 자체에 대한 사회적 이해와 인식 수준에 대한 문제제기이다. 기술 기업의 공격에서 무너지지 않는 자신만의 통제력 그리고 사회적 인식이 없으면 시간이 지남에 따라 더욱 설득적이고 은밀하게 다가오는 서비스에 맞설 방법이 많지 않다.

기술이 우리의 오감 전체를 다양한 설득 기제로 자극하고 우리의 뇌를 점령하는 상황에서 우리가 할 수 있는 것은 무엇일까. 너무나 당연한 이야기이지만 기본으로 돌아가서 마음챙김 등 면역을 길러야 하고, 회복 탄력성 이론처럼 무너져도 일어설 수 있는 내면의 힘, 내면의 근육을 키워야 한다. 이런 측면에서 산책과 독서는 우리가 비교적 쉽게 실천할 수 있는 방법이다. 산책은 육체적인 활동이고 독서는 정신적인 활동이지만, 두 가지 다 컴퓨터나 스마트폰으로부터 우리가 벗어날 수 있는 계기를 마련해준다. 소셜미디어로 엉클어진 우리의 뇌는 산책과 독서를 통해 제 자리를 찾을 수 있다. 신경과의사와 환자의 대화를 살펴보자.

"요즈음 치매 환자가 많은데 어떻게 하면 예방이 될까요?"

"뇌 조깅을 하세요."

"네? 뇌 조깅은 어떻게 하나요?"

"그냥 조깅을 하면 됩니다."

육체적 활동이 정신적 자극으로 변하는 것이다. 조깅은 힘드니 산책으로 대신해도 무리가 없다. 에피쿠로스 정원학파를 떠올려 보자. 기원전 4세기에 나타난 정원학파의 정원에는 비非그리스인, 노예, 장애인, 여성들도 입장할 수 있었다. 민족주의가 발호하고, 성차별이 난무하고, 직업과 계급의 서열을 따지는 현재 세상의 기준에 비추어 보아도 매우 진보적인 태도를 견지하고 있다. 물론 정원의 입장료도 무료였다고 한다.[205] 소요학파라고도 불리는 이들은 열주 사이 혹은 숲속을 느릿하게 걸으면서 참된 아이디어와 사상을 떠올렸던 것이다. 이들은 경쟁에서 벗어나 스트레스와 불안에서 해방되어, 담대하고 고결한 상태인 아타락시아를 추구했고, 부분적으로 일정 경지에 도달했을 것이다. 이러한 마음의 평정 상태는 우리의 주제인 중독 현상을 해결하기 위해 수많은 과학자들이 추구했던 목표이자 삶의 이상향이기도 하다.

정원학파가 너무 신화적인 존재 같다면 니체와 괴테를 떠올리면 된다. 눈병으로 책을 읽기가 힘들었던 니체는 산책을 통해 불꽃 튀는 영감과 아이디어를 얻었다. 지금은 유명 관광지가 된 프랑스 니스 해안의 산간 마을인 에즈Eze의 작은 숲길을 니체는 산보하면서 심오하고 난해한 『차라투스트라는 이렇게 말했다』의 일부를 집필했다고 한다. 정확한 시간에 맞춰 산책을 한 것으로 유명한 괴테는 하이델베이크의 유명한 '철학자의 길'을 걸으면서 평생의 역작 『파우스트』를 구상했다. 그들은 산책을 하면서 머릿속의 다양한 아이디어들이 서로 부딪치면서 정리되도록 뇌 활동의 공간을 마련해 준 것이다. 창조성이라는 것은 갑자기 튀어나오는 것이 아니라 도저히 결합되지 못할 것 같은 이질적인 것들이 합쳐지면서 불꽃을 튀게 하는 것이다. 이른바 이연 현상bisociation이다. 이연 현상은 서로 관련없다고 여겨지는 사고의 대상이 서로 엮이는 것으로, 무의식적 사고와 관련이 깊다. 이런 분위기에서 역발상이나 기발한 아이디어가 나올 가능성이 높아지는 것이다.

뇌 활동의 공간을 넓히는 것은 서재만이 아니라 자연에서 뇌에게 휴식을 줌으로써 가능해진다. 물론 천재들의 글쓰기를 위해서만 산책이 필요한 것은 아니다. 보통의 우리들도 뇌가 휴식할 기회를 가져야 한다. 천재들의 뇌 세포는 가만히 있어도 줄어들지 않고 산책을 통해서 팽창되겠지만, 소셜미디어에 찌들은 우리들의 뇌 세포는 가만히 있으면 쪼그라들기 십상이다. 산책이 해답이다.

'공부에 왕도가 없다'라는 다소 어색한 표현도 있듯이 뉴미디어가 결코 모든 것을 해결하지는 못한다. 뉴미디어가 학습에 도움이 된다면, 그것은 조연으로서의 역할이지 주연은 아니다. 학습은 읽고, 쓰고, 토론하는 기본에서부터 시작한다. 아동의 경우 어휘력의 향상은 의도적 학습이 아니라 동화 읽기 혹은 부모가 대화를 하고 책을 읽어주는 등 비공식적 노출에 의해 이루어진다. 특히 실천하지 않아서 그렇지, 학습에서 보여지는 독서의 힘은 누구나가 인정하는 사항이다. 사용빈도가 낮은 단어 지수, 즉 고급 어휘 단어 지수가 낮은 콘텐츠를 제공하는 매체를 수년 간 이용하면 지적으로 심각한 영향을 받는다는 연구 사례도 있다. 사용빈도가 낮은 단어는 고급 어휘를 의미하며, 이러한 단어의 구사와 이해는 지적 능력의 척도가 될 수 있다. 참고로 막장 드라마는 고급 어휘 단어 지수가 낮은 콘텐츠의 대표적인 사례이다. 앤 커닝햄Anne Cunningham과 키스 스타노비치Keith Stanovich는 독서가 우리의 사고에 어떠한 영향을 미치는지를 다양한 매체 비교를 통해 검증하였다.[206]

매체 별 사용 단어 수 및 희귀단어 수

	평균 단어 수	1000자당 사용 빈도가 낮은 단어 수
신문	1690	68.3
서적	1058	52.7
만화책	867	53.5
아동서적	627	30.9
미취학 대상 서적	578	16.3
황금시간대 TV 성인프로그램	490	22.7

	평균 단어 수	1000자당 사용 빈도가 낮은 단어 수
아동용 프로그램	543	20.2
세서미 스트리트	413	2.0
대학 졸업생 대화	496	17.3

연구는 TV 프로그램 속 대화에 쓰이는 언어가 글과 비교할 때 어휘의 폭과 깊이에 있어 얼마나 빈곤한지를 명백하게 보여준다. 위의 표는 각각의 매체/항목에서 1천자 당 사용 빈도가 드문 단어의 수를 나타낸 것이다. 각 매체/항목에서 사용되는 평균 단어 수는 신문이 1,690단어로 가장 많고, 대학 졸업생의 대화에서는 496단어만을 사용하는 것으로 나타났다. 대학 졸업생의 대화 수준이 생각보다 많이 낮은 점이 인상적이다. 일상에서 사용하는 단어 수가 300여 개에 지나지 않는다는 영국 농부와 비교하면 미국 대학생들의 대화 수준도 그리 높지 않은 것을 알 수 있다. 미국 대학생들의 대화 수준은 성인용 TV 프로그램에서의 대화 수준과 거의 비슷한 것으로 나타났다. TV를 바보상자라고 종종 비판하는데, 이 표현이 전혀 틀린 것은 아니라는 것을 알 수 있다. 한편 독서의 대상이 되는 서적의 경우는 아동 서적, 만화책을 포함해서 모두 상위를 차지하고 있다. 특히 신문은 일반 서적보다 평균 단어 수가 50% 많은 것으로 나타나 폭 넓은 지적 생산물의 대표 자리를 차지하고 있다고 봐도 무난하다.

사실 스크린 시청은 이용자에게 시각화 환경을 제공하여, 이와 관련한 인지적 능력을 높이는 계기를 마련한다. 공간 지각력은 시각화 환경에서 대표적으로 발달되는 능력이다. 시각화 환경에서 공간 지각력이 높아져서 IQ 점수가 높아진다는 연구 결과도 있다.[207] 1930년대 평균 100점의 IQ 점수는 현재의 평균 80점에 지나지 않는다고 한다. 이른바 플린 효과이다. 플린 효과는 시간이 흐름에 따라 과거에 비해 IQ 점수가 계속 오르는 현상을 의미한다. 이러한 이유로 평균 100점을 맞추기 위해 과거보다 어려운 문제를 출제해야 하는 상황이 벌어진다. 많은 선생님들이 '요즈음 아이들은 예전 학생들보다 수준이 떨어진다'는 이야기를 많이 한다. IQ 테스트 결과는 분명히 높아지지만, 실제 수업 능력은 저하되는 현상을 반증한 것이기도 하다.

물론 IQ 테스트는 일부 지능만을 체크하는 것으로 비판을 많이 받는다. 문화적 배경을 줄이고 퍼즐 그림처럼 역사적, 언어적 맥락이 없는 문제일수록 플린 효과가 크다. 뒤집어 이야기하면 현재의 IQ 테스트는 인간의 기본 잠재력보다는 공간 지각력과 같은 특정 능력의 측정 도구로서만 유용하다는 이야기이다. 공간 지각력은 시각에 들어오는 공간의 거리감을 감지하고 그것에 대해 반응하는 반사신경을 의미한다. 시각적으로 2차원의 대상을 뇌에서 3차원으로 해석하는 능력으로, 산업 디자이너, 설계 엔지니어 혹은 예술이나 스포츠 등의 분야에서 필요로 한다. 이러한 공간지각 능력은 눈에 보이지 않는 것을 추론해 머릿속에서 패턴화 하거나 형상화_{visualize} 하는 능력을 포함한다.[208] 이러한 공간 지각력은 온라인 게임의 세계에서 큰 힘을 발휘할 것이다. 어디서 튀어나올지 모르는 적들을 잘 피하고, 모든 상황을 쉽게 한 눈에 파악할 수 있기 때문이다. 가상현실이 펼쳐지는 네트워크 사회에서 필요로 하는 능력이라 할 수 있다.

연구자들은 이러한 공간지각력 향상이 나타난 시기가 바로 TV와 같은 매스미디어와 대중문화가 확산된 시점과 동일하다고 이야기한다.[209] 인지 심리학자들은 공간 지각력이 향상된 배경에 핵가족화, 조기학교 교육, 영양 개선 등과 함께 다양한 스크린에의 빈번한 노출이 있다고 주장한다. 특히 다양한 스크린 전환이 공간 지각력 상승의 주요 원인으로 작용하고, 스크린이 증가함에 따라 시각적으로 더 도전을 받는 환경 속에서 공간 지각력은 향상된다.[210]

그러나 스크린은 청소년에게 미성숙의 기회를 더 많이 제공한다. 예전에 가르치던 제자가 나았다는 선생님들의 푸념 속에는 스크린의 확산으로 학생들의 공간 지각력은 높아졌지만 다른 인지능력은 오히려 감소했다는 사실이 자리하고 있다. 뇌 가소성 원리에 따라 쓰지 않는 부위는 퇴화한다. 교실에서 선생님과 학생들 간의 상호작용의 성공 가능성은 공간 지각력보다는 사고의 깊이와 폭 혹은 공감 등에 의해 결정되는데, 이것이 약해지니 선생님들은 기운이 빠질 수밖에 없다. 물론 역으로 학생들은 새로운 상황에 쉽게 적응하여 정신과 육체가 반응하는 데 비해, 선생님들은 새로운 환경에 대한 적응도가 떨어지니 과거의 잣대만 들이댄다고 해석할 수도 있다. 미스 매치가 일어나는 것이다. 중요한 것은 균형인데, 양쪽 모두 기울어져 있다.

독서와 산책의 힘은 아무리 강조해도 지나침이 없다. 가장 손쉬운 마음챙김의 방법이자, 회복탄력성의 근육을 키우는 방법이다. 물론 지나친 산보로 무릎 부상을 입을 수도, 편향된 독서가 독으로 변해 세상을 어지럽게 할 수도 있다. 닐 포스트만이 타무스의 교훈으로『테크노폴리』를 시작했듯이, 문자, 책 그리고 독서가 해가 될 때도 있다. 극단의 편향된 사고를 지닌 지식인들이 얼마나 많은 가. 그럼에도 불구하고 독서와 산책을 통해 얻는 것이 잃는 것보다는 훨씬 많다. 최소한 스마트폰에만 의지하지는 않는 삶의 습관은 키울 수 있다. 스크린, 인터넷, 소셜미디어 등 다양한 기술 중독은 기우가 아니라 현실이다. 우리 모두가 다양한 소셜미디어를 통해 헉슬리의 '소마'가 가득 찬 약병을 주머니 속에 매 순간 지니고 있다. 주머니 속 약병을 버리고 산책을 나가야 할 시간이다.

9 원칙

- · 우리는 모두 소셜미디어 중독 상태이다.
- · 소셜미디어 중독은 사회 중독으로 병리적 현상이다.
- · 교육에서의 소셜미디어 활용은 매우 신중하게 접근되어야 한다.
- · 기술에 내재된 이데올로기와 가치에 대해 의문을 가져야 한다.
- · 미래의 법, 코드에 대한 이해는 필수이다.
- · 소셜미디어의 중독을 소셜미디어로 치유하는 것은 불가능하다.
- · 소셜미디어 중독의 치유는 삶의 기본 조건 변경에서 시작해야 한다. 삶의 기본 조건이라는 것은 먹고, 자고, 놀고, 일하는 환경을 의미한다.
- · 쉼과 멈춤의 유용함을 인식해야 한다.
- · 독서와 산책을 통해, 기본으로 돌아간다.

Outro.   쓸모없음의 유용함

기술의 이중 효과

"쓸모없는 것의 유용함과 유용한 것의 쓸모없음을 이해하지 못하면 예술을 이해할 수 없다."▼

외젠 이오네스크 Eugene Ionesco

마약상의 원칙 중에는 다음과 같은 내용이 있다고 한다. '자신이 공급하는 중독 물질을 절대 가까이 하지 말라.'[211] 그런데 마약상만이 아니라 최고의 기술 전문가들도 사생활에서 자신이 개발한 기술을 멀리하고 있다. 애플과 구글의 임원들은 자식들을 발도로프 학교waldorf school에 보낸다. 이곳에서는 4학년 때까지 전자기기를 금지하고, 8학년이 되어서야 컴퓨터 수업을 한다. 기본적으로 14살까지 미디어 사용을 자제시킨다. 2011년 10월 『뉴욕 타임즈』가 실리콘 밸리에 있는 거대 기술 기업의 임원들은 자녀들을 컴퓨터가 없는 학교로 보낸다는 기사를 내보내자 많은 비판이 일었다. 기술 기업의 임원들이 이렇게 하는 이유는 자신들이 만든 기제에 대한 위험성을 인지하고 있을 뿐만 아니라, 아이들로부터 소셜미디어를 띄어 놓게 할 수 있는 경제적, 시간적, 환경적 요소를 갖추었기 때문이다. 개인 교사를 고용하고 운동 코치를 활용할 수 있는 능력 말이다.

디지털 혁명을 이끈 MIT 미디어 랩의 초기 참여자로서 자신의 경험을 『미디어 랩Media Lab』이라는 책으로 출간하여 많은 이의 관심을 받은 스튜어트 브랜드Stewart Brand는 기계와 기술이 세상에 폐해를 가져왔고, 또 다른 기술만이 그 부작용을 해결할 수 있다고 주장한다. 인터넷 시대의 도래를 알린 유명한 선언문 '홀 어스 카탈로그Whole earth catalogue'에서 브랜드는 도구(기술)가 기업과 국가로부터 우리에게 전이되면 세상의 문제를 해결할 수 있다고 주장하며, 중앙집권적인 기존의 권력이 인터넷 시대에는 허물어질 수 있다고 예상했다. 국내에서 어떤 이는 '권력은 마우스 끝에서'라는 명구로 중앙 권력이 아닌 이용자의 힘과 권력의 부상을 이야기했다. 반쯤 맞는 소리를 한 것이다. 그러나 기술로 기술의 문제를 해결하자는 주장은 결국 또 다른 과학만능주의의 부산물로서, 기술로 기존 체제를 유지하려는 사탕발림에 지나지 않는다. 중독의 논의에서도 마찬가지다. 알코올 중독을 또 다른 알코올로 치료할 수는 없다.

혹자는 중독의 힘을 역이용하자고 한다. 중독 행위를 다른 행위의 동력으로 삼자는 것이다. 대표적인 사례로 게임화gamification를 들 수 있다. 흥미로운 게임 속의 체험을 활용하는 것이다. 가령 식량 구호 단체에는 관심이 전혀 없는 이용자를 대상으로, 프리라이스Free Rice에 투자하고 싶은 환경을 게임의 형식을 통해 조성하는 것이다. 게임을 통해 언어를 깨우치고 결국 기부를 한다. 공부도 하고 좋은 일도 하고, 일견 타당해 보인다. 그러나 이러한 게임 환경 속에 내재된 다양한 설득 기제는 우리가 원하는 방향으로만 작동하지 않는다. 설령 기부를 하고 글을 깨우치지만, 온갖 자극의 포로가 된 우리의 육체와 정신은 게임 전과는 다른 모습으로 변화된다. 조그만 자극에도 쉽게 도파민을 분출하게끔 만들어진 새로운 뇌가 탄생하는 것이다. 게임은 강력한 행위 도구이지만, 양날의 칼과 같다. 작은 일을 도모하다 큰 것을 망치고, 기존 중독 시스템을 더욱 공고히 할 뿐이다.

뉴미디어new media는 단어 자체가 새롭고 신선한 것을 의미하는 긍정적인 가치를 내재한다. 당연히 뉴미디어나 신기술은 혁신을 도모하고 과거의 문제를 치유하는 해결사로 인식되어 우리에게 다가온다. 뉴미디어가 나올 때 마다 수많은 사람들이 신기술의 혁신과 장점에 대해 이야기를 해왔다. 에디슨은 활동사진이 교육 시스템을 획기적으로 바꿀 것이라고 예견했다. 그는 책에서 읽은 내용은 2%, 필름으로 본 내용은 100% 흡수될 것이라고 단언하면서, 교과서가 쓸모없어질 것이라고 예상했다.[212]

에디슨의 이러한 시각은 네트워크 사회의 교육 환경에서 디지털 기술 활용으로 이어진다. 다양한 디지털 기술 장치를 활용해 학습효과를 높일 수 있다는 긍정적인 시각은 정부와 교육계 그리고 관련 산업의 이해관계가 절묘하게 엮이어, 마치 뉴미디어의 도입만이 교육의 모든 문제점을 해결할 수 있는 것처럼 과대포장 되기도 한다. 이처럼 기존의 문제점을 새로운 기술로 해결하자는 기술결정론적 이데올로기는 이익을 추구하는 관련 산업 집단의 가장 좋은 접근 수단으로 늘 활용되어 왔다. 교육, 산업, 정부의 트라이앵글 속에서 컴퓨터, 인터넷 혹은 스마트폰 등 교육을 위한 신기술의 활용 역시 같은 방식으로 진행되어 왔고, 지금도 진행되고 있다. 이러한 협력 체제는 20세기말 전 세계가 새로운 기술 혁명을 맞이하게 되는 계기를 마련한 미국의 텔레커뮤니케이션 법안에서도 극명히 드러난다.

산업 사이의 영역을 허물어 방송과 통신의 융합을 가능하게 한 미국의 텔레커뮤니케이션 법안telecommunication act of 1996은 전 세계 미디어 생태계의 전면적인 변화를 가져옴과 동시에 오늘의 인터넷 관련 산업 성장의 발판을 마련하였다. 법안의 주요 골자는 디지털 기술이 발전함에 따라 방송, 통신, 컴퓨터 등 산업 간의 경계가 더 이상 의미가 없어졌고, 따라서 이러한 구舊 질서를 해체하고 모든 것을 하나로 융합함으로써 미래의 성장 동력을 확보하여 새로운 시대를 대비하자는 것이었다. 이에 따른 선제적 조치로서 클린턴 행정부는 정보고속도로information super-highway를 구축하였다. 정보고속도로 구축 목표는 1960~1970년대 주간 고속도로 구축을 통해 산업 물자를 원활하게 유통시켜 미국이 전 세계 제 1의 산업국가로서 우뚝 설 수 있는 발판을 마련한 것처럼, 미국 전역을 초고속 통신망으로 연결하여 미래의 정보 사회에서도 정보가 원활하게 유통될 수 있게 하자는 것이었다. 물론 이러한 정보고속도로 구축의 궁극적인 목표는 전술한 텔레커뮤니케이션 법안의 목적과 마찬가지로 초고속 인터넷 구축을 통해 미래 네트워크 사회에서도 미국이 선두 자리를 지키는 것이었다.

이러한 선제적 조치들의 결과로 구글, 페이스북, 아마존 등의 기술 기업이 전 세계 최고 기업으로서 자리매김하면서 패권국가로서 미국의 위상을 유지할 수 있게 되었다. 1996년 텔레커뮤니케이션 법안에는 컴퓨터 및 인터넷 관련 산업의 육성은 물론이고, 학교 교육에서의 컴퓨터 도입의 필요성을 뒷받침하는 내용이 다수 포함되어 있다.[213] 예를 들면 법안 708조. '국가 교육기술 펀딩 법안National Education Technology Funding Corporation'에서는 교육에서의 뉴미디어 활용을 위해 교육 관련 기술 인프라에 기업들이 적극 투자할 수 있는 환경을 조성하는 내용 등이 구체화되어 있다. 이를 계기로 초등학교는 물론이고, 중고등 학교에서 컴퓨터와 인터넷의 전면적 활용이 이루어지게 되었다. 이러한 경향은 물론 전 세계 모든 교육 환경에 동일하게 퍼져 나가 현재에 이르고 있다.

물론 앞서 이야기한 것처럼 교육 현장에서의 디지털 기술 활용이 항상 성공만을 가져왔던 것은 아니다. 컴퓨터나 인터넷 사용과 관련한 실패 사례는 뉴미디어 성공 사례만큼이나 많다. 대규모 공공프로젝트에서부터 소규모 실험 연구에 이르기까지 다양한 상황에서 신기술의 교육 효과는 늘 발견되지 않았다. 예를 들면 개발은행의 한 연구자가 페루에서 진행한 어린이 노트북 컴퓨터의 효과 연구에서는 시간이 지남에 따라 효과가 사라지는 것을 발견하였다. 연구자들은 교육성과의 향상에 있어 기술만으로는 한계가 있다는 것을 밝혀낸 것이다. 많은 사람들로부터 높은 평가를 받았던 '벽 구멍 컴퓨터 프로젝트Hole-in-the-Wall'도 대표적인 실패 사례이다. 설치 초기에는 비교적 성공적이었다는 뉴델리 슬럼가 벽에 박힌 컴퓨터의 효용성은 그 후 다른 연구자에 의해 무참히 깨졌다. 후속 연구자들은 컴퓨터의 대

부분이 파손되고, 그나마 살아남은 컴퓨터도 대부분 게임으로 사용되고 있는 것을 밝혀냈다.[214]

미국 공군사관학교 실험에서도 교육에서의 신기술의 혜택은 그리 크지 않은 것으로 나타났다. 연구자는 피실험자들을 세 그룹으로 나누어 실험을 진행했다. 첫 째 그룹은 컴퓨터를 사용 못하고, 두 번째 그룹은 컴퓨터 사용이 가능하고, 세 번째 그룹은 태블릿을 가져올 수 있지만 책상 위에 놓인 상태로 놔두어야 하는 조건이었다. 연구 결과 컴퓨터 금지 그룹이 다른 그룹보다 학습 성과가 더 높은 것으로 나타났다.[215] 이처럼 다양한 상황, 다양한 문화권에서 실패 사례는 넘쳐나지만, 사람들의 주목은 많이 받지 못했다. 모두가 뉴미디어의 밝은 미래만을 생각하기 때문이다.

한편 단기적인 효과는 있었지만 장기적인 측면에서 부정적인 결과를 낳는 사례도 다수 존재한다. 디즈니의 '베이비 아인슈타인Baby Einstein' DVD 사례[216]는 표면적으로는 무언가 효과가 있을 것 같지만 실제로는 오히려 해가 되는 상황을 잘 보여준다. 2007년 『사이언스』에 유아들이 TV와 DVD를 시청하는 것과 부모가 책을 읽어주는 것을 비교한 논문이 발표되었다. 한마디로 뉴미디어의 학습효과가 없다는 결론을 실은 논문이었다. 이에 대응하여 2009년 디즈니는 해당 연구를 무효화하려고 많은 노력을 하였으나 실패하여, 고객에게 배상하고 DVD를 회수하였다.

중소기업에서 개발한 '베이비 아인스타인'은 비디오, CD, 플래쉬 카드 등 다양한 뉴미디어 장치를 활용하여 유아들이 기기와 상호작용하면서 음악 교육을 받을 수 있는 멀티미디어 학습도구이다. 디즈니가 '베이비 아인슈타인'을 인수하여 대대적인 판매 활동을 벌이던 즈음,『사이언스』를 시작으로 다수의 연구에서 이 멀티미디어 학습 교재가 유아의 지능 발달에 전혀 도움이 되지 않는다는 연구결과를 발표한 것이다.『사이언스』이외에도 『심리과학Psychological Science』은 이 교재를 사용한 어린이가 사용하지 않은 어린이보다 단어를 이해하는 데 더 나은 모습을 보이지 않는다는 결과를 발표하였다. 여기서 한 걸음 더 나아가 2007년『소아과 저널Journal of Pediatrics』의 연구에서는 '베이비 아인스타인'을 한 시간 시청한 유아들이 시청하지 않은 유아들보다 평균 6~8개의 단어를 덜 이해하는 것으로 나타나, 멀티미디어 교재 시청과 커뮤니케이션 발달 척도는 부적인 상관관계에 있다는 결론을 내렸다. 쉽게 이야기하면 보면 볼수록 아이의 커뮤니케이션 능력은 더 떨어진다는 것이다. 이에 대해 연구를 진행한 워싱턴 대학을 상대로 디즈니는 또 다른 소송을 제기하기도 하였다. 이같은 일련의 우여곡절을 겪은 후에 같은 데이터를 이용한 다양한 후속 연구들에서 디즈니 멀티미디어 학습교재가 유해 하지도 않지만, 그렇다고 학습효과가 있다고도 볼 수도 없다는 종합적 판단을 내렸다.

위에서 예를 든 멀티미디어 학습 교재와 같은 스크린 시청은 독해나 작문 능력이 아니라 시청각 이해 능력만 제공한다는 연구결과가 다수 있다. 멀티태스킹에는 도움이 되지만 단일 주제 집중에는 도움이 되지 않으며 산만함을 오히려 키운다는 것이다. 어느 한 영역에서의 향상이 창의성이나 총체적 잠재 능력의 향상과 연결되지는 않는다. 앞 장에서 논의한 것처럼 공간 지각력의 향상은 다른 인지능력의 향상과 이어지지 않으며, 오히려 방해 요인으로 작용한다.

교육 환경에서의 뉴미디어 활용이 장기적으로 커다란 후유증을 남기는 또 다른 사례로 '세서미 스트리트'를 들 수 있다. 취학 전 어린이를 대상으로 한 텔레비전 교육 프로그램인 '세서미 스트리트'는 선풍적인 인기를 끌며 많은 사람의 주목을 끌었지만, 결국 아이들을 텔레비전 앞에 붙들어 두는 역할을 톡톡히 한 것으로 많은 아쉬움을 남겼다. 취학 전 아동들에게 수의 개념이나 알파벳 습득 등의 단기적 학습 효과는 있었으나 TV 스크린에 집착하게 만드는 원흉이 되었던 것이다. '베이비퍼스트' 프로그램도 비슷한 사례이다. 『슈피겔Der Spiegel』 온라인에 따르면 '베이비퍼스트'를 방영하는 유선방송 업체가 이 프로그램을 몇 시간 방영하지 않자 당황한 부모로부터 엄청난 전화가 걸려왔다고 한다. 아기들이 '베이비퍼스트'에 나온 애니메이션 버전의 수족관 자동차를 보면서 잠드는 데 익숙해져 있었던 것이다.[217] 선의에서 시작했지만 결과적으로 많은 부작용이 드러나는 세서미 스트리트와 같은 상황이다.

내용이 문제가 아니라 매체가 문제였다. '미디어가 메시지'라는 경구가 절로 떠오른다. 한편 아이들이 새로운 매체와 접촉하는 시간이 길어짐에 따라 밖에 나가 노는 방법을 가르치는 회사가 생기기도 한다. '팅커 가든tinker garten'은 2살에서 8살의 어린이를 대상으로 야외 활동을 할 수 있는 프로그램을 개발 제공하는 곳이다.[218] 다양한 기술들로 인해 아이들이 놀면서 상호작용하고 공감하는 방식이 근본적으로 달라짐에 따라, 억압적인 기술 환경에서 벗어나 자연을 느낄 수 있게 도와주는 팅커 가든은 『뉴욕 타임스』나 『워싱턴포스트』 등 유수의 언론에도 소개되었다. 신기술이 반드시 혜택만을 주지 않는다는 것을 보여주는 간접적 증거들이다.

물론 전술한 연구들의 함의는 러다이트와 같이 신기술 혹은 뉴미디어의 사용을 부정하는 것보다는 새로운 기술의 적용 가능성에 대해 보다 깊은 논의가 필요하다는 것이다. 적용 가능성에 대한 논의에는 적용 시기나 장소 등 환경적 요인과 함께 신기술이 채택되는 사회 문화적 요인이 포함되어야 함은 물론이다. 또한 신기술의 도입 효과 및 영향에 대한 거시적 접근이 필요하다. 특히 새로운 기술이 채택됨에 따라 나타나는 장기적인 영향에 대해 더욱 주목해야 한다. 수많은 기술들이 탄생하고 사라지는 과정 속에서 나타나는 뚜렷한 특징 중에 하나는 단기적으로 나타나는 효과와 장점이 계속 지속된다는 보장이 없으며, 단기 장점이 오히려 장기적인 부작용으로 역전되는 경우도 많다. 미디어가 메시지라는 경구에 담긴 의미도 미디어의 거시적 총체적 효과, 특히 장기적으로 나타나는 부정적 효과에 대해 주목하라는 것이다. 이러한 현상을 설명하는 개념이 바로 이중 효과 dual effect이다. 전술한 사례들이 모두 이에 해당한다. 모든 이들로부터 좋은 프로그램이라고 칭찬이 자자했던 세서미 프로그램은 아이들을 텔레비전에 붙들어 놓는 기제로 작용, 심각한 스크린 중독 현상을 야기했다. 게미피케이션도 재미있는 게임을 통해 교육도 하고, 봉사도 할 수 있는 기회를 제공하였지만, 결국 게임 중독이라는 후유증을 낳게 된다.

'좋아요'가 처음 채택된 2009년은 페이스북 역사에 있어 매우 중요한 한 해로 기록된다. '좋아요' 버튼이라는 단순한 기술적 장치가 이후 상업적, 문화적 그리고 개인 심리 차원에서 매우 중대한 결과를 이끌었기 때문이다. 상업적으로 '좋아요'는 페이스북이 네트워크의 강자로 떠오를 수 있는 계기를 마련하였고, 문화적으로 이른바 공동체 형성의 밑거름이 되었다. 또한 '좋아요' 버튼의 기능은 개인의 심리적 차원에서도 매우 중대한 영향을 끼치게 된다. '좋아요'로 인해 개인들의 심리는 쉽게 흔들리게 되었고, 집단 감정전이 또한 네트워크 공동체에서 쉽게 나타나는 현상이 되었다. '좋아요' 버튼을 개발한 4명의 페이스북 개발자 중 한 명인 저스틴 로젠스타인 스스로 다음과 같이 말하면서 서비스의 문제점을 인정한다.

> "이용자들이 쉽게 긍정을 할 수 있는 도구를 만드는 것이 '좋아요' 버튼의
> 주요 목적이었는데, 성공하였다. 그런데 문제는 너무 성공적이었다는 데
> 있다."[219]

이제는 페이스북만이 아니라 스냅챗, 인스타그램, 트위터 등 수많은 앱에서 '좋아요'와 비슷한 기능이 퍼져있고, 이를 통해 이용자 모두가 감정적으로 연결될 수 있는 환경이 구축되었다. 비즈니스 측면에서는 성공적인 주목 경제 환경의 구축이지만, 이용자의 입장에서는 가두리에 갇힌 상황이 된 것이다. 전혀 생각하지 못했던 작은 기능이 실로 엄청난 효과를 발휘한 것이다. 이중 효과의 힘을 잘 보여주는 사례이다. 미디어의 특정 기능이 초기에는 긍정적 모습으로 다가오지만 시간이 지날수록 전혀 예상치 못했던 부정적 효과가 나타나는 것이다. 응원과 격려 그리고 공감의 감정을 가볍게 주고받을 수 있는 '좋아요'가 삶의 무거운 장애물이 된 것이다. 물론 기업의 입장에서는 폭발적인 수요를 가져올 결정적인 트리거 서비스를 발견한 것이다.

기술의 그림자는 기술의 탄생과 동시에 발생한다. 다만 신기술 탄생의 기쁨에 부작용이 자연스레 감춰질 뿐이다. 우리는 모든 기술의 이면에는 부작용이 도사리고 있다는 분명한 사실을 깨달아야 한다. 마치 모든 의약품에 부작용이 뒤따르듯이, 순 기능과 역 기능은 동전의 앞뒤 면처럼 존재한다. 기술의 트레이드 오프^{trade off}로 생각해도 된다. 어느 한쪽을 얻으면 다른 하나는 내줘야 하는 상황이다. 스마트폰의 다양한 서비스들, 가령 위치 정보 서비스는 우리에게 편리함을 가져다주지만 프라이버시 침해의 가능성을 높인다. 편리함을 얻으면 프라이버스가 약해지는 것이다. 사실 이러한 트레이드 오프는 뉴미디어의 도입에서 늘 나타나는 현상이다. 가령 텔레커뮤니케이션 기술이 도입되어 서비스가 활발해지면서 실제 수요를 넘어서는 불필요한 커뮤니케이션 양의 증가가 나타났고, 여기서 더 나아가 전혀 예상하지 못했던 원치 않는 결과를 초래하기도 했다.

텔레커뮤니케이션과 교통의 트레이드 오프 연구는 전화와 전신으로 대표되는 텔레커뮤니케이션 기제를 잘 활용하여 교통량을 줄이고 개인과 사회의 발전을 도모하자는 이른바 발전 이론^{development theory}의 한 갈래에서 시작하였다. 발전 이론은 1950~1960 년대 라디오와 TV를 개발도상국의 발전을 위해 활용해보자는 구상에서 비롯되었다. 커뮤니케이션 학문의 초기 개척자로 여겨지는 다니엘 러너^{Daniel Lerner}나 윌리엄 쉬람^{Wilbur Schramm} 등은 수많은 해외 사례를 통해 라디오 보급이 제 3세계의 발전에 어떻게 도움이 되는지를 연구하였다. 예를 들면, 당시의 뉴미디어였던 라디오의 보급으로 인해 문맹률이 낮아지고, 이는 다시 경제 발전과 민주주의 발전에 도움이 된다는 느슨한 인과관계를 보여주면서, 커뮤니케이션 기술의 적절한 활용이 국가와 사회 그리고 개인의 발전에 결정적인 역할을 한다고 주장하였다. 물론 이들의 주장은 단기적이고 매우 제한된 데이터에 입각한 것이었고, 후속 연구의 부재로 장기적인 영향에 대한 관찰은 이루어지지 않았다. 대부분의 후대 학자들은 이러한 연구의 결과에 대해 그다지 긍정적이지 않다. 또한 발전 이론 연구자들은 당시 냉전 시대에 CIA 후원으로 다수의 연구를 진행했다는 점에서 많은 비판을 받기도 하였다.

뒤를 이어 등장하는 텔레커뮤니케이션과 관련된 발전 연구는 1980년대 후반 전화를 포함한 다양한 통신 기술을 활용하여 개인과 지역 사회의 발전을 도모하자는 주장을 내세움으로써 1950년대의 초기 발전 모델을 그대로 답습하였다. 물론 이론의 정교함, 방법론의 세기 등 한층 진화된 발전 모델이었다. 이러한 연구 경향의 대표적 사례가 앞에서 이야기한 텔레커뮤니케이션-교통 트레이드 오프 연구이다. 허드슨으로 대표되는 연구자들은 전화나 전신의 적극적인 활용은 교통량을 줄이고, 커뮤니케이션을 원활하게 하여 경제발전을 극대화할 수 있다는 이론을 내세웠다. 텔레커뮤니케이션 기술을 도입하여 생산성의 증대를 얻자는 것이었고, 이것은 2000년대 초반 컴퓨터로 대표되는 IT 기술의 적극적인 도입을 통해 기업의 생산성을 높이자는 이야기와 맥을 같이 한다.

텔레커뮤니케이션 교통 트레이드 오프 연구 또한 초기 발전 이론처럼 경제나 환경 분야에서 단기적이고 미시적으로는 긍정적인 결과를 보여주었지만, 장기적으로 전혀 예상하지 못한 의외의 결과를 도출하였다. 대표적인 사례로 쇼트 등의 연구를 들 수 있다.[220] 영국 남서부와 웨일스 남부를 잇는 다리의 교통량이 과부하 상태에 도달함에 따라 양쪽을 잇는 통신망을 확장하여 교통량을 해소하려고 했으나, 통신망 증설 이후 커뮤니케이션 양이 증가하면서 교통량도 증가하는 상황이 발생한 것이다. 초기 예측과 달리 텔레커뮤니케이션과 교통의 트레이드 오프가 일어나지 않았던 것이다. 면대면이 아닌 통신으로 업무를 처리하여 물리적 교통량을 줄이려고 했던 계획은 처음에는 달성되는 것처럼 보였으나, 얼마 지나지 않아 교통량도 증가하면서 수포로 돌아간 것이다. 즉 커뮤니케이션의 증가는 그것이 사무적이던 비 사무적이던 간에 또 다른 면대면 접촉의 계기를 늘렸던 것이다.

이처럼 새로운 미디어를 이용하여 개인이나 국가 혹은 사회의 발전을 도모하자는 이야기는 늘 존재해 왔고, 그러한 시도의 성공과 실패를 경험한다. 문제는 우리가 늘 기술의 순기능, 즉 기술의 성공 사례에만 관심을 갖고 도취한다는 점이다. 기술의 이면에 가려진 역기능과 가치의 변화에 대해서는 무감각해지면서 기술의 포로가 되어 아무런 저항 없이 우리의 모든 것, 심지어는 우리의 감정까지도 기술에 내주는 것이다. 더욱 큰 문제는 기술의 부작용과 예측 불가능성이 점점 더 커진다는 것이고, 이러한 기술의 개발과 수정에 있어 인간의 개입 여지가 점점 줄어들고 있다는 점이다. 구글의 소프트웨어 엔지니어들은 자신들이 만든 프로그램의 일부 가시적인 현재의 상황만을 이해할 뿐이지, 미래를 예측하지 못한다. 자신들이 개발한 알고리즘이 네트워크상에서 다른 프로그램과 연결되어 전혀 예측하지 못한 결과나 부작용을 도출할 가능성이 있다는 사실을 스스로 인정하고 있다.[221]

이중 효과는 이론이 아니라 역사의 한 과정이다. 늘 반복되지만, 예측할 수 없고, 피할 수도 없는 미디어 역사의 한 부분인 것이다. 뉴미디어 도입과 관련된 기존 연구들은 기술의 단기적 영향만이 아니라 장기적 결과에 대해서도 관심을 가져야 한다는 분명한 교훈을 전한다. 기술은 결코 우리 뜻대로 움직이지 않는다. 라디오나 전화의 시대에서 그랬고, 소셜미디어 시대인 지금도 그렇고, 미래의 테크노폴리 사회에서도 그럴 것이다.

시장에 나온 모든 제품과 서비스는 시장 논리에 따라 개발된 것이다. 그것을 인간성의 논리로 설명하거나 요구할 수는 없다. 미디어 서비스도 예외는 아니다. 우리를 통증에서 구하고, 죽음을 멀리할 수 있게 도와주는 필수불가결한 약품도 마찬가지이다. 의약품의 사례는 과학의 진보가 시장에 의해 얼마나 왜곡될 수 있는지를 잘 보여준다. 대부분의 약은 시장의 요구에 의해 탄생한다. 시장의 수요가 없는 약은 개발할 수도 없고, 개발되지도 않는다. 말라리아가 아직도 창궐하는 이유이다. 만약 말라리아 모기가 전 세계 남극과 북극까지도 뒤덮으면 곧 치료약과 백신이 개발될 것이다. 백신은 시장의 수요에 의해 탄생한다. 수요가 없으면 백신도 개발될 이유가 없다. 백신 음모론이 나오는 이유이기도 하다.

질병을 만들어내는 것이 제약회사의 목표라고 주장하는 학자들도 많다. 당연히 기존 질병의 범위는 넓히고, 없으면 새로운 질병을 만들어낸다. 혈압약을 제외하고는 대부분의 만성 질환에서 그 규정 범위가 늘어나고 있다.[222]

또한 자폐나 ADHD가 새로운 질병으로 분류되었듯이, 이 책의 중요한 주제인 불안 심리도 척도를 만들어 질병으로 분류할 수도 있다. 이미 시장에는 팍실^{paxil}이라는 우울증 약이 이러한 시도를 대표하고 있다. 세계 최대의 의약품 소비국인 미국의 질병분류체계^{DSM}의 질병 목록은 개정판이 나올 때마다 늘어난다. 그 원인을 두 가지로 생각해볼 수 있다. 실제로 새로운 질환이 계속 생겨나는 경우와 현상은 변하지 않았는데, 수치를 통하여 인위적으로 질병의 범위를 넓히는 것이다. 전자는 시대가 변함에 따라 혹은 기술 문명이 발전함에 따라 나타나는 부작용이고, 후자는 제약회사의 윤리 의식과 관련된 것이다. 어느 것이 되었든 일반 소비자에게는 좋을 것이 없다.

주의력이 없고 산만한 어린이의 행동에 붙여지는 주의력 결핍 과잉행동 장애, 즉 ADHD는 『DSM』에서 장애/질병으로 분류된 후 현대의 유행병처럼 퍼져나가고 있다. 아이러니하게도 이러한 장애나 질병이 방학 중에는 많이 사라진다는 점이다.[223] 학교에 안 가면 장애가 사라지거나 그 정도가 약해진다면 학교라는 환경이 장애/질병의 중요한 원인의 하나일 가능성이 높다는 것이고, 결국 이러한 장애/질병의 진단과 처방은 물론, 궁극적으로 질병으로 분류되는 이유에 관해서도 의문이 생긴다. ADHD가 개인적 특성만이 아니라 학교라는 상황적 요인에 기인될 수 있음에도 불구하고 현재 치료는 원인 제거가 아니라 증상을 완화하는 데만 초점을 맞춘다. 당연히 아이들의 돌발적 과잉 행동을 제어하는 다양한 약들이 투여될 것이고, 이것을 복용한 아이들은 무기력하게 선생님의 말씀에 순응하며 학교생활을 이어갈 것이다. 장난도 제대로 못치고, 친구들과 잘 뛰어 놀지도 못한다. 정체불명의 주사를 맞고 무기력한 삶을 이어가는 『뻐꾸기 둥지 위로 날아간 새$^{One Flew Over The Cuckoo's Nest}$』의 작은 주인공이 되는 것이다.

ADHD가 질병으로 인정되기 위한 과학적 절차에도 의문이 생긴다. 흔히 과학적 연구라 하면 신뢰도와 타당도를 확보한 결과물을 의미한다. 신뢰도는 연구 방법의 정확성에 관한 것이고, 타당도는 연구 목표에 부합하는지의 여부이다. 이 두 가지를 갖추어야 과학적 연구로서 인정을 받는다.▼ 서베이를 통해 어떤 연구문제를 풀고자 할 때, 질문 항목이나 샘플은 잘 확보되었는지와 같은 연구 방법과 관련된 것이 신뢰도라면, 타당도는 과연 그 서베이를 통해 연구 목적을 제대로 달성할 수 있는지의 여부이다. A라는 주제에 대해 연구를 하고자 했지만 정작 그 서베이는 A가 아니라 개념적으로 비슷한 A´ 혹은 아예 상관없는 B에 관한 것일 경우 타당도는 떨어진다. 연구를 수행하는 데 있어 늘 어려운 부분으로, 자주 벌어지는 상황이다. 한 마디로 원하는 연구 목적을 실제로 달성했는지의 여부가 타당도이고, 그 과정에서 실수나 오류는 없었는지에 대한 방법의 문제가 신뢰도이다. 대개의 경우 타당도는 연구자가 연구 목표에 대한 이해와 이론적 기반이 얼마나 잘 형성되느냐에 따라 결정되고, 신뢰도는 이러한 연구 목표를 얼마나 정확히 측정할 수 있는지의 여부로 결정된다. 둘 다 문제가 되는 경우도 있지만, 특히 타당도가 떨어지는 연구 논문이 많다. 그 이유는 신뢰도는 측정의 문제이지만, 타당도는 논리의 문제로 쉽게 다

▼ 통계방법론에서는 흔히 영점 사격의 비유를 들어 설명한다. 과녁을 향해 세 발의 총을 쐈을 때 세 발 모두 과녁(목표) 정 중앙에 맞춘다면 신뢰도와 타당도가 확보된 것이다. 원하는 목표에 오차없이 총알이 날아갔으니 말이다. 만약 세 발의 총알이 정 중앙에서 모두 오른 쪽으로 치우쳐 있다면 신뢰도는 확보했지만 타당도는 얻지 못한 것이다. 맞추지 못했으니 타당도가 떨어지는 것이고, 세발이 한 군데 같이 모여 있으니 신뢰도는 확보한 것이다. 한편 세 발의 총알이 제 각각으로 날아가 아무 곳에나 박히면 타당도와 신뢰도 모두 존재하지 않는 경우이다.

신뢰도와 타당도

신뢰도 있음
타당도 없음

신뢰도 낮음
타당도 낮음

신뢰도 없음
타당도 없음

신뢰도 있음
타당도 있음

가가기가 더 어렵기 때문이다.

의약품의 예를 들어보자. 당뇨병 치료를 위해 특정 유전자를 이용한 약을 개발한다고 할 때, 개발된 약이 당뇨병을 치료하는 것인지, 아니면 당뇨병의 증상을 치료하는 것인지 구별되어야 할 것이다. 만약 그 약의 개발 목표가 당뇨병을 치료하는 것인데 증상 완화만을 가져온다면 그 약의 타당성, 즉 그 약의 개발을 위한 과학적 연구의 타당성은 모두 사라진다. 원하는 목표를 얻지 못했기 때문이다. ADHD 이야기로 돌아가서, ADHD의 원인 중에 하나가 만약 학교라면 그 원인에 대한 고민과 처방이 있어야 ADHD라는 장애/질병에 대한 과학적 접근의 타당성과 신뢰도가 확보된 것이다. 물론 현실은 그렇지 못하다. 전술한 것처럼 증상에만 집착하는 대증요법의 좁은 시각과 영리를 우선으로 하는 의료 관행 등이 어우러져서 조금만 어수선하면 무조건 질병으로 진단하고 약을 처방하기 때문이다. 실제로 ADHD는 미국 소아과에서 천식 다음으로 가장 흔하게 진단하는 질병이라고 한다.[224] 또한 ADHD의 질병 분류는 증상이 질병으로 해석된 일종의 순환논법 오류의 대표적 사례이기도 하다. 주의력이 떨어지고 행동이 과잉이라는 증상이 곧 질병 자체가 된 것이다. 열이 높고 땀이 많이 나는 사람은 'HFSS'라는 진단을 받기도 한다. 열이 높고 HF: high fever 땀

▼ 참고로 자폐증은 자폐 스펙트럼 장애의 하나로서 스펙트럼에는 아스퍼거 증후군, 주의력결핍장애 ADD, 주의력 결핍 과잉행동 장애 ADHD 등이 있다.

을 많이 흘리기 SS: severe sweat 때문이다.[225] 실로 믿겨지지 않지만 현실 속 이 야기이다.

ADHD 혹은 자폐를 포함한 대부분의 질병 범위는 수치 조정을 통해 이루어진다. 객관적이라 여겨지는 다양한 과학적 증거들을 통해 질병의 범위가 결정된다고 할 때, 그러한 연구들의 후원 단체가 해당 질병 치료약을 개발한 제약회사인 경우가 종종 발견된다. 또한 객관적 입장을 견지할 것이라 믿는 질병 관리 위원회의 위원들, 즉 질병인지 아닌지를 판단하고, 그 범위를 결정하는 사람들이 개인적으로 특정 제약회사의 후원을 받는 상황도 심심치 않게 벌어진다. 발전이론 논쟁에서 보았던 이른바 연구 스폰서 문제이다. 제약 산업이나 교육산업이나 뉴미디어 산업이나 목표는 단 하나, 영리 추구이다. 시장의 힘은 자본주의가 도래한 후, 결코 약화되거나 쇠퇴한 적이 없다.

수도원에서 처음 발명된 시계가 속세에서 본격적으로 사용되면서 나타난 엄격한 시간 조정과 즉각적인 의사소통이 우리에게 준 효과는 앞에서 소개한 그림의 내용인 '깨진 시간과 흩어진 주의력'이라고 멈포드는 이야기했다. 베블런은 타자기, 전화, 자동차를 사용함으로써 절약되는 시간과 물자에 비해 더 많은 노력과 물자를 낭비하게 되는 것은 아닌지 의문을 품었다. 러셀은 과거에는 한 시간 걸어서 출근했는데, 지금은 자동차로 한 시간 걸려서 출근한다면 무슨 의미가 있는지를 묻는다. 과연 우리가 한 세기 전보다 더 나은 삶을 살고 있는가를 되묻는 것이다. 물론 절대 빈곤이 감소하고, 기대 수명이 늘어나며, 정치 사회적으로 과거보다 나은 환경에 살고 있는 것은 분명하지만, 과학과 기술 문명 속에서 우리가 무언가를 놓치고 있는 것은 아닌가 되새길 필요가 있다 다양한 장점과 편리성에도 불구하고, 기술은 결코 만병통치약이 아니다. 기술은 늘 문제점을 안고 태어난다. 빛이 있으면 어둠이 있듯이, 기술의 그림자는 기술과 늘 함께 한다.

치료가 필요한 사회

▼
▼

　미국 캘리포니아 팔로 알토 지역의 한 고등학교에서 일어난 자살 사건은 많은 사람들을 충격으로 몰아넣었다. 대학입시에서 좋은 성적을 거두는 실리콘 밸리의 명문 건^{Gunn} 고등학교 학생들이 의문의 연쇄 자살을 한 것이다. 2009년 4명의 학생이 마을을 지나가는 기차에 뛰어들면서 시작된 자살은 2017년까지 이어졌다. 결국 미국의 질병관리청^{CDC}도 개입하여 연쇄 자살의 원인을 조사하였지만 명확한 결론을 내리지 못했다. 동부의 사립 고등학교 못지않은 경쟁의 온실이었던 건 고등학교는 이후 성적 랭킹을 하지 않는 것으로 알려져 있다.[226]

　총 17명을 죽음으로 내몬 이유가 무엇이었는지, 크라비츠는 르포르타주 형식으로 건 고등학교에서 일어난 자살 사건과 관련하여 동네의 분위기 (예를 들면, 아이비리그 입학, 경쟁, 창업, 기술 선도 등)가 학생들에게 어떤 영향을 미쳤는지 파헤친다.

『괴이한 전염Strange contagion』이라는 책의 원제처럼 특정한 감정의 사회적 전염에 초점을 맞춘 그는 명확한 결론을 내리지는 못하지만, 그럼에도 불구하고 팔로 알토의 분위기와 상황적 요인이 연쇄 자살의 배경 깊숙이 자리잡고 있다고 확신한다. '분명 그들은 최고의 학군, 최고의 부모, 최고의 주거 환경, 그리고 최고의 첨단 기술을 지녔지만 무언가를 잃어버린 것이 있다. 경쟁으로 인한 삶의 의미 실종이라는 인식 가능한 문제점을 넘어서는 깊게 깔려있는 어두운 그림자가 여기 팔로 알토의 한 마을에 전염병처럼 퍼져 있었던 것이다. 단 하나의 이유로서는 설명될 수 없는 낮게 깔린 음습한 기운이다.'[227] 가히 사회적 병리라 할 수 있다.

여러 차례 언급되었듯이 소셜미디어 중독의 해결책을 얻기 위해서는 개인적 차원을 넘어서 사회적 맥락에서의 이해와 접근이 필요하다. 중독은 '중독자의 잘못이다'라는 편견이 제일 문제이다. 중독은 실제로 '공중보건의 위기'를 드러내는 것으로서 사회가 위기에 처한 사람들을 보호하는 데 실패했다는 징후이다. 소셜미디어 중독은 구조적 문제이자 사회적 문제이다. 기본적으로 사회에 많은 책임이 있다. 병인론에서의 주장처럼 열이 나는 이유가 똑같지 않듯이, 증상은 같더라도 원인은 다를 수 있다. 우리가 환경적 요인을 고려해야 하는 이유이다. 소셜미디어도 같은 접근이 필요하다. 개인의 문제만이 아니라 사회적 환경이 반드시 고려되어야 하는 이유이다. 소셜미디어 중독은 사회적 병리 현상으로 접근해야 한다.

우리가 아무것도 안 하고 가만히 있으면 불안한 이유는 잠시 쉴 때 남들은 더 앞서 나아갈까봐 쓸데없는 걱정을 하기 때문이다. 경쟁 사회가 만든 인간의 심리 상태이다. 새벽같이 일어나 끊임없이 움직이고, 그래야 마음이 놓이는 심리 상태는 우리를 둘러싼 사회적 환경의 결과물이다. 과거 수렵 채취 문화에서의 노동 시간은 훨씬 짧았지만 농경시대에 들어서면서부터 늘어나기 시작했다고 한다. 농경 시대의 도래와 함께 불평등도 탄생했다. 열매를 아무리 열심히 채집해 봐야 개인 간 별 차이가 없지만, 곡식을 재배하는 것은 다양한 과정과 절차를 동반하면서 이른바 경제적 가치 사슬로 연결된다. 씨를 뿌릴 때부터 추수가 끝나고 겨울에 쌀을 저장하고 판매할 때까지 끊임없는 경제적 가치 개입이 일어나는 것이다. 이러한 가치 사슬을 잘 활용하는 사람은 부자가 될 것이고, 그렇지 않은 대다수의 농부는 하루 종일 일해야만 살아남을 수 있는 빈자로 전락한다.

이런 상황에서는 끊임없이 움직여야 살아남을 수 있다는 본능이 작동할 수밖에 없다. 남들보다 한 단계라도 더 위로 올라서야 삶의 의미와 가치가 찾을 수 있는 이른바 능력주의 시대에서 게으름은 죄악 그 자체이다. 능력주의가 판을 치는 환경에서는 모든 사람들이 이른바 현실 왜곡장reality distortion field, 즉 터무니없는 요구에 부응하면서 가능성의 인식을 의도적으로 왜곡시켜 놓은 삶을 살아가는 것이다.[228] 이런 환경에서는 살인적인 근무 시간도, 터무니없는 상사의 요구도, 비상식적인 기준도 표준으로 받아들여지면서 삶은 왜곡되고 무너진다.

아마추어 사이클 선수도 약물을 복용하면서 높은 순위를 지키려고 한다. 삶 자체가 경쟁이기 때문에 상금도 없지만 자기가 속한 공동체 내에서 인정을 받기 위해 몸부림치는 것이다. 먹고 살기 위해서가 아니라, 좋아서 취미로 다가간 사이클 동호회에서 벌어지는 일이다. 이러한 아마추어 사이클 선수의 약물 복용을 넷플릭스에서 다큐멘터리로 방영하기도 했다. 약물을 복용 안 하면 경쟁에서 뒤처지고, 경쟁에서의 탈락은 삶의 도태를 의미한다. 사이클 공동체만의 이야기는 아닐 것이다. 인터넷 상의 무수한 공간에서 매일 같은 일이 벌어지고 있다. 페이스북 공동체에서도 이와 비슷한 일이 지금도 벌어진다. 거짓 '좋아요'에 취해 자신이 망가지는지도 모르고 환희에 겨워 가짜 신을 오늘도 만나러 가는 것이다. 아마추어 사이클 선수가 약물을 복용하듯이, 우리는 페이스북에서 끊임없이 또 다른 정체성을 만들어가면서 자신을 속이고 약물에 취해간다.

바우만은 유동적 근대에서 중심을 잡지 못하고 부유하는 현대인을 묘사하지만, 네트워크 사회에서 중심부에 도달하지 못한 대부분의 평범한 사람들은 네트워크라는 촘촘한 거미줄에 걸려 꼼짝 못하고 발버둥치는 먹잇감에 지나지 않는다. 문자 그대로 포식자의 빨대에 꽂혀 영혼을 탈탈 털리는 희생자들이다. 거미줄의 중심부에는 먹잇감의 영양분을 섭취하여 날로 거대해지는 포식자들이 기다리고 있다. 테크노폴리를 이끌어 가는 엘리트들이 바로 그들이다. 실제 거미줄은 매우 튼튼하고 잘 늘어나며 내구성도 강해서 철에 비해 5배에 달하는 강도를 지니고 있다고 한다. 테크노폴리 사회의 웹도 다르지 않다. 이러한 강력한 거미줄에 걸리면 탈출 하기란 거의 불가능에 가깝다. 유동성이 아니라 능력주의라는 덫에 걸려 갇혀있는 삶이다. 이미 정해진 거미줄의 위치에서 한 치도 벗어나지 못하는 먹잇감처럼 능력주의 세계에서도 사회적 이동성 social mobility은 존재하지 않는다.

　　도덕적/윤리적으로 무장한 능력주의는 1980년대 신자유주의의 부상
과 함께 사회 전반으로 퍼져 나아가지만, 그러한 이념이 가져온 결과는 불
평등의 확산과 더불어 사회 전반에 드리운 암울한 사회적 병리 현상이다.
이러한 불평등은 단순한 부자와 빈자의 격차라기보다는 각각의 계급에서
나타나는 세분화된 불평등이면서, 종국적으로는 극히 소수에게 모든 권력
과 자본이 귀속되는 왜곡의 중심축으로 작용한다. 사회를 대변할 중산층이
사라지면서 모든 힘과 권력 그리고 자본은 극히 일부 상층부로 수렴한다.
물론 이러한 소수의 독점은 네트워크 환경에서 흔히 볼 수 있는 현상으로,
모든 것이 연결되어 있는 개방형 네트워크 상황에서는 자연스러운 모습이
기도 한다. 네트워크 사회에서는 이른바 중간을 대표하는 평균의 의미는
사라지고 이른바 소수의 센터에게 힘과 권력이 집중되는 것이다.[230]
　　기존 산업 사회에서는 중간 계층이 대표가 되어 해당 사회를 설명한

다. 흔히 이야기하는 평균이 이에 해당된다. 통계적으로 종 모양을 띤 전체 집단의 성격을 중간에 해당하는 집단의 특성으로 설명하는 것이다. 조금의 왜곡은 있지만 무리 없이 전체를 설명할 수 있다. 이렇게 평균을 이용하여 중산층을 설명함으로써 해당 집단은 물론 전체 사회의 특성을 보여주는 것이다. 그러나 네트워크 사회에서는 평균의 설명력이 사라진다. 한 쪽으로 심하게 기울어진 네트워크 사회에서는 중간층을 대표하는 평균보다는 모든 힘과 권력을 지닌 센터 혹은 허브를 설명하는 중심도와 같은 개념이 더 유효하다. 중심도란 네트워크 내에서 누가 가장 중심이 되는지 혹은 중요한지를 보여주는 척도로서, 이를 통해 네트워크의 센터를 가려낸다. 중심도가 높으면 높을수록 센터 가까이에 위치하고 있다는 것을 의미한다. 엘리트 집단이 중심도가 높은 센터이자 허브이다. 네트워크의 속성상 중심으로 모든 권력과 자본이 흡수되기 마련이고, 따라서 이들을 통해 전체 집단을 설명하는 것이다. 이러한 네트워크 고유의 특성과 함께 경쟁 우선의 신자유주의 분위기가 결합되어 세계는 점점 불평등 사회로 나아가는 것이다.

네트워크 환경에서 교육 시스템은 센터의 힘을 더욱 공고히 하는 중요한 장치로서 작용한다. 능력주의의 주 엔진은 엘리트 대학과 엘리트 직장이다. 이러한 엘리트 시스템에서 교육 능력을 바탕으로 경제 능력도 이어가는 엘리트 집단은 모든 부를 거머쥐며 불평등 사회를 고착화 한다. 능력주의가 우리에게 남긴 것은 경쟁사회의 후유증으로 나타나는 불평등과 이어지는 부작용이다. 능력주의는 기회를 보장하는 것이 아니라 박탈한다. 경쟁의 대열에서 탈락한 다수에게는 경제적 불평등과 수치심을 남겨주고, 경쟁에서 승리한 소수 엘리트들로부터는 균형 있는 삶의 의미를 빼앗고 오만의 감정을 던져준다. 과거 귀족들은 자신의 운을 감사히 생각하며 겸손의 미덕을 지니기도 하였지만, 능력주의의 엘리트들은 자신의 성공이 오롯이 100% 자신의 힘과 노력으로 이룬 것이라 생각하여 오만해 지기가 일쑤이다. 마이클 영은 자신의 소설에서 이것을 정확히 짚어낸다. 결국 오만과 수치심으로 가득한 사회가 탄생하는 것이다. 소수는 오만으로, 다수는 수치심으로 삶을 이어가는 환경은 결코 건강하지 않은 사회이다.

능력주의 세상에서 국가는 시장을 위해 존재하며, 개인은 교육, 주택, 의료 등 사회 안전망을 기대할 수 없는 상황이 되었다. 그야말로 각자 도생이 최선의 살 길로 떠오른다. 대처의 이야기처럼 사회 같은 것은 존재하지 않는 환경에서는 각자가 알아서 살아야 하고, 그러기 위해서는 자신의 이미지, 정체성을 잘 가꾸어야 한다. 소셜미디어가 등장하는 순간이다. 소셜미디어의 다양한 기능을 통해 의사 정체성을 가꾸고, 이를 통해 '사회가 없는 세상'에서 경쟁적인 주체로 다시 태어나야 한다. 가난한 사람은 생존하기 위해 쉴 틈없이 움직이고, 부자는 이미지와 순위 관리를 위해 러닝 머신에 오르는 것이다.

또한 능력주의 환경에서는 수치가 모든 것을 지배한다. 수치에 의해 서열이 정해지고, 직업이 결정되고, 결혼도 이루어진다. 수치화된 결과로 사회가 유지되고 구동된다는 것은 능력주의의 또 다른 문제점이다. 너무나도 쉽고, 편하게, 수많은 비교를 통해 구성원을 줄 세워, 열등해진 대다수는 무능하고, 게으른 대상으로 분류된다. 능력주의 사회에서 국가나 사회가 보살필 필요 없는 소모되는 집단이 탄생하는 순간이다. 그러나 숫자는 현실을 반영하는 것이 아니라 현실의 특정 이미지를 내세워 이데올로기를 투영할 뿐이다. 마치 뉴스가 세상의 모든 것을 보여주는 것이 아니라 기자의 눈으로 바깥세상을 간접적으로 보여주듯이, 객관적이라 여겨지는 수치와 통계도 전문가 집단이나 위정자의 의도와 주장을 교묘히 포장해주는 것에 지나지 않는 경우가 많다.

능력주의를 구동하는 핵심적 기제인 수치 시스템에서 벗어나야 한다. 숫자는 누구의 삶에도 목표가 되어서는 안 된다. 평균 IQ 점수가 높아진다고 IQ 테스트 문제를 어렵게 할 것이 아니라, 인간의 기본 능력, 개인의 잠재력을 파악하는 도구를 개발해야 할 것이다. 일률적인 점수를 얻어내 평균을 따지고 순위를 매길 것이 아니라, 개개인이 지닌 고유의 장점을 파악할 수 있는 방법을 개발, 적용해야 한다. 삶의 조건을 파악하는 데 1인당 국민총소득GNI만이 아닌 다양한 발전 지수를 적용하듯이, 네트워크 중심으로 모여드는 힘과 권력의 분산을 보여줄 척도와 방법을 고민해야 한다. 공감지수와 같이 네트워크 공동체가 필요로 하는 지수 개발 또한 필요하다. 물론 이러한 접근 자체가 우리를 수치의 굴레에 또 다시 얽매이게 할 수 있다는 점을 늘 명심해야 한다.

무용함의 재발견

　주목 경제의 주요 가치는 효용과 유용성이다. 기업의 최대 목표인 생산성 확보의 기본 요소라고도 할 수 있다. 이러한 산업 현장의 덕목들은 교육 현장에서도 지켜져야 할 가치로 여겨진다. 경영대가 팽창하고 문과대가 고사하는 것도 이러한 상황에서는 당연한 결과이다. 문학과 철학 그리고 역사는 이제 마치 라틴어처럼 희귀 학문으로 전락할 것이다. 이러한 경향은 경제나 교육 분야만이 아니라 우리의 삶 속에 깊숙이 내재되어 간다. 유용한 것은 선이요 불필요한 것은 악이라는 것이 삶의 주요 명제가 된다. 이런 환경에서 성장한, 능력주의로 무장한 기술 전문가들에게 윤리적 코딩을 요구할 수 없고, 요구해서도 안 된다. 결코 몰인정하고, 비윤리적이라서가 아니라 불가능하기 때문이다. 이른바 윤리적 설득이라는 개념은 메시지를 던진다는 측면에서 매우 중요하지만 실효성은 거의 없다. 윤리적 설득이란 상대방, 즉 이용자에게도 이득이 되는 방향으로 설득 기제를 활용하자는 것인데, 그러한 시도 자체가 바로 우리를 옭아맨다. 앞에서 논의한 이

중 효과나 기술의 이중성에서 그런 시도의 위험성은 이미 충분히 설명되었다. 알코올 중독자를 순한 도수의 맥주로 치료가 가능한지, 골초 친구에게 전자담배가 도움이 되는지의 여부는 이미 알고 있다.

윤리적으로 프로그램을 설계할 것을 강조할 것이 아니라, 우리가 스스로를 어떻게 통제할 수 있는가를 고민해야 한다. 전자는 아무리 노력해도 불가능한 것이고, 후자는 우리가 노력하면 어느 정도 달성할 수 있는 목표이다. 문제는 그들이 일으켰지만, 해결은 우리가 해야 한다. 억울해도 어쩔 수 없다. 대처와 레이건을 원망해도, 모든 권력과 힘이 센터로만 집중하는 네트워크 사회 자체의 특성을 비판해도, 신자유주의와 능력주의로 인한 불평등은 해소되지 않는다.

우선 제롬 레이니어Jerome Rainier, 더글라스 러시코프Douglas Rushkoff, 케빈 켈리Kevin Kelly 등 여러 디지털 사상가의 이야기에 귀를 기울일 필요가 있다. 『통제하거나 통제되거나Program or be programmed』의 저자 러시코프는 디지털 미디어가 우리의 통제권을 어떻게 빼앗아 가는지를 잘 설명하였다.[231] 그는 우리에게 기술이 주인이 되어 우리를 통제하게 내버려 둘 것인지 묻는다. 프로그래밍을 배워 프로그래머나 기술 엔지니어들의 사고와 의도를 파악하고 기술의 지배에서 벗어날 수 있는 계기를 러시코프는 10개의 지상명령으로 보여준다. 그가 제안한 것 중 참고할 만한 몇 개를 살펴보자.

첫째, 시간에 대한 논의이다.▼ 연결된 것이 항상 좋은 것은 아니다. 실시간real time의 환상에서 벗어나야 한다. 실시간 정보교환은 필요하지만, 모든 사람이, 모든 상황에서, 늘 필요한 것은 아니다. 오히려 실시간 가두리에 엮여서 헤어나지 못하는 것이 중독의 첫 걸음이다. 주목을 가장 쉽게 확보할 수 있는 좋은 기회인 실시간은 주목 경제가 늘 염두에 두는 최우선의 항목이다. 이러한 실시간의 덫은 업무와 휴식, 놀이와 교육, 혼잡스러움과 고요함의 균형을 깨뜨리면서 우리 삶을 황폐화 시킨다. 온 on 상태에 있다는 것은 늘 긴장감을 유지하고 있음을 의미한다. 긴장이 지나치면 균열이 생기고 스스로 허물어진다. 우리의 뇌도 쉬어야 올바르게 작동한다. 뇌가 휴식을 가져야, 뇌가 쉴 때 하는 활동을 방해하지 않는다. 그래야 흥분의 도파민 대신 행복의 옥시토신이 나온다.

▼ Time: Do Not Be Always On.

물론 서비스 오프 service off 에도 계급은 존재한다. 『가디언』에 따르면 '좋아요' 버튼의 개발자 저스틴 로젠스타인은 비서로 하여금 아무 앱이나 내려받지 못하도록 특별 장치를 자신의 핸드폰에 설정하게 했다고 한다.[232] 이른바 선별 주목 경제 공동체 gated communities of attention 상황이다. 주목 경제 하에서도 소수의 몇몇은 사색과 명상을 기반으로 선별된 주목과 관심을 유지할 수 있지만, 나머지는 수동적으로 사육 당하는 가축처럼 살아간다.

둘째, 선택의 의미에 대해서도 생각해보자.▼▼ 선택을 할 수 있다는 것이 반드시 선택을 해야 한다는 의미는 아니다. 때로는 아무것도 선택할 필요가 없다. 구글이나 페이스북은 빨간색 로고가 좋을지 파란색이 좋을지, 아니면

▼▼ Choice: You May Always Choose None of the Above.

이탤릭체 명령문이 좋을지, 고딕이 좋을지를 놓고 AB 테스트를 수천, 수만 회를 거듭하면서 우리에게 다가온다. 한편 우리는 '좋아요'를 선택하면서 우리 자신의 옷을 매일 벗는다. 우리들이 하는 끊임없는 선택이 자먀찐의 '유리집'으로 우리를 안내한다. 겉으로는 그렇지 않은 듯이 보이지만 결국 선택을 하게 만드는 상황은 우리를 위한 것이 아니다. 우리들의 수많은 선택은 빅데이터의 기반이되고, 이렇게 모인 빅데이터는 우리가 아니라 그들을 위해 봉사한다.

▼ Complexity: You Are Never Completely Right.

셋째, 세상의 복잡성도 이해해야 한다.▼ 세상의 복잡함은 우리의 이해 범위를 넘어선다. 질병의 공통점은 수많은 요인들에 의해 초래된다는 것이다. 소셜미디어 중독도 한두 가지의 원인과 결과로 설명할 수 없다. 디지털 기술은 복잡한 세상을 0과 1, yes와 no, 혹은 on과 off의 간단한 방법, 즉 이진법으로 표현한다. 세상의 모든 내용을두 개의 단순한 요소로 표현한다는 것은 실로 기발한 발상이지만, 그것에는 대가가 따른다. 원래 정보의 상당 부분이 압축, 저장, 전송 등의 디지털화 과정 속에서 손실된다. 오디오 애호가들이 CD보다 LP를 찾는 이유가 바로이것 때문이다. 예를 들면 아날로그 소리를 디지털로 전환하는 과정에서 샘플링sampling을 거치는데, 이 때 데이터 손실이 일어난다. 음악을 감상하는 데 있어 이론적으로는 필요 없는 정보, 있어도 듣지 못하는 정보 등이 잘려 나가는 것이다. 인간의 능력으로는 청취가 불가능한 초저역 혹은 초고역대 정보가 대표적이고, 음과 음 사이를 잇는 부분도 손실의 대상이 된다. 듣지 못하는 정보이기 때문에 없어도 된다는 것이다. 그런데 음악 애호가들의 대부분은 좋은 LP의 소리를 CD가 따라가지 못한다고 이야기 한다. 분명히 듣지는 못하지만, 손실된 정보로 인해 빈 공간이 생기는 것이다. 쉽게 설명할 수 없는 음색의 문제일 수도 있고, 소리의 충만도가 약하거나, 심장을 두드리는 초저역 감도의 문제일 수도 있다. 결코 기술적으로, 이론적으로 설명할 수는 없지만 뭔가 부족한 소리가 CD에서 나오는 것이다.

웹의 세계도 마찬가지다. 간단한 디지털 요소로 구성된 세계이지만, 그 내용은 복잡하게 엉켜있다. 수많은 손실과 왜곡, 과장과 과시, 진실과 허위가 혼란스럽게 펼쳐져 있는 것이 웹의 세계이다. 다양한 커뮤니케이션 장치를 통해 우리에게 전달되는 세상의 모든 일은 절대로 실제 그대로 우리에게 다가오지 않는다. 과장과 왜곡의 과정을 거치고, 복잡한 원인과 결과가 뒤엉켜서 나타난다.

넷째, 살고있는 장소의 의미를 되새기는 것도 중요하다.▼ 모든 것이 연결된 네트워크 사회에서 장소를 불문하고 세상사 모든 일을 파악할 수 있는 것은 매우 바람직

▼ Place: Live in Person.

한 일이다. 문제는 모든 것이 연결되었다고 해서 다양한 상황의 모든 맥락까지 포함된다는 의미는 아니다. 수천 킬로미터 떨어진 곳에서 오는 커피와 포도주를 음미할 수 있지만, 우리 주변 농부의 고충을 이해할 기회는 점점 사라진다. 사회 자본은 개개인을 둘러싼 다양한 맥락, 가령 가족, 친구, 지역 사회에서의 연결과 신뢰를 통해 구축된다. 우리가 발을 내딛고 있는 곳이 우리가 기댈 곳이다. 해외여행을 다니고, 지구 반대편에서 재배된 희귀한 음식과 문화를 접하지만, 그것의 대가는 탄소 배출량의 급격한 증가로 인한 지구 기온 상승이다. 코로나 바이러스로 인해 여행이 감소하고 탄소 배출량이 줄어듦에 따라 공기가 맑아지는 것의 의미를 되새겨야 할 것이다.

물론 티나TINA: there is no alternative, 대안은 없다는 비관주의는 금물이다. 티나가 확산되면 무기력이 득세를 하고, 면역이 약해진다. 작은 자극에도 무너질 수 있는 그야말로 회복탄력성의 붕괴를 가져온다. 소확행을 즐기면서 하루하루를 보내는 것도 좋지만 자기가 딛고 있는 땅 위에서, 가급적이면 주변부터 둘러보아야 한다. 약자, 환경, 공동체 그리고 자연을 위한 진정한 상호작용이 시작이다. 뿌리 깊은 곳에 위치한 내면의 감정과 기본 틀deep frame을 움직이는 메시지에 귀를 기울여보자.

"산의 나무는 제 스스로를 해치고 있다. 기름불의 기름은 제 스스로 태우고 있다. 계피는 먹을 수 있는 것이기 때문에 사람들이 그 나무를 베게 된다. 옻은 칠로 쓰이기 때문에 사람들이 칼로 쪼갠다. 사람은 모두 쓸모 있는 것의 쓸모만을 알고, 쓸모없는 것의 쓸모를 알지 못한다."

가치 없는 나무The useless tree는 목수들의 눈에 잘 띄지 않는다. 휘어지고 뒤틀린 나무는 목재로서 가치가 없기 때문이다. 그런 나무가 거대한 거목으로 성장한다. 무용지용無用之用, 즉 쓸모없다고 생각하는 것이 실은 쓸모가 있다. 장자의 『인간세편人間世篇』에 나오는 이야기이다.[233] 소셜미디어를 포함한 각종 뉴미디어의 악영향을 경고하는 오델의 『아무것도 안 하기How to do nothing』에서도 소개되었다. 오델 자신이 가치 없는 나무 일화에 힌트를 얻어 책 제목을 쓴 것이다. 핀란드에서는 에어 기타 월드 챔피언십이 열린다. 에어 기타는 실제 기타는 없지만 연주에 맞춰 허공에 기타 치는 흉내를 내는 것이다. 남들 앞에서 자랑하기 위해 단 2곡만 배우는 피아노 레슨과는 거리가 멀다.

이제 경쟁 사회, 능력주의 환경에서는 아무런 쓸모없어 보이는 가치들에 눈을 돌릴 때가 왔다. 게으름과 멈춤에도 가치는 있다. 무위도식이 아니라 한 걸음 숨을 고르자는 이야기이다. 멈추는 것은 결코 후퇴하는 것이 아님을 알아야 한다. 개인의 멈춤도, 기업의 멈춤도, 지구의 멈춤도 필요하다. 잠시 멈추면서 내면의 동기에 귀를 기울여야 한다. 월급과 직위와 같은 외재적 동기가 아니라 마음을 쏟을 수 있는 내재적 동기에 주목해야 한다. 이러한 내재적 동기는 물론 수치로 표기할 수 없다. 순위가 매겨 지지도, 메달이 주어지지도 않는다. 르네상스는 고대의 그리스 로마 문화를 이상으로 하여 이들을 부흥시키고자 했던 운동이었다. 고전 고대classical antiquity 세계관의 핵심인 인간과 자유에 대한 새로운 사고를 고취하기 위한 것이었다. 르네상스의 핵심은 인간의 본질과 삶의 의미를 찾는 것이다. 우리는 누구이고, 무엇 때문에 사는지에 대한 성찰이다. 내재적 동기를 찾아서 자아 실현을 하는 것이다. 기본으로 돌아가자는 것이다. 걷고 읽자. 비상한 경계를 하지 않는 이상, 소셜미디어는 우리 삶의 방향을 엉뚱한 곳으로 인도할 가능성이 높다. 테크노폴리의 성곽 안에 갇혀, 어떤 곳인지도 인지 못하고, 문제가 있는지도 모르는 채, 방황하며 살아갈 수도 있다.

참고문헌

▼

1 레이 커즈와일. 2016. 〈특이점이 온다〉(김명남 옮김). 김영사.

2 프랭클린 포어. 2019. 〈생각을 빼앗긴 세계〉(박상현, 이승연 옮김). 반비.

3 같은 책.

4 Pariser, E. . 2011. 〈The filter bubble〉. *Penguin Books*.

5 닐 포스트만. 2005. 〈테크노폴리〉(김균 옮김). 궁리.

6 같은 책.

7 같은 책.

8 니콜라스 카. 2010. 〈생각하지 않는 사람들〉(최지향 옮김). 청림출판.

9 루이스 멈포드. 2013. 〈기술과 문명〉(문종만 옮김). 책세상.

10 올더스 헉슬리. 2015. 〈멋진 신세계〉(안정효 옮김). 소담출판사.

11 닐 포스트만. 2005. 〈테크노폴리〉(김균 옮김). 궁리.

12 "Ford Model T". Retrieved from *Wikipedia*(https://en.wikipedia.org/wiki/Ford_Model_T).

13 닐 포스트만. 2005. 〈테크노폴리〉(김균 옮김). 궁리.

14 한나 아렌트. 2006. 〈전체주의의 기원 2〉(이정우, 박미애 옮김). 한길사.

15 Marche, S. 2012. Is Facebook making us lonely?. *The Atlantic*. / 최영. 2018. 〈허브와 커넥터〉. 한울.

16 닐 포스트만. 2005. 〈테크노폴리〉(김균 옮김). 궁리.

17 미셸 푸코 2003 〈감시와 처벌〉(오생근 옮김). 나남.

18 Simon H A. 1969. Designing Organizations for an Information-Rich World. Retrieved from *ZEIT ONLINE*(http://zeit.de/2007/39/simon.pdf).

19 Fogg, BJ. 2018. Mass Interpersonal Persuasion: An Early View of a New Phenomenon. *Persuasive Technology Lab*.

20 팀 우. 2016. 〈주목하지 않을 권리〉(안진환 옮김). 알키.

21 같은 책.

22 막스 베버. 2008. 〈프로테스탄트 윤리와 자본주의 정신〉(노명우 옮김). 사계절.

23 로버트 배로. 2003 〈신성한 것은 없다〉(서은경 옮김). 자유기업원.

24 팀 우. 2016. 〈주목하지 않을 권리〉(안진환 옮김). 알키.

25 같은 책.

26 같은 책.

27 같은 책.

28 칼 뉴포트. 2019. 〈디지털 미니멀리즘〉(김태훈 옮김). 세종.

29 팀 우. 2016. 〈주목하지 않을 권리〉(안진환 옮김). 알키.

30 같은 책.

31 국립특수교육원 편. 2018. 〈특수교육학 용어사전〉. 국립특수교육원.

32 Milgram, S. & Bickman, L. & L. Berkowitz. 1969. Note on the Drawing Power of Crowds of Different Size. *Journal of Personality and Social Psychology*.

33 한국교육심리학회. 2000. 〈교육심리학 용어사전〉. 학지사.

34 Photo by Alex Brandon. *HIDDEN CITY*(https://hiddencityphila. org/2012/03/look-up-philly-one-or-two-lessons-from-triumphant-new-york/).

35 Harris, Tristan. 2016. How technology is highjacking your mind. *THRIVE GLOBAL*(https://medium. com/thrive-global/how-technology-hijacks-peoples-minds-from-a-magician-and-google-s-design-ethicist-56d62ef5edf3).

36 프랭클린 포어. 2019. 〈생각을 빼앗긴 세계〉(박상현, 이승연 옮김). 반비.

37 Braganza, Rhea 2018. Attention Engineering. *the Edge*(https://theedgeleaders.com/attention-engineering-technology-is-used-to-manipulate-consumers/).

38 Schull, Natasha Dow. 2014. 〈Addiction by design: Machine Gambling in Las Vegas〉. *Princeton University Press*.

39 같은 책.

40 애덤 알터. 2017. 〈멈추지 못하는 사람들〉(홍지수 옮김). 부키.

41 Schull, Natasha Dow. 2014. 〈Addiction by design: Machine Gambling in Las Vegas〉. *Princeton University Press*.

42 비벡 와드와, 알렉스 솔크에버. 2019. 〈당신의 행복은 해킹당했다〉(홍유숙, 김주현 옮김). 처음북스.

43 Harris, Tristan. 2016. How technology is highjacking your mind. *THRIVE GLOBAL*(https://medium.com/thrive-global/how-technology-hijacks-peoples-minds-from-a-magician-and-google-s-design-ethicist-56d62ef5edf3).

44 닐 이얼, 라이언 후버. 2014. 〈훅(Hooked): 습관을 만드는 신상품 개발 모델〉(조자현 옮김). 리더스북.

45 같은 책.

46 칼 뉴포트. 2019. 〈디지털 미니멀리즘〉(김태훈 옮김). 세종.

47 Fogg, B J. 2003. 〈Persuasive Technology: Using Computers to Change What We Think and Do (Interactive Technologies)〉 1st Edition. *Morgan Kaufmann Publishers Inc.*

48 같은 책.

49 비벡 와드와, 알렉스 솔크에버. 2019. 〈당신의 행복은 해킹당했다〉(홍유숙, 김주현 옮김). 처음북스.

50 *Ariely, Dan*(https://danariely.com/2008/05/05/3-main-lessons-of-psychology/).

51 Fogg, BJ. 2003. 〈Persuasive Technology: Using Computers to Change what We Think and Do〉. *Morgan Kaufmann Publishers.*

52 Marwell, G. & Schmitt D. 1967. Dimensions of Compliance-Gaining Behavior: An Empirical Analysis on JSTOR. *American Sociological Association*(http://www.jstor.org/stable/2786181).

53 Williams, J. 2017. Distraction by Design: Why the Attention Economy Is in a Moral Crisis. *YouTube-NEXT Conference*(https://www. youtube.com/watch?v=y32RWsZXCL4).

54 Stone, L. 2008. Just Breathe: Building the case for Email Apnea. *HuffPost*(https://www. huffingtonpost.com/linda-stone/just-breathe-building-the_b_85651. html).

55 Williams J. 2016. "The philosophy and ethics of attention and persuasion". *onlinedialogue*(https://onlinedialogue.nl/wp-content/uploads/2016/06/James-Williams-DPI-talk-in-Utrecht-June-2016.compressed.pdf).

56 Shrager J. 2015. 〈Demandance〉. *Cornell University*(http://arxiv.org/abs/1507.01882).

57 히로나카 나오유키. 2016. 〈중독의 모든 것〉(황세정 옮김). 큰북소리.

58 같은 책.

59 Julian Morgans. 2017. Your Addiction to Social Media Is No Accident. They're using manipulative tricks from casinos, among other things. Retrieved from *VICE*(https://www. vice.com/en_us/article/vv5jkb/the-secret-ways-social-media-is-built-for-addiction).

60 닐 이얼, 라이언 후버. 2014. 〈훅(Hooked): 습관을 만드는 신상품 개발 모델〉(조자현 옮김). 리더스북.

61 Deci, Ryan. 2008. Self-determination theory: A macrotheory of human motivation, development and health. *Canadian psychology*, 49(3), pp.182-185.

62 닐 이얼, 라이언 후버. 2014. 〈훅(Hooked): 습관을 만드는 신상품 개발 모델〉(조자현 옮김). 리더스북.

63 칼 뉴포트, 김태훈 옮김. 2019. 〈디지털 미니멀리즘〉. 세종. / "Apture". Retrieved from *Wikipedia*(https:// en.wikipedia.org/wiki/Apture).

64 닐 이얼, 라이언 후버. 2014. 〈훅(Hooked): 습관을 만드는 신상품 개발 모델〉(조자현 옮김). 리더스북.

65 Graham, Paul. 2010. The acceleration of addictiveness. *PAUL GRAHAM*(www. paulgraham.com/addiction. html).

66 칼 뉴포트. 2019. 〈디지털 미니멀리즘〉(김태훈 옮김). 세종.

67 Harris, Tristan. 2016. How technology is highjacking your mind. *THRIVE GLOBAL*(https://medium. com/thrive-global/how-technology-hijacks-peoples-minds-from-a-magician-and-google-s-design-ethicist-56d62ef5edf3).

68 Sweetland, Haley. 2018. Silicon Valley knows how to program human behavior—for better or worse. *Academia*(www.academia.edu/36611948/Notes_on_Boundless_Mind)(Original version: Andrew Przybylski(http://amp.timeinc.net/time/5237434/youre-addicted-to-your-smartphone-thiscompany-thinks-it-can-change-thay?_twitter_impression=ture)).

69 애덤 알터. 2017. 〈멈추지 못하는 사람들〉(홍지수 옮김). 부키.

70 닐 포스트만. 2009. 〈죽도록 즐기기〉(홍윤선 옮김). 굿인포메이션.

71 같은 책.

72 같은 책.

73 Peterhans, Paul. Digital Technology Compulsion-Addiction Disorder(DTCAD): Hijacking Brains, Disrupting relationships, And Changing Lives from the Inside-Out. *Academia*(www. academia. edu/18477526/Digital_Technology_Compulsion_Addiction_Disorder_DTCAD_Hijacking_Brains_ Disrupting_Relationships_and_Changing_Lives_from_the_Inside_Out).

74 애덤 알터. 2017. 〈멈추지 못하는 사람들〉(홍지수 옮김). 부키.

75 앤 섀프. 2016. 〈중독사회〉(강수돌 옮김). 이상북스.

76 애덤 알터. 2017. 〈멈추지 못하는 사람들〉(홍지수 옮김). 부키.

77 칼 뉴포트. 2019. 〈디지털 미니멀리즘〉(김태훈 옮김). 세종.

78 애덤 알터. 2017. 〈멈추지 못하는 사람들〉(홍지수 옮김). 부키.

79 Block, J. 2008. Issues for DSM-V: Internet Addiction. *American Journal of Psychiatry*, 165, pp.306-307.

80 서장원. 2017. 〈인터넷 중독〉. 학지사.

81 미하이 칙센트미하이. 2004. 〈몰입 flow〉(최인수 옮김). 한울림.

82 Kuss, D J. Griffiths M.D. & H. M. Pontes. 2017. Chaos and confusion in DSM-5 diagnosis of Internet Gaming Disorder: Issues, concerns, and recommendations for clarity in the field. *Journal of Behavioral Addictions*, 6(2), pp.103-109.

83　Kuss, D J. Griffiths M.D. & H. M. Pontes. 2017. Chaos and confusion in DSM-5 diagnosis of Internet Gaming Disorder: Issues, concerns, and recommendations for clarity in the field. *Journal of Behavioral Addictions*, 6(2), pp.133 - 141.

84　윤영채. 2019. *메디게이트 뉴스*.

85　애덤 알터. 2017. 〈멈추지 못하는 사람들〉(홍지수 옮김). 부키.

86　Turkle, S. 2011. 〈Alone Together: Why We Expect More from Technology and Less from Each Other〉. *Basic Books*.

87　Sweetland, Haley. 2018. Silicon Valley knows how to program human behavior—for better or worse. *Academia*(www.academia.edu/36611948/Notes_on_Boundless_Mind) (Original version: Andrew Przybylski(http://amp.timeinc.net/time/5237434/youre-addicted-to-your-smartphone-thiscompany-thinks-it-can-change-thay?_twitter_impression=ture)).

88　애덤 알터. 2017. 〈멈추지 못하는 사람들〉(홍지수 옮김). 부키.

89　히로나카 나오유키. 2016. 〈중독의 모든 것〉(황세정 옮김). 큰북소리.

90　바버라 에런라이크. 2019. 〈건강의 배신〉(조영 옮김). 부키.

91　Jazaeri & Habil. 2012. Reviewing two types of addiction. *Indian journal of psychological medicine*, 34, pp.5-11. / Potenza, M. 2008. 〈neurobiology of pathological gambling and drug addiction〉. *Phisosophocal Transactions of the Royal Society B*(http//royalsocietypublishing.org/doi/full/10.1098/rstb.2008.0100).

92　애덤 알터. 2017. 〈멈추지 못하는 사람들〉(홍지수 옮김). 부키.

93　폴 토머스, 제니퍼 마굴리스. 2020. 〈나는 중독 스펙트럼의 어디쯤 있을까?〉(조남주 옮김). 학고재.

94　히로나카 나오유키. 2016. 〈중독의 모든 것〉(황세정 옮김). 큰북소리.

95　폴 토머스, 제니퍼 마굴리스. 2020. 〈나는 중독 스펙트럼의 어디쯤 있을까?〉(조남주 옮김). 학고재.

96　Szalavitz, M. 2014. Most of us still don't get it: Addiction is a learning disorder. *Pacific Standard*(https://psmag.com/social-justice/us-still-dont-get-addiction-learning-disorder-87431).

97　Christina Gregory. 2021. 〈Internet Addiction Disorder〉. PSYCOM(c).

98　Davis, R. A. 2001. 〈A cognitive-behavioral model of pathological Internet use〉. *COMPUTERS IN HUMAN BEHAVIOR*, 17, pp.187-195.

99　서장원 2017. 〈인터넷 중독〉. 학지사.

100　Abramson, L. Y. & Metalsky. G. I. & Alloy. L. B. 1989. Hopelessness depression: a theory-based subtypeof depression. *Psychological Review*, 96, pp.358-372.

101　Davis, R. A. 2001. A cognitive-behavioral model of pathological Internet use. *COMPUTERS IN HU-*

MAN BEHAVIOR, 17, pp.187-195.

102 김춘경, 이수연, 이윤주, 정종진, 최웅용. 2016. 〈상담학 사전〉. 학지사.

103 Davis, R. A. 2001. A cognitive–behavioral model of pathological Internet use. *COMPUTERS IN HU-MAN BEHAVIOR*, 17, pp.187-195.

104 Cooper, A. & Putnam, D. E. & Planchon, L. A., & Boies, S. C. 1999. Online sexual compulsivity: Getting tangled in the net. *The Journal of Treatment & Prevention*, 6, (2), pp.79-104.

105 Davis, R. A. 2001. A cognitive–behavioral model of pathological Internet use. *COMPUTERS IN HU-MAN BEHAVIOR*, 17, pp.187-195.

106 애덤 알터. 2017. 〈멈추지 못하는 사람들〉(홍지수 옮김). 부키.

107 같은 책.

108 박문각 시사상식편집부 편. 2014. 〈최신시사상식 핵심 용어사전〉. 박문각.

109 신의진. 2013. 〈디지털 세상이 아이를 아프게 한다〉. 북클라우드.

110 애덤 알터. 2017. 〈멈추지 못하는 사람들〉(홍지수 옮김). 부키.

111 Digman, J. M. 1990. Personality structure: Emergence of the five–factor model. *Annual Review of Psychology*. 41, pp.417 - 440.

112 고영복 2000. 〈사회학 사전〉. 사회문화연구소.

113 Hussain, Z. & H. M. Pontes. 2018. Personality, Internet Addiction, and Technological Addictions: A Psychological Examination of Personality, Traits and Technological Addictions. A volume in *the Advances in Human and Social Aspects of Technology(AHSAT) Book Series*.

114 Kircaburun, K. & M. D. Griffiths. 2018. Instagram addiction and the Big Five of personality: The mediating role of self–liking. *Journal of Behavioral Addictions*, 7(1), pp.158 - 170.

115 Kircaburun, K. & M. D. Griffiths. 2018. The dark side of internet: Preliminary evidence for the associations of dark personality traits with specific online activities and problematic internet use. *Journal of Behavioral Addictions*, 7(4), pp.993-1003.

116 Pearson, C. & Hussain, Z. 2015. Smartphone Use, Addiction, Narcissism, and Personality: A Mixed Methods Investigation. *International Journal of Cyber Behavior, Psychology and Learning*, 5(1), pp.17-32. / EKŞİ, Füsun 2012. Examination of Narcissistic Personality Traits' Predicting Level of Internet Addiction and Cyber Bullying through Path Analysis. *Educational Sciences: Theory & Practice, 12(3), IGI Global*. pp.1694-1706.

117 애덤 알터. 2017. 〈멈추지 못하는 사람들〉(홍지수 옮김). 부키.

118 앤 섀프. 2016. 〈중독사회〉(강수돌 옮김). 이상북스.

119 Collins UK. 2010. 〈Collins English Dictionary: 30th Anniversary Edition〉. *HarperCollins UK*.

Internet(www. pg-versus-ms.com).

120 앤 섀프. 2016. 〈중독사회〉(강수돌 옮김). 이상북스.

121 Picciano, A & J. Spring. 2013. 〈The Great American Education-Industrial Complex〉. *Routledge*.

122 마이클 영. 2020. 〈능력주의〉(유강은 옮김). 이매진.

123 대니얼 마코비츠. 2020. 〈엘리트 세습〉(서정아 옮김). 세종.

124 마이클 샌델. 2020. 〈공정하다는 착각〉(함규진 옮김). 와이즈베리.

125 대니얼 마코비츠. 2020. 〈엘리트 세습〉(서정아 옮김). 세종.

126 이언 골딘, 크리스 쿠티나. 2018. 〈발견의 시대: 신 르네상스의 새로운 기회를 찾아서〉(김지연 옮김). 21세
      기북스.

127 리처드 윌킨스. 2008 〈평등해야 건강하다: 불평등이 어떻게 사회를 병들게 하는가〉(김홍수영 옮김). 후마
      니투스.

128 파울 페르 하에허. 2020. 〈우리는 어떻게 괴물이 되어가는가: 신자유주의적 인격의 탄생〉(장혜경 옮김).
      반비.

129 지그문트 바우만. 2019. 〈고독을 잃어버린 시간〉(오윤성 옮김). 동녘.

130 Deters, G. & Mehl, M. 2012. Does posting Facebook status updates increase or decrease lonli-
      ness?. *Social Psychological and Personality Science*, 4(5), pp.579-586.

131 최영. 2018. 〈허브와 커넥터〉. 한울.

132 박문각 시사상식편집부 편. 2014. 〈최신시사상식 핵심 용어사전〉. 박문각.

133 Bradford, B. 2018. No Time to Think: The Impact of Smartphone Technology on Mindfulness and
      Reflection. *Paper presented to the Communication Technology Division of the 2018 Association
      for Education in Journalism and Mass Communication Annual Conference, Washington, DC*.

134 Idris, A. Abdulazeez. Phubbing: Towards a Theory of Techno-Snubbing in the context of non-
      western culture. grounded theory methodology approach. DECISION SCIENCES INSTITUTE.
      ACADEMIA(www.academia.edu/37069776/Phubbing_Towards_a_Theory_of_Techno_Snubbing_1).

135 Ibid.

136 Benvenuti, M., Błachnio, A., Przepiorka, M. & M. Daskalova. 2020. Factors Related to PhoneSnub-
      bing Behavior in Emerging Adults: The Phubbing Phenomenon. The Psychology and Dynamics
      Behind Social Media Interactionschapter, 7. *IGI Global*, pp.164-187.

137 Douglas, K., V. Chotpitayasunondh. 2016. How "phubbing" becomes the norm: The antecedents
      and consequences of snubbing via smartphone. *COMPUTERS IN HUMAN BEHAVIOR*, 63, pp.9-18.

138 Chotpitayasunondh, V. & Karen M. D. 2018. The effects of "phubbing" on social interaction. *Jour-
      nal of Applied Social Psychology*. 48(6), pp.304-316.

139 Pendergrass, S. 2017. Phubbing: Communication in the Attention Economy. *Proceedings of the Conference on Information Systems Applied ResearchAustin, Texas USA.*

140 Julian Morgans. 2017. Your Addiction to Social Media Is No Accident. They're using manipulative tricks from casinos, among other things. Retrieved from *VICE*(https://www. vice.com/en_us/article/vv5jkb/the-secret-ways-social-media-is-built-for-addiction).

141 Nicolaio, Pressentation about mobile addictions. *slideshare*(www.slideshare.net/nicolaio/pressentation-about-mobile-addictions).

142 Victoria Waldersee. Could you live without your smartphone?. *YouGov*(yougov.co.uk/topics/technology/articles-reports/2019/03/08/could-you-live-without-your-smartphone).

143 베르트 테 빌트. 2017. 〈디지털 중독자들〉(박성원 옮김). 율리시즈.

144 Li, Whitney. What Makes People Addicted to Smartphone: Reasons in Psychology, Cognition and Technology. Retrieved from *Academia*(www.academia.edu/35492798/What_makes_people_addicted_to_smartphones_psychology_cognition_and_technology).

145 칼 뉴포트. 2019. 〈디지털 미니멀리즘〉(김태훈 옮김). 세종.

146 Katikalapudi, et al. 2012. Associating internet usage with depressive behavior among college students. *IEEE Technology and society magazine*, 31(4), pp.73-80.

147 Hussain, Z., Griffiths, M. & D. Sheffield. 2017. An investigation into problematic smartphone use: The role of narcissism, anxiety, and personality factors. *Journal of Behavioral Addictions*, 6(3), pp.378-386.

148 Panek, E., Khang, H., Liu, Y. & Young-Gil Chae. 〈Profiles of Problematic Smartphone Users: A Comparison of South Korean and U. S. College Students〉. Retrieved from *Academia*(https://www.academia.edu/37940224/Profiles_of_Problematic_Smartphone_Users_A_Comparison_of_South_Korean_and_U_S_College_Students).

149 Gezgin, D. M. 2018. Understanding Patterns for Smartphone Addiction: Age, Sleep Duration, Social Network Use and Fear of Missing Out. *Cypriot Journal of Educational Science*, 13(2), pp.409-421.

150 Şahin Gökçearslana, Çelebi Uluyolb, Sami Şahinb. 2018. Smartphone addiction, cyberloafing, stress and social support among university students: A path analysis. *Children and Youth Services Review*, 91, pp.47-54.

151 닐 이얼, 라이언 후버. 2014. 〈훅(Hooked): 습관을 만드는 신상품 개발 모델〉(조자현 옮김). 리더스북.

152 Felt, L. & M. Robb. 2016. 〈TECHNOLOGY ADDICTION: concern, controversy, and finding balance〉. *common Sense*(www.commonsensemedia.org/sites/default/files/uploads/research/csm_2016_

technology_addiction_executive_summary_red_0.pdf).

153 Kanai, R. & Bahrami, B. & Roylance, R & G. Rees. 2012. 〈Online social network size is reflected in human brain structure〉. THE ROYAL SOCIETY PUBLISHING(http://royalsocietypublishing.org/doi/10.1098/rspb.2011.1959).

154 "a pervasive apprehension that others might be having rewarding experiences from which one is absent" and "adesire to stay continually connected with what others are doing" Przybylski, K. , Murayama, K. , DeHaan, C. & V. Gladwell, 2013, motivational, emotional, and behavioral correlates of fear of missing out. COMPUTERS IN HUMAN BEHAVIOR, 294, 1841–1848.

155 마크 바우어라인. 2014. 〈가장 멍청한 세대〉(김선아 옮김). 인물과 사상사.

156 죠지프 르두. 2015. 〈불안: 불안과 공포의 뇌과학〉(임지원 옮김). INVENTION.

157 같은 책.

158 같은 책.

159 한성간. 2020년 9월 25일. 美 FDA, 벤조디아제핀 '중독성', '금단증상' 추가 경고. 연합뉴스(https://www.yna.co.kr/view/AKR20200925063600009?input=1215m).

160 지그문트 바우만. 2019. 〈고독을 잃어버린 시간〉(오윤성 옮김). 동녘.

161 매튜 리버먼. 2015. 〈사회적 뇌〉(최호영 옮김). 시공사.

162 Beyens, I. & Frison, E. & Eggermont. 2016. "I don't want to miss a thing": Adolescents' fear of missing out and its relationship to adolescent' social needs, Facebook use, and Facebook related stress. COMPUTERS IN HUMAN BEHAVIOR, 64, pp.1–8.

163 Pariser, E. 2011. 〈The filter bubble〉. Penguin Books.

164 Aaron Sachs. 2014. Back to the Neotechnic Future. the Appendix(http://theappendix.net/issues/2014/7/back–to–the–neotechnic–future–an–online–chat–with–the–ghost–of–lewis–mumford).

165 달린 랜서. 2018. 〈관계 중독〉(박은숙 옮김). 교양인.

166 리처드 윌킨슨. 2008. 〈평등해야 건강하다〉(김홍수영 옮김). 후마니타스.

167 새뮤얼 보울스. 2020. 〈도덕 경제학〉(박용진 옮김). 흐름출판.

168 같은 책.

169 달린 랜서. 2018. 〈관계 중독〉(박은숙 옮김). 교양인.

170 필립 짐 바르도. 2007. 〈루시퍼 이펙트〉(임지원, 이충호 옮김). 웅진지식하우스.

171 로랑 베그. 2011. 〈도덕적인간은 왜 나쁜 사회를 만드는가〉(이세진 옮김). 부키.

172 프랜시스 후쿠야마. 2020. 〈존중받지 못하는 자들을 위한 정치학〉(이수경 옮김). 한국경제신문.

173 같은 책.

174 데이비드 스탯. 1999. 〈심리학 용어 사전〉(정태연 옮김). 끌리오.

175 앤 섀프. 2016. 〈중독사회〉(강수돌 옮김). 이상북스.

176 같은 책.

177 같은 책.

178 Gorski, T. & Miller, M. 1984. 〈Staying Sober: A Guide for Relapse Prevention〉. *Independence Press*.

179 같은 책.

180 이부영. 2020. 〈괴테와 융. 파우스트의 분석심리학적 이해〉. 한길사.

181 도나 프레이타스. 2018. 〈나는 접속한다. 고로 행복하다〉(김선아 옮김). 동아엠앤비.

182 "Dentistry". Retrieved from *Wikipedia*(https://en.wikipedia.org/wiki/Dentistry).

183 과학기술정보통신부, 한국정보화진흥원, ㈜한국리서치. 2019. 〈스마트폰 과의존 실태조사〉. *한국지능정보사회진흥원*(https://www.nia.or.kr/site/nia_kor/ex/bbs/View.do?cbIdx=65914&bcIdx=21939&parentSeq=21939).

184 "인터넷 중독". Retrieved from *질병관리청 국가건강정보포털*(https://health.kdca.go.kr/healthinfo/biz/health/gnrlzHealthInfo/gnrlzHealthInfo/gnrlzHealthInfoView.do?cntnts_sn=5324).

185 칼 뉴포트. 2019. 〈디지털 미니멀리즘〉(김태훈 옮김). 세종.

186 같은 책.

187 칼 뉴포트. 2019. 〈디지털 미니멀리즘〉(김태훈 옮김). 세종.

188 *Center for Humane Technology*(https://www.humanetech.com/who-we-are).

189 칼 뉴포트. 2019. 〈디지털 미니멀리즘〉(김태훈 옮김). 세종.

190 Todd Oppenheimer. 1997. The Computer Delusion. *The Atlantic*.

191 Oppenheimer, Todd. 2004. 〈The Flickering Mind: Saving Education from the False Promise of Technology〉. *Random House Trade*.

192 같은 책.

193 Sparrow, Betsy, et al. 2011. Google Effects on Memory: Cognitive Consequences of Having Information at Our Fingertips. *Science* 333, p.776.

194 Odell, Jenny. 2020. 〈How to Do Nothing: Resisting the Attention Economy〉. *Melville House Publishing*.

195 도리스 굿윈. 2012. 〈권력의 조건〉(이수연 옮김). 21세기북스.

196 마이클 해리스. 2017. 〈잠시 혼자 있겠습니다〉(김병화 옮김). 어크로스.

197 같은 책.

198 John T. Cacioppo & William Patrick. 2008. 〈Loneliness: Human Nature and the Need for Social Connection〉. *W. W. Norton & Company*.

199 "Gut-brain axis". Retrieved from *Wikipedia*(https://en.wikipedia.org/wiki/Gut%E2%80%93brain_ axis).

200 O'Mahony, S. & Clarke, G. & Borre, Y. & Dinan, T. & J. Cryan. 2015. Serotonin, tryptophan metabolism and the brain–gut–microbiome axis. *Behavioural Brain Research*, 277(15), pp.32–48.

201 Jenkins Trisha & Jason Nguyen. 2016. Influence of Tryptophan and Serotonin on Mood and Cognition with a Possible Role of the Gut–Brain Axis. *Nutrients*, 8(1), p.56. Retrieved from *MDPI*(https://doi.org/10.3390/nu8010056).

202 Ugar, N. & Koc, T. 2015. Time for digital detox: misuse of mobile technology and phubbing. *Procedia – Social and Behavioral Sciences*, 195, pp.1022–1031.

203 비벡 와드와, 알렉스 솔크에버. 2019. 〈당신의 행복은 해킹당했다〉(홍유숙, 김주현 옮김). 처음북스.

204 애덤 알터. 2017. 〈멈추지 못하는 사람들〉(홍지수 옮김). 부키.

205 에피쿠로스. 1998. 〈쾌락〉(오유석 옮김). 문학과 지성사.

206 Cunningham, A. & Stanovich, K. 1998. What reading does for the mind. *American educator*, 22, pp.8–17.

207 마크 바우어라인. 2014. 〈가장 멍청한 세대〉(김선아 옮김). 인물과 사상사.

208 "공간지각". Retrieved from 나무위키(https://namu.wiki/w/공간지각).

209 같은 책.

210 같은 책.

211 애덤 알터. 2017. 〈멈추지 못하는 사람들〉(홍지수 옮김). 부키.

212 케빈 켈리. 2011. 〈기술의 충격〉(이한음 옮김). 민음사.

213 "Sec. 708. National Education Technology Funding Corporation". Retrieved from *Federal Communications Commission*(Telecommunications Act of 1996(fcc. gov)).

214 "'Hole in the Wall' project". Retrieved from *Wikipedia*(http://en.wikipedia.org/wiki/Sugata_Mitra).

215 비벡 와드와, 알렉스 솔크에버. 2019. 〈당신의 행복은 해킹당했다〉(홍유숙, 김주현 옮김). 처음북스.

216 "Baby Einstein". Retrieved from Wikipedia(https://en.wikipedia.org/wiki/Baby_Einstein).

217 만프레드 슈피처. 2013. 〈디지털 치매〉(김세나 옮김). 북로드.

218 Tinkergarten – Outdoor Classes, Activities for Kids(https://tinkergarten.com).

219 Julian Morgans. 2017. Your Addiction to Social Media Is No Accident. They're using manipulative tricks from casinos, among other things. Retrieved from *VICE*(https://www. vice.com/en_us/article/vv5jkb/the-secret-ways-social-media-is-built-for-addiction).

220 Short J. & William, B. & Christie, B. 1976. 〈Social Psychology of telecommunication〉. *John Wiley and sons*.

221 스티븐 레비. 2012. 〈0과 1로 세상을 바꾸는 구글〉(위민복 옮김). 에이콘.

222 제러미 그린. 2019. 〈숫자, 의학을 지배하다〉(김명진, 김준수 옮김). 뿌리와 이파리.

223 파울 페르 하에허. 2020. 〈우리는 어떻게 괴물이 되어가는가: 신자유주의적 인격의 탄생〉(장혜경 옮김). 반비.

224 바버라 에런라이크. 2019. 〈건강의 배신〉(조영 옮김). 부키.

225 파울 페르 하에허. 2020. 〈우리는 어떻게 괴물이 되어가는가: 신자유주의적 인격의 탄생〉(장혜경 옮김). 반비.

226 "Gunn High School". Retrieved from *Wikipedia*(https://en.wikipedia.org/wiki/Gunn_High_School).

227 리 대니얼 크라비츠. 2017. 〈감정은 어떻게 전염되는가〉(조영학 옮김). 동아시아.

228 같은 책.

229 "Football player". Retrieved from *Wikipedia*(https://www.wikipedia.org).

230 최영. 2018. 〈허브와 커넥터〉. 한울.

231 더글라스 러시코프. 2011. 〈통제하거나 통제되거나〉(김상현 옮김). 민음사.

232 Julian Morgans. 2017. Your Addiction to Social Media Is No Accident. They're using manipulative tricks from casinos, among other things. Retrieved from *VICE*(https://www. vice.com/en_us/article/vv5jkb/the-secret-ways-social-media-is-built-for-addiction).

233 조기형, 이상억. 2011. 〈한자성어·고사명언구사전〉. 이담북스.

색인

▼
▼

『1984』 31, 32, 35, 37, 56, 90, 134

『능력주의』 134

『디지털이다』 215

『멋진 신세계』 30, 31, 32, 90, 134

『몰입』 96

『불안』 165

『사회적 뇌』 170

『숨은 설득자』 48

『아무것도 안 하기』 271

『액체 근대』 141

『액체 세대』 141

『엘리트 세습』 135

『우리들』 32

『월든』 204

『잠시 혼자 있겠습니다』 222

『전체주의의 기원』 34

『주목하지 않을 권리』 43

『테크노폴리』 32, 42, 234

『흔들리는 정신』 216

DRD4-4R 유전자 125

HCI 73

HFSS 254

N스크린 58

PTSD 166

가변적 보상 11, 63, 64, 65, 70, 77, 78, 79, 80, 81, 82, 83, 105, 116

간헐적 강화 77

강박 사고 91

강박 열정 91

강박/충동 중독 장애 91

강박 행위 91

강화 5, 29, 67, 77, 91, 114, 115, 117, 118, 141, 143, 156, 163, 175, 178, 180, 203, 226

개방성 126, 127, 158

거시설득 71

건 고등학교 257

게임 알고리즘 62

게임 중독 93, 95, 96, 110, 113, 153, 246

게임화 239

고독 157, 219, 222

고전 고대 271

공간 지각력 231, 232, 233, 244

공동 주의력 54, 57

공의존 12, 179, 180, 181, 184

공포 164

공황 장애 166, 167

과학만능주의 28, 239

관계 중독 93, 96, 102, 179, 180, 181

구별 짓기 24

국가 교육기술 펀딩 법안 242

권위 복종 실험 177

기능 플래그 205

기술 기업 26, 32, 46, 51, 52, 56, 57, 65, 72, 73, 82, 84, 203, 219, 227, 238, 239, 242

기술만능주의 38

기술 사제 5, 9, 10, 25, 27, 28, 32, 38

기술의 이중 효과 238

기술적 특이점 22, 58

기술 중독 9, 11, 38, 88, 93, 94, 95, 98, 106, 113, 116, 125, 129, 130, 133, 147, 153, 161, 162, 190, 234

나타샤 슐 61

내적동기 183, 184, 225, 226

네그로폰테 215

노모포비아 12, 79, 153, 156, 157, 221

노스모 219

'놀람과 기쁨'의 엔지니어링 105

뉴스피크 28, 35

능력주의 9, 11, 12, 27, 37, 38, 101, 134, 135, 136, 137, 138, 139, 140, 141, 142, 160, 186, 191, 259, 260, 261, 262, 263, 264, 265, 266, 271

닐 이얼 66

닐 포스트만 9, 28, 32, 36, 38, 42, 90, 234

다중접속 롤플레잉 95

대뇌 측좌핵 70, 78

대니얼 마코비츠 135

대증요법 112, 190, 191, 254

댄 에리얼리 68

더글라스 러시코프 209, 266

데이라이트 75

도파민 65, 77, 78, 79, 98, 103, 104, 105, 106, 185, 240, 267

되새김 장애 116

드라이 드렁크 132

디지털 네이티브 213

디지털 미니멀리즘 12, 203, 206, 207, 208

디폴트 네트워크 170

랭크 앤 양크 138

레이 커즈와일 22

롤플레잉 게임 95, 186

루이스 멈포드 173

리더 모드 205

마셜 맥루언 28

마음챙김 12, 202

마이클 영 134, 135, 263

머신 게임 62

머신 인체 공학 62

머신 존 61

멈추지 못하는 사람들 98, 144

모든 어린이에게 랩톱을 215

목적 없는 인터넷 사용 113, 119, 121

무용지용 13, 271

물신주의 27

물질 의존성 114, 126

물질 중독 88, 92, 93, 94, 101, 181

미결 효과 101, 102

미디어 리터러시 12, 208, 210, 211, 212, 213, 215, 217, 218, 220

미생물—장—뇌 축 이론 224

미셸 푸코 36

미시설득 71, 72

미하이 칙센트미하이 96

반두라 116

발도로프 학교 238

발전 이론 248, 249

방아쇠 50, 63, 64

밴드 왜건 효과 72

밴스 패커드 48

버러스 스키너 47

범불안 장애 166, 167

베블런 255

베이비 아인슈타인 DVD 243

베이비퍼스트 245

벽 구멍 컴퓨터 프로젝트 242

변연계 107, 123

병리적 인터넷 사용 110, 118

병인론 12, 112, 113, 123, 126, 139, 156, 190, 221, 225, 258

병인론적 치유 12, 221

보상계 78

부적응적 인지 114, 116, 117, 118

북마킹 170, 171

불안/불안감 4, 90, 103, 118, 143, 154, 158, 159, 164, 166, 168, 171, 172, 175, 184, 224

불안 장애 114, 126, 166, 167, 182, 213

브라이언 포그 66

블랙박스 경고 167

비둘기 실험 77, 78

빅브라더 35, 56, 134

사물 인터넷 58

사이버로핑 12, 24, 160

사회공포증 166, 182

사회불안 장애 114, 126, 182

사회 비교론 72

사회인지이론 116

사회적 거세 169

사회적 인정 욕구 170, 171

서비스 오프 267

선별 주목 경제 공동체 267

설득기술 랩 66

설득 기제 9, 10, 11, 22, 38, 43, 74, 75, 76, 95, 99, 110, 115, 161, 227, 240, 265

설득 윤리학자 73

설득의 과학 63

성실성 126, 127, 158

세로토닌 105, 175, 224, 225

세서미 스트리트 101, 231, 245

셰리 터클 23

소마 30, 90, 234

소셜미디어 중독 6, 7, 9, 11, 12, 38, 88, 92, 93, 95, 96, 98, 110, 121, 145, 149, 159, 164, 190, 191, 202, 208, 234, 258, 268

소셜 스낵킹 12, 24, 144, 145

소셜 하이재킹 57

소속감 80, 140, 152, 157, 158, 172, 175, 179, 183

소시오패스 176

소프트 전체주의 35, 187

소프트 테러 8, 35

소확행 4, 141, 270

손실 회피 72

수렵 보상 80

수치/수치심 6, 7, 12, 21, 103, 119, 141, 174, 175, 176, 177, 178, 179, 187, 262, 263

순환논법 오류 254

스냅챗 65, 247

스마트폰 과의존 192, 193, 194, 196, 197, 198, 199, 200

스키마 58

스타라이트 75

스탠리 밀그램 54, 177

스포트라이트 75

스필버거 척도 158

슬로우 푸드 208, 211

슬롯머신 5, 61, 62, 63, 78, 80, 81, 82, 83, 100, 104, 173

습관 형성 루프 5, 64

승리로 위장한 손실 62

시냅스 105, 106

시선 주사 54

신경전달물질 78, 104, 105, 224

신경정보교환 224

신경증 126, 127

신성장 이론 68

신자유주의 9, 12, 27, 35, 38, 129, 130, 141, 142, 191, 261, 262, 266

심적 회전, 심적 회전 테스트 54, 55, 56

쓸모없음의 유용함 12, 13, 237

아미쉬 해킹 206

아웃캐스팅 169

아이 세대 213

악의 평범성 177

알고리즘 5, 21, 22, 23, 24, 26, 28, 34, 35, 58, 62, 73, 79, 215, 218, 219, 250

알파 긱 206

애덤 알터 98

액션 5, 10, 63, 64, 65, 67, 82

앱처 81, 83

약시 122

에난티오드로미 184

에드워드 버네이스 47

에피스테메 36

엘리티즘 38

예브게니 자먀찐 32

오델 218, 271

오디미터 53, 54

오션 지표 126

올더스 헉슬리 31

옵트 아웃 206

옵트 인 206

외로움 4, 7, 8, 21, 34, 35, 57, 102, 118, 119, 121, 145, 156, 157, 164, 214, 218, 222, 223

외젠 이오네스크 238

외향성 126, 127

우울증 107, 114, 126, 157, 158, 213, 222, 224, 225, 226, 252

웨트웨어 67, 68, 70

웨트웨어 편향 67, 68

위키피디아 49

유발 하라리 79

유비쿼터스 컴퓨터 63

의사 공동체 4

이메일 호흡정지 74

이연 현상 229

이중 효과 12, 100, 212, 218, 238, 246, 247, 250, 265

인간세편 271

인공지능 9, 22, 23, 33, 37

인지행동 모델 113, 114

인터넷게임 장애 97

인터넷 중독 장애 192

인터넷 중독 테스트 109

인터페이스 5, 6, 63, 84, 105, 116, 147, 153

자극과 보상 6, 10, 71, 78, 100, 105

자기결정이론 81, 182, 183

자기 군사화 142

자기 자신에 대한 생각 116

자기 통제력 92, 120, 150, 158

자기 회의 117

자기효능감 95, 116, 117

자아 보상 80, 81

자아 상실 184, 185

자아 실현 10, 60, 81, 92, 175, 179, 182, 184, 272

자아 팽창 184, 185

자유의지 6, 73

자존감 6, 12, 21, 103, 143, 150, 152, 168, 175, 178, 179, 181, 182, 184, 185, 186, 212

잠재 메시지 59

장기기증 의사 실험 68

장–뇌 축 223, 224, 225

저정보 다이어트 12, 207

적응 기술 32

전체주의 8, 31, 32, 34, 35, 42, 56, 187

정보고속도로 241

정신의 감시견 28

정신적 항체 82

정신질환 진단과 통계 편람 94, 97, 108

정원학파 228, 229

정체성 4, 10, 12, 21, 37, 60, 74, 76, 92, 141, 143, 164, 165, 175, 178, 179, 181, 184, 186, 260, 263

제품 철학자 83

조건반사 115, 223

조지 밀러 57

조지 오웰 28, 31, 35, 37, 56

종족 보상 80

주목 5, 7, 10, 29, 34, 43, 45, 51, 53, 59, 62, 75, 76, 153, 174, 204, 212, 215, 243, 245, 267

주목 경제 8, 9, 10, 35, 38, 42, 43, 44, 45, 46, 49, 50, 51, 52, 60, 153, 212, 247, 265, 267

주목 공학 10, 52, 53, 54, 58, 59

주스 100

주의력 결핍 과잉행동 장애 252

죽도록 즐기기 90

중독사회 7, 11, 131

지그문트 바우만 141

직선 길이 실험 176

집단밀집효과 175

집단 이기주의 9, 38

초기 약물 156, 158

초두 효과 72

충동적 인터넷 사용 120, 121

친화성 126, 127

침묵의 나선 169, 176

카지노 5, 10, 56, 62, 63, 77, 78, 81, 99, 104, 116, 161

캡톨로지 66, 71

캣닢 21, 65, 89

코드 21, 27, 167, 204, 210, 234

크리에이티브 커먼스 210

클리프행어 효과 101

킴벌리 영 108, 109

타임 웰 스펜트 83, 207

태그/태깅 51, 170, 171

텔레커뮤니케이션 법안 241, 242

토드 오펜하이머 215

투모스 178

트레이드 오프 248, 249, 250

트리거 서비스 50, 51, 247

트리스탄 해리스 83, 207

티나 270

팀 우 43, 44

팅커 가든 245

파블로프 115, 223

파울 페르하에허 141

팍실 252

팝업 팩토이드 81, 82

퍼빙 12, 21, 24, 144, 147, 148, 149, 150, 151, 152, 153, 159, 164, 172, 226

편향성 6, 67, 68, 70, 71

평판 자아 185, 186

포모 12, 24, 102, 118, 150, 151, 159, 160, 164, 171, 172, 218

푼딩 91

프라이밍 72

프랑켄푸드 107

프레이밍 72

프로스펙트 이론 68

프로이트 46, 47, 48, 52, 53, 165, 166

프리라이스 240

필터버블 173

할로 효과 72

행동디자인 5, 6

행동심리학 77

행위 설계 205, 206

행위 중독 7, 11, 88, 91, 92, 93, 94, 95, 98, 101, 106, 113, 119, 125, 180, 181, 223

향상 중독 101, 102

허버트 사이먼 43

현실 왜곡장 259

호모 디스트랙투스 43

호혜성 172

혼란스러운 주관성 174

확증편향 177

확증 효과 72

훅 모델 5, 11, 63, 64, 65, 66, 82

휴리스틱스 72

히든 커리큘럼 216

히스패닉 역설 140

소셜미디어, 연결되지 않으면 불안한 중독자들

카지노와 소셜 스낵

초판인쇄 2021년 8월 16일
초판발행 2021년 8월 16일

지은이 최영
펴낸이 채종준
기획·편집 유나
디자인 김예리
마케팅 문선영 전예리

펴낸곳 한국학술정보(주)
주소 경기도 파주시 회동길 230 (문발동)
전화 031 908 3181(대표)
팩스 031 908 3189
홈페이지 http://ebook.kstudy.com
E-mail 출판사업부 publish@kstudy.com
등록 제일산-115호(2000. 6. 19)

ISBN 979-11-6603-492-3 93330